INTRODUÇÃO AO PROJETO DE SISTEMAS DE CONTROLE ROBUSTOS

Blucher

sociedade brasileira de
AUTOMÁTICA

José Jaime da Cruz

INTRODUÇÃO AO PROJETO DE SISTEMAS DE CONTROLE ROBUSTOS

Introdução ao projeto de sistemas de controle robustos

Publisher Edgard Blücher
Editor Eduardo Blücher
Coordenação editorial Jonatas Eliakim
Produção editorial Isabel Silva
Diagramação José Jaime da Cruz
Revisão de texto Gabriela Castro
Capa Leandro Cunha
Imagem da capa iStockphoto

Editora Blucher
Rua Pedroso Alvarenga, 1245, 4º andar
CEP 04531-934 – São Paulo – SP – Brasil
Tel.: 55 11 3078-5366
contato@blucher.com.br
www.blucher.com.br

Segundo o Novo Acordo Ortográfico, conforme 5. ed. do *Vocabulário Ortográfico da Língua Portuguesa*, Academia Brasileira de Letras, março de 2009.

Dados Internacionais de Catalogação na Publicação (CIP)
Angélica Ilacqua CRB-8/7057

Cruz, José Jaime

Introdução ao projeto de sistemas de controle robustos / José Jaime da Cruz – São Paulo : Blucher, 2022.

248 p.: il.

Bibliografia

ISBN 978-65-5506-128-4 (impresso)

ISBN 978-65-5506-129-1 (eletrônico)

1. Engenharia de controle 2. Controle automático 3. Sistemas lineares de controle I. Título

21-4664 CDD 629.8

Índices para catálogo sistemático:

1. Engenharia de controle

Para Mima, Ju, Josefina, Antonio
e minha família d'além-mar,
reencontrada com sacrifício após duas gerações.

Apresentação

O progresso científico e tecnológico traz, diariamente, novidades sobre equipamentos e utensílios que vão desde aqueles de uso doméstico, como máquinas de café, até os de alta sofisticação, como as sondas que exploram a superfície de outros planetas.

Nesse contexto, é comum ouvirmos falar de maravilhas do presente e do futuro, como indústria 4.0, internet das coisas (IoT) e carros autônomos. No cotidiano, associamos essas possíveis conquistas a computadores, esquecendo-nos do que é fundamental: os sensores e atuadores que captam os sinais da natureza e os devolvem com os formatos adequados ao controle das ações das máquinas.

Convido o leitor a imaginar que está em um voo normal, sem grande turbulência, entre duas capitais brasileiras. Em um certo momento inicia-se o serviço de bordo e sua mesinha deve ser baixada. Mediante pagamento, você receberá uma bandeja contendo lanche e, adicionalmente, um copo plástico com refrigerante.

Você acomoda sua bandeja e seu copo sobre a mesinha. Alguma vez você se perguntou como deve ser o sistema que, diante de todas as perturbações naturais e incertezas de projeto, mantém a bandeja e o copo em repouso em relação à mesinha?

Esse é um exemplo simples da importância de um sistema acessório mas imprescindível. Como estabelecer os limites das perturbações passíveis de controle? Como considerar as incertezas de parâmetros constitutivos na escolha e a construção dos componentes mecânicos e eletrônicos? Questões como essas devem ser respondidas para que você saboreie o lanche com tranquilidade.

É desse problema importante que o presente livro se trata. Entendê-lo requer bom conhecimento de Física para estabelecer os modelos e de Matemática para avaliá-los. O autor coloca seu amplo saber sobre o assunto à disposição da engenharia brasileira.

Ouso afirmar que não há, mesmo em nível internacional, livro tão claro e detalhado sobre espinhoso assunto. Já no primeiro capítulo, a obra proporciona uma visão geral que dá ao iniciante um panorama qualitativo claro do problema a ser abordado, conceituando as ideias de perturbação e incerteza, no contexto de um projeto.

O capítulo seguinte contextualiza os conceitos da teoria básica de controle linear monovariável, adicionando uma rica discussão sobre a influência dos inevitáveis erros de medida e das limitações dos possíveis esforços de controle. A escolha da análise no domínio da frequência estabelece um entendimento claro de como as perturbações e incertezas podem ser modeladas.

Particularmente, gosto muito do Capítulo 3, pela originalidade e clareza da exposição dos erros de modelagem e como podem ocorrer em um sistema a ser controlado, incluindo as possíveis incertezas nos modelos.

Os Capítulos 4 e 5 trazem o núcleo da obra: a robustez da estabilidade, essencial em um projeto para garantir as faixas de operação viáveis e a qualidade do desempenho, permitindo o conhecimento de como incertezas e perturbações afetam o comportamento global das variáveis a serem controladas.

Inicia-se, então, a segunda parte do livro, indicada para aqueles que pretendem projetar sistemas reais, embasados no excelente desenvolvimento teórico apresentado nos Capítulos 1 a 5.

No Capítulo 6, um exemplo de conformação da malha fechada é apresentado, acompanhado de simulações ilustrativas e discussão das diversas alternativas de projeto. O capítulo 7 traz o uso da teoria quantitativa, ilustrado pela carta de Nichols, relacionando valores de parâmetros e incertezas com as evoluções temporais possíveis das grandezas físicas relevantes.

O Capítulo 8, intitulado Projeto via H_∞, é precioso, contendo de maneira muito simples e clara a tradução de sofisticados conceitos de análise funcional para a linguagem da Engenharia, finalizando o livro com a formulação de problemas de otimização e estabelecimento de barreiras.

Completando, trata-se de uma obra de alto nível, que demonstra como a Engenharia de Controle de nosso país encontra-se em estágio de desenvolvimento compatível com o de grandes centros mundiais.

Finalmente, peço licença para falar do autor, considerado um dos mais brilhantes alunos da Escola Politécnica da Universidade de São Paulo (EPUSP), pesquisador de primeira linha do Instituto Nacional de Pesquisas Espaciais (INPE) e do Instituto de Pesquisas Tecnológicas (IPT), que trilhou com competência todos os degraus da carreira da EPUSP.

Mas isso é pouco comparado à sua grandeza humana. Ético e generoso, disseminou seu conhecimento entre os alunos que tiveram o privilégio de conhecê-lo.

Felizmente, não precisamos de programas de internacionalização para aprender Controle Robusto, basta conhecer o professor José Jaime da Cruz.

Boa leitura!

José Roberto Castilho Piqueira
Professor titular e ex-diretor da Escola Politécnica da Universidade de São Paulo (EPUSP), presidente do Conselho Superior do Instituto de Pesquisas Energéticas e Nucleares (IPEN), ex-presidente da Sociedade Brasileira de Automática (SBA) e membro da Academia Nacional de Engenharia.

Prefácio

A razão fundamental para a existência de sistemas de controle a realimentação é que eles podem operar adequadamente a despeito da existência de incertezas que afetem seu funcionamento. Esta característica está presente nos sistemas de controle desde a Antiguidade, quando eles ainda eram concebidos como "engenhocas que funcionavam".

A teoria clássica de controle se desenvolveu basicamente na primeira metade do século XX. No entanto, o grande desenvolvimento da teoria de controle robusto ocorreu apenas a partir do final dos anos 1970. Essa evolução se deu em várias frentes, mas teve um aspecto em comum em quase todas elas: o uso intensivo de uma matemática sofisticada, com um nível de abstração elevado e, às vezes, com um hermetismo pouco convidativo para engenheiros interessados em aplicações.

A maior parte das obras que trata do problema de controle robusto aborda-o no contexto de sistemas de múltiplas entradas e múltiplas saídas (MIMO em inglês), o que requer recursos matemáticos mais sofisticados do que aqueles aqui exigidos. Neste livro, por outro lado, são considerados apenas sistemas de uma entrada e uma saída (SISO em inglês) lineares e invariantes no tempo e que, portanto, podem ser descritos por meio de funções de transferência.

Em lugar do maior rigor matemático, a opção pelo uso de argumentos simples e intuitivos busca tornar o texto acessível a uma classe mais ampla de leitores. Com isso, o livro tem a pretensão de também ser útil a engenheiros envolvidos com a prática de projeto.

Diversos cursos de Engenharia – Elétrica, Eletrônica, Mecatrônica, Mecânica, Química, Aeronáutica, Nuclear etc. – costumam ter em seu currículo uma disciplina introdutória de sistemas de controle. Nela são comumente apresentados conceitos e ferramentas básicas da área, tais como resposta em frequência e suas representações gráficas, estabilidade e Lugar Geométrico das Raízes, além de uma abordagem preliminar de projeto de controladores, na qual são estudados compensadores por avanço de fase, por atraso de fase e PIDs.

Esses são os conhecimentos necessários para a leitura do presente texto. O conteúdo do livro constitui, de fato, uma sequência natural deste estudo introdutório, sendo o objetivo aqui abordar o problema de projeto em maior profundidade, considerando explicitamente a presença de incertezas no modelo da planta. Três técnicas são apresentadas para a solução do problema: *Loop Shaping* utilizando as ferramentas de controle clássico, QFT (*Quantitative Feedback Theory*) e H_∞.

O estudo do problema de controle robusto para o caso SISO baseia-se fortemente em noções elementares de funções complexas – e, em particular no ganho de funções de transferência – sendo, por isso, bastante intuitivo. Quando, no caso multivariável, o conceito de ganho é generalizado para matrizes de transferência usando a norma espectral de matrizes complexas, os resultados podem ser expressos de *forma* bastante similar à do caso SISO. Portanto, este texto pode, eventualmente, também ser útil como uma leitura preliminar para um curso de controle robusto multivariável.

Este livro está dividido em duas partes. A primeira parte – Fundamentos – contém a elaboração das condições de projeto com vistas tanto a garantir a robustez da estabilidade como a do desempenho. Na segunda parte – Técnicas de Projeto – são apresentadas algumas técnicas para resolver o problema de projeto.

Ele é resultado de Notas de Aula utilizadas em um curso semestral de graduação, ministrado por mim nos últimos dez anos no Departamento de Engenharia de Telecomunicações e Controle da Escola Politécnica da USP (EPUSP). Apesar disso, é certo que ainda restam imperfeições e erros, portanto ficarei grato aos leitores que fizerem a gentileza de apontá-los.

Gostaria de externar um profundo e sincero reconhecimento aos meus alunos, muitos deles brilhantes, com os quais muito aprendi ao longo de toda a minha carreira acadêmica.

Por meio da lembrança de dois mestres memoráveis, o professor Leo Roberto Borges Vieira – pela sabedoria, pela humildade, pela elegância e pela clareza inigualáveis de suas aulas – e o professor Luiz de Queiroz Orsini – porque, entre tantas coisas, fez com que eu percebesse que a Álgebra Linear tinha, de fato, utilidade! –, gostaria de estender a minha gratidão aos inúmeros professores excelentes que tive desde o Marcílio, velho ginásio estadual lá da Vila Carrão.

Por meio de três velhos e queridos amigos do Instituto de Pesquisas Tecnológicas do Estado de São Paulo S.A. (IPT), Jairson de Lima, José Augusto Penteado Aranha e José Cesáreo Raimundez Álvarez –, que tiveram uma influência decisiva em minha vida pessoal e profissional –, registro um agradecimento especial aos muitos colegas e amigos da EPUSP – e, em particular, do Laboratório de

Automação e Controle (LAC) –, do IPT e do Instituto Nacional de Pesquisas Espaciais (INPE), com os quais tive o privilégio de conviver. Sou grato aos professores José Roberto Castilho Piqueira, pela honra que me deu ao aceitar apresentar este livro, Bruno Augusto Angélico, pelo trabalho de, lá no início, transformar figuras tortas em objetos apresentáveis, e Anselmo Bittar, pela generosidade e competência de produzir uma Carta de Nichols "sob encomenda".

A todos eles – alunos, professores, colegas e amigos – também dedico este livro.

Pelo apoio fundamental à publicação deste texto, sou sinceramente grato à Sociedade Brasileira de Automática (SBA).

Agradeço também à Editora Blucher – em particular, ao Jonatas Eliakim, à Isabel Silva e à Gabriela Castro – pelo profissionalismo e pela qualidade do trabalho de produção deste livro.

A minha gratidão aos meus pais, avós, esposa e filha pelo apoio e pelo afeto, presentes desde sempre, sem os quais nada disto teria sido possível.

Por fim, meu agradecimento mais importante é a Deus, por tudo o que recebi e pela nova chance que Ele me deu, devolvendo-me a saúde para que eu ainda fique por aqui mais um tempo.

José Jaime da Cruz

Conteúdo

Parte I

FUNDAMENTOS

Capítulo 1

Introdução

1.1 Prolegômenos

O estudo de sistemas de controle a realimentação tem como propósito desenvolver uma ciência da engenharia que permita atingir objetivos com uma precisão dada *a priori*, a despeito da existência de incertezas no comportamento do sistema.

Neste texto será estudado o problema de projeto de *sistemas de controle lineares e invariantes no tempo de uma entrada e uma saída (SISO)* por meio de uma abordagem no domínio da frequência. Este enfoque está baseado no fato de que uma classe ampla de sinais pode ser decomposta em suas componentes senoidais.

O tratamento do problema de projeto de sistemas de controle no domínio da frequência tem algumas vantagens importantes. Talvez a maior delas seja a clareza com que ficam estabelecidos os compromissos de projeto. Assim, é possível responder questões como as seguintes:

- A qualidade do modelo de projeto é compatível com as especificações?
- Em que regiões de frequências é viável acompanhar sinais de referência? E rejeitar perturbações?
- Qual é a qualidade do sensor apropriada para utilização no problema?

Considere o caso de uma antena cuja posição angular deve ser controlada de maneira a acompanhar um ponto que se move no espaço. Há duas situações em que o uso da realimentação é interessante:

- **Quando há incertezas no comportamento do sistema**

  Considere um sistema de acionamento da antena que seja baseado em um motor CC o qual, por meio de um redutor de velocidade por engrenagens, aciona o eixo da antena. Normalmente, há diversas incertezas presentes no modelo desse sistema. Como exemplos típicos podem ser mencionadas as seguintes:

  i) os parâmetros do motor nunca são conhecidos com absoluta precisão;

  ii) os componentes que se movem podem fazê-lo sob a ação de atrito significativo – linear e não linear –, em geral modelado de forma simplificada;

  iii) muitas vezes pode também haver folgas nas engrenagens do redutor;

  iv) o próprio movimento do ponto no espaço que se deseja acompanhar com a antena pode ser desconhecido *a priori*.

  Em face de tantas incertezas, é claro que, se o sistema de controle operar em malha aberta, certamente o desempenho da antena não será satisfatório.

- **Quando há perturbações agindo sobre o sistema**

  Admita-se, por simplicidade, que as incertezas no modelo mencionadas acima não sejam significativas, mas que a antena esteja sujeita à ação de ventos. Se estes pudessem ser medidos com exatidão – tanto em intensidade como em direção – e se estivesse disponível um modelo matemático para avaliar com precisão seu efeito sobre a antena, então o acionamento do motor em malha aberta poderia dar resultados satisfatórios. Contudo, na prática, é improvável que se disponha de tais medidas e nível de conhecimento do modelo, de maneira que o desempenho do sistema em malha aberta deixará a desejar.

Se for projetado adequadamente, um sistema de controle em malha fechada poderá produzir bons resultados, ainda que as incertezas no modelo e as perturbações externas estejam presentes, sem que seja necessário medir estas últimas.

Um diagrama de blocos para este caso é representado esquematicamente na Figura 1.1. O sensor é o elemento utilizado para medir a posição angular da antena. O atuador é o elemento de potência, cuja entrada é um sinal de controle de baixa potência e cuja saída é o torque aplicado à antena. O controlador é o bloco que, com base no desvio entre a posição angular desejada e a posição angular medida, determina o valor do sinal de controle adequado para corrigir a posição da antena.

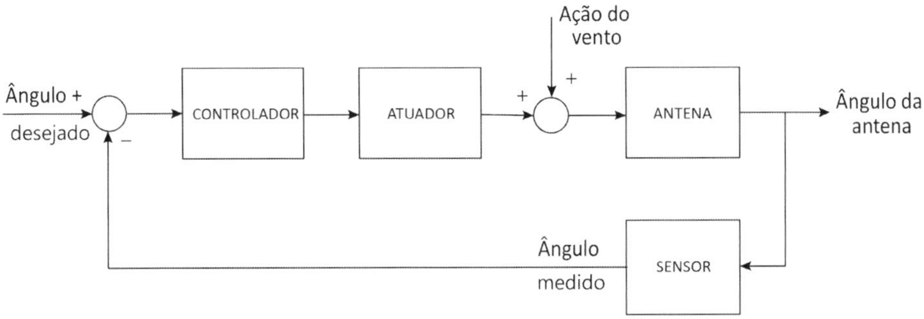

Figura 1.1 – Diagrama de blocos de um sistema de controle automático de posição de uma antena.

É de se esperar que o controlador requerido para atender às especificações de um dado problema deva depender tanto da extensão das incertezas presentes no processo quanto das especificações referentes ao desempenho do sistema.

Este texto tem por objetivo estudar a questão do projeto de sistemas de controle robustos. O que se pretende é apresentar técnicas de projeto que permitam garantir tanto a estabilidade como o desempenho de acordo com as especificações dadas, ainda que o modelo da planta não seja conhecido com absoluta precisão e que sobre ela atuem perturbações externas.

• **Nota 1.1 – Malha aberta *versus* Malha fechada**

Para complementar a discussão sobre a utilidade da realimentação, considere o sistema de controle em malha aberta representado na Figura 1.2, em que $K(s)$ *e* $G(s)$ *são as funções de transferência do controlador e da planta, respectivamente, enquanto* $r(s)$, $u(s)$ *e* $y(s)$ *são os sinais de entrada do controlador, controle e saída da planta, respectivamente.*

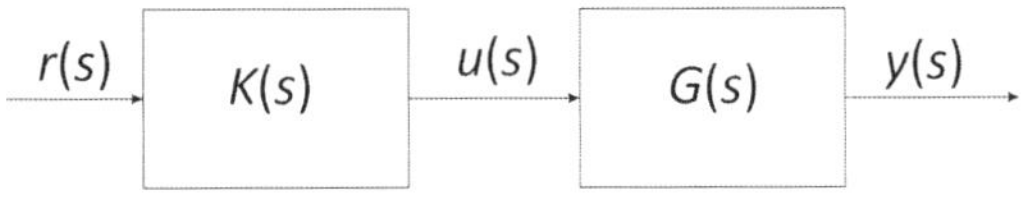

Figura 1.2 – Diagrama de blocos do sistema de controle em malha aberta.

O problema é escolher o controlador $K(s)$ *de maneira que a saída* $y(s)$ *acompanhe a entrada* $r(s)$.

Para atingir esse objetivo, é imediato que basta escolher

$$K(s) = \frac{1}{G(s)},$$

de maneira que, no caso ideal,

$$\frac{y(s)}{r(s)} = 1.$$

Há, contudo, alguns inconvenientes com essa escolha, entre outros:

- *como, em geral,* $G(s)$ *é estritamente própria,* $K(s)$ *resultará imprópria;*
- $G(s)$ *normalmente apresenta incertezas de modelagem;*
- *quando* $G(s)$ *é instável, o sistema em malha aberta também é instável.*

Embora de fundamental relevância, deixem-se de lado por um momento essas questões. Considere-se então que a planta esteja sujeita à ação de uma perturbação externa $d_i(s)$, *conforme ilustrado na Figura 1.3.*

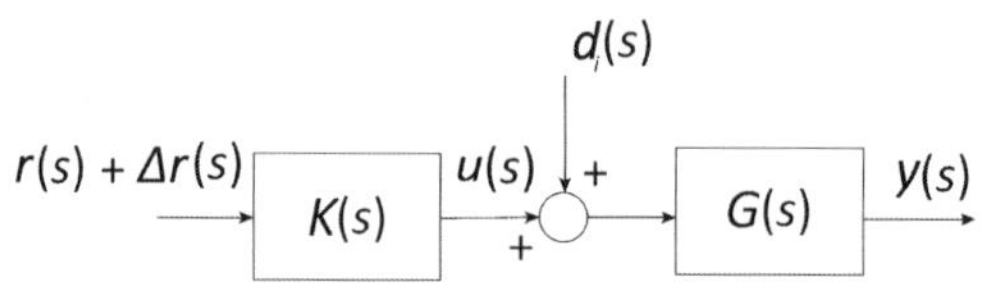

Figura 1.3 – Diagrama de blocos do sistema de controle em malha aberta sujeito à ação de uma perturbação.

A despeito da presença da perturbação, o objetivo continua sendo fazer com que a saída $y(s)$ *acompanhe* $r(s)$. *A questão que se coloca é a possibilidade de adicionar uma correção* $\Delta r(s)$ *ao sinal* $r(s)$ *de maneira a atingir esse objetivo.*

Do diagrama da Figura 1.3 tem-se que

$$y(s) = G(s)[u(s) + d_i(s)],$$

em que

$$u(s) = K(s)[r(s) + \Delta r(s)]$$

e, portanto,

$$y(s) = G(s)K(s)[r(s) + \Delta r(s)] + G(s)d_i(s).$$

Considerando que, mesmo na ausência da perturbação, é necessário acompanhar o sinal de referência, novamente escolhe-se

$$K(s) = \frac{1}{G(s)}.$$

Em seguida, impondo que

$$y(s) = r(s),$$

resulta que

$$\Delta r(s) = -G(s)d_i(s).$$

*Esta solução pode ser representada pelo diagrama de blocos da Figura 1.4, em que o termo de pré-alimentação (*feedforward*) é responsável por eliminar o efeito da perturbação sobre a saída.*

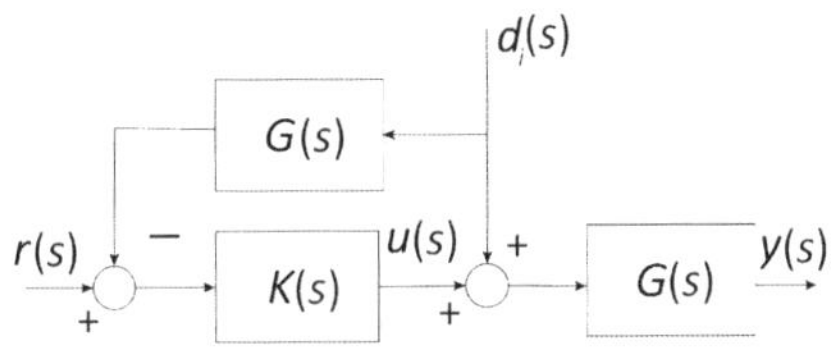

Figura 1.4 – Diagrama de blocos do sistema de controle em malha aberta sujeito à ação de uma perturbação e com o termo de pré-compensação.

Além dos problemas associados ao caso anterior, a rejeição da perturbação apresenta adicionalmente os seguintes inconvenientes:

- *a dependência do modelo da planta $G(s)$ e, portanto, a fragilidade em relação aos erros de modelagem;*
- *a necessidade de se dispor de uma medida precisa da perturbação $d_i(s)$.*

Fica claro então que a estrutura de controle em malha aberta, por si só, não *é satisfatória para aplicações práticas.*

Conforme se verá adiante, o uso da realimentação poderá fornecer um sistema com boas características de desempenho mesmo que a planta seja instável e que $G(s)$ apresente erros de modelagem significativos; além disso, não será necessário que a perturbação $d_i(s)$ seja medida.

1.2 Pontos a considerar no projeto

Quando projetados apropriadamente, os sistemas de controle em malha fechada podem apresentar vantagens importantes em relação aos em malha aberta. Entretanto, na prática, a realimentação pode introduzir problemas sérios se o controlador não for bem projetado. Assim, por exemplo,tendo-se uma planta estável, o sistema em malha fechada pode resultar instável se o controlador for mal projetado.

Os itens a seguir devem ser considerados no projeto de sistemas de controle em malha fechada [Sidi, 2001].

- **Especificações de projeto**

  A realimentação é utilizada para conseguir características de desempenho que não podem ser obtidas pela operação em malha aberta. Entre essas características podem ser citados o atendimento, dentro de uma precisão preestabelecida,

  i) do acompanhamento (ou rastreamento) de um sinal de referência pela saída do sistema e/ou

  ii) da atenuação dos efeitos de perturbações externas e dos erros de medida sobre a saída da planta.

- **Incertezas nos parâmetros da planta e dinâmicas não modeladas**

  É óbvio que sempre há uma incerteza nos valores dos parâmetros do modelo da planta, sendo que, muitas vezes, tem-se conhecimento apenas de uma faixa em que eles se situam. Se as variações dos valores dos parâmetros são pequenas, normalmente a saída da planta não varia significativamente; no entanto, quando as variações não são pequenas, podem ocorrer problemas indesejáveis com o comportamento do sistema, inclusive a instabilidade.

  Os modelos matemáticos adotados para representar o comportamento dos sistemas físicos contêm ainda simplificações associadas a dinâmicas de alta ordem desprezadas. Isso significa que os modelos normalmente são fiéis em uma região de baixas frequências, apresentando erros crescentes à medida que a frequência aumenta. Para exemplificar, considere novamente o caso do sistema de posicionamento da antena. É comum utilizar um modelo para o projeto em que, por exemplo, a dinâmica do circuito de armadura introduzida pela indutância de armadura é desprezada, assim como desprezam-se a flexibilidade do conjunto eixo-redutor de velocidade e a própria flexibilidade da antena. Todos esses efeitos constituem dinâmicas de ordem elevada que causam discrepâncias entre o comportamento do sistema real e do modelo matemático utilizado para representá-lo.

  A estabilidade e o desempenho de acordo com especificações dadas devem ser garantidas a despeito de todas essas incertezas no modelo da planta. Este é o problema conhecido como *controle robusto*.

- **Capacidade dos atuadores**

  Parece intuitivo que, quando as especificações de desempenho são severas demais, os esforços de controle exigidos dos atuadores podem ultrapassar suas capacidades. Naturalmente, essa situação deve ser evitada, porque saturações dos atuadores podem provocar o surgimento de oscilações ou mesmo instabilidades no sistema.

  De forma um tanto vaga, uma diretriz que deve nortear a definição das especificações de um sistema de controle é *não exigir que ele apresente acompanhamento de referências nem rejeição de perturbações em uma região de frequências em que ele próprio atenua significativamente os sinais.* Este ponto será abordado adiante com mais cuidado.

- **Amplificação do erro de medida**

  Os sistemas de controle a realimentação necessitam, em geral, de um sensor para medir a variável que se deseja controlar. Ao medi-la, o sensor tipicamente introduz erros de alta frequência, representados tanto por distorções causadas por sua própria dinâmica, quanto por ruídos de natureza elétrica. Os efeitos desses erros de medida podem se fazer sentir tanto sobre a saída do sistema, quanto sobre a variável de controle. Por isso, é necessário levá-los em conta no procedimento de projeto, de maneira que eles sejam mantidos dentro de limites pré-especificados.

1.3 Considerações preliminares

1.3.1 Gráficos de resposta em frequência

Supõem-se aqui que sejam suficientemente conhecidos pelo leitor tanto o conceito de resposta em frequência, quanto as suas representações gráficas usuais, a saber, por meio dos diagramas de Bode ou nos planos de Nyquist (gráficos polares) e de Nichols. Admite-se também familiaridade com os conceitos de Margens de Ganho e de Fase, assim como com suas visualizações nas representações mencionadas.

O uso do plano de Nichols apresenta algumas vantagens em relação ao uso dos diagramas de Bode. Em primeiro lugar, apenas uma curva parametrizada na frequência é utilizada no plano de Nichols, enquanto duas curvas (de ganho e fase) são necessárias nos diagramas de Bode. Adicionalmente, representando-se na Carta de Nichols a resposta em frequência de malha aberta, pode-se ler diretamente a resposta em frequência do sistema em malha fechada com realimentação unitária, o que não é possível com os diagramas de Bode. Por fim, como será visto adiante, a Carta de Nichols é a ferramenta ideal a ser utilizada pela técnica QFT para o projeto de sistemas de controle com grandes incertezas paramétricas (veja o Capítulo 7).

Talvez a principal vantagem dos diagramas de Bode em relação à representação no plano de Nichols seja a facilidade de construção das aproximações assintóticas. Nos planos de Nichols e de Nyquist, por outro lado, a construção do gráfico e a sua parametrização em função da frequência só podem ser feitas numericamente, ponto a ponto.

Os diagramas de Bode e os gráficos de Nichols têm uma vantagem evidente em relação aos diagramas de Nyquist: a simplicidade de obter os gráficos de resposta em frequência de $G(j\omega)K(j\omega)$ a partir dos gráficos individuais de $G(j\omega)$ e de $K(j\omega)$. Note que, tanto no plano de Nichols quanto no gráfico de Bode, os ganhos são medidos em escala logarítmica (dB) e, por isso, se somam.

$$20\log_{10}|G(j\omega)K(j\omega)| = 20\log_{10}|G(j\omega)| + 20\log_{10}|K(j\omega)| \tag{1.1}$$

Obviamente, isso não ocorre nos gráficos de Nyquist, uma vez que

$$|G(j\omega)K(j\omega)| = |G(j\omega)|\,|K(j\omega)|. \tag{1.2}$$

Por outro lado, a operação com as fases é igualmente simples nos três casos, já que

$$\underline{/G(j\omega)K(j\omega)} = \underline{/G(j\omega)} + \underline{/K(j\omega)}.$$

De maneira análoga, os valores das Margens de Ganho e de Fase podem ser lidos diretamente de gráficos de Bode ou de Nichols. Quando se trata de diagramas de Nyquist, a extração da Margem de Ganho requer o cálculo do inverso de um número real, enquanto a da Margem de Fase requer a medida de um ângulo.

Por fim, conforme se verá mais adiante na Seção 7.3, na Carta de Nichols é possível avaliar de imediato a eventual existência de ressonâncias, juntamente com as frequências em que estas ocorrem.

1.3.2 Ressonâncias

Nesta seção, é analisada a relação entre a ocorrência de ressonâncias e a proximidade entre o diagrama de Nyquist e o ponto crítico $-1 + j0$. Por essa razão, valores pequenos da Margem de Ganho e da Margem de Fase indicam a ocorrência de ressonâncias. Para a verificação, considere o sistema com realimentação unitária representado na forma de diagrama de blocos na Figura 1.5 e suposto estável.

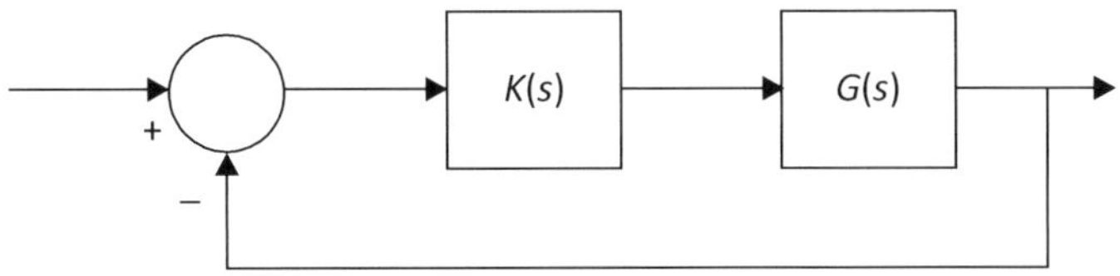

Figura 1.5 – Diagrama de blocos de um sistema com realimentação unitária.

- **Margem de Ganho pequena**

A Margem de Ganho pode ser representada esquematicamente no diagrama de Nyquist conforme mostra a Figura 1.6.

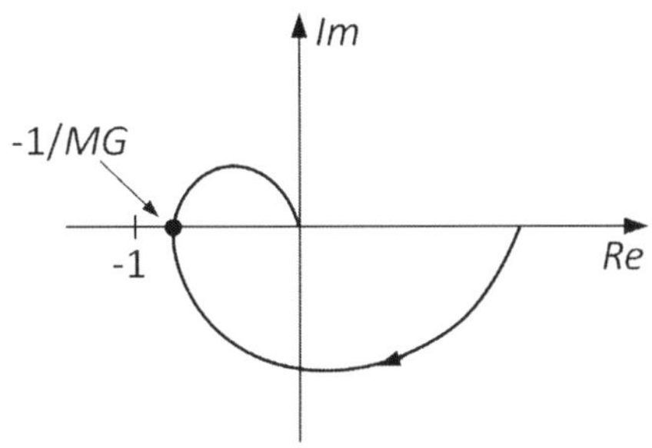

Figura 1.6 – Margem de Ganho no diagrama de Nyquist.

Designando por ω_g a frequência em que a fase de $G(j\omega)K(j\omega)$ é -180° e por MG o valor da Margem de Ganho, é imediato que

$$G(j\omega_g)K(j\omega_g) = -\frac{1}{MG}. \tag{1.3}$$

Então, para a função de transferência de malha fechada $T(s)$ vale que

$$\begin{aligned} \mid T(j\omega_g) \mid &= \frac{|G(j\omega_g)K(j\omega_g)|}{|1 + G(j\omega_g)K(j\omega_g)|} \\ &= \frac{1}{|MG - 1|}. \end{aligned} \tag{1.4}$$

Portanto, se a Margem de Ganho MG é pequena ($MG \simeq 1$), tem-se a ocorrência de uma ressonância em ω_g:

$$|T(j\omega_g)| \gg 1. \tag{1.5}$$

- **Margem de Fase pequena**

Para o mesmo sistema da Figura 1.5, a Margem de Fase pode ser visualizada esquematicamente conforme a Figura 1.7.

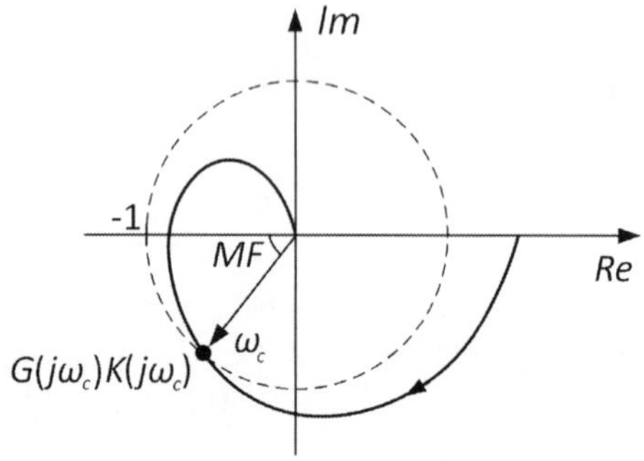

Figura 1.7 – Margem de Fase no diagrama de Nyquist.

Denotando por ω_c a frequência em que o ganho de $G(j\omega)K(j\omega)$ é unitário (*frequência de cruzamento do ganho – crossover frequency*, em inglês), isto é,

$$|G(j\omega_c)K(j\omega_c)| = 1 \tag{1.6}$$

e por MF o valor da Margem de Fase, é simples verificar geometricamente que

$$|1 + G(j\omega_c)K(j\omega_c)| = 2\,\text{sen}(\text{MF}/2). \tag{1.7}$$

Consequentemente,

$$\begin{aligned} |\, T(j\omega_c)\, | &= \frac{|G(j\omega_c)K(j\omega_c)|}{|1 + G(j\omega_c)K(j\omega_c)|} \\ &= \frac{1}{2\,\text{sen}(\text{MF}/2)}. \end{aligned} \tag{1.8}$$

Portanto, se a Margem de Fase MF é pequena ($MF \ll 1$), há uma ressonância em ω_c:

$$|T(j\omega_c)| \gg 1. \tag{1.9}$$

- **Caso geral**

De maneira mais geral, para uma frequência qualquer ω, tem-se que

$$|T(j\omega)| = \frac{|G(j\omega)K(j\omega)|}{|1 + G(j\omega)K(j\omega)|}. \tag{1.10}$$

Portanto, se o diagrama de Nyquist é próximo do ponto $-1 + j0$ na frequência ω (veja a Figura 1.8), então ocorre uma ressonância, pois se $|1 + G(j\omega)K(j\omega)| \ll 1$ então $|G(j\omega)K(j\omega)| \simeq 1$ e, por consequência,

$$|T(j\omega)| \gg 1. \tag{1.11}$$

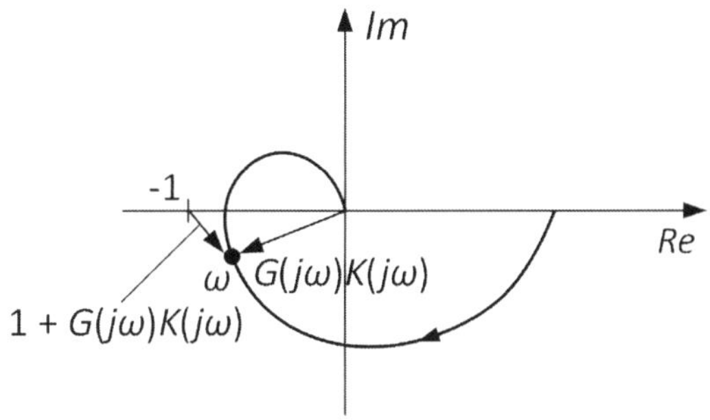

Figura 1.8 – Diagrama de Nyquist com a frequência ω destacada.

Definição 1.1 – Margem de Módulo

Define-se Margem de Módulo (MM) como sendo a mínima distância do gráfico de Nyquist ao ponto crítico $-1 + j0$. *A saber,*

$$MM = \min_{\omega} |1 + G(j\omega)K(j\omega)|. \tag{1.12}$$

As ressonâncias, como se sabe, estão associadas à existência de polos pouco amortecidos, situados próximos do eixo imaginário. O que se viu acima é que, de maneira equivalente, as ressonâncias estão associadas à proximidade entre o diagrama de Nyquist e o ponto crítico $-1 + j0$. Sob qualquer um dos pontos de vista, é intuitivo que pequenas incertezas no modelo do sistema com ressonância podem levá-lo à instabilidade: seja porque se visualize um par de polos deslocando-se para o semiplano direito, seja porque se visualize o diagrama de Nyquist mudando o número de envolvimentos do ponto crítico.

1.3.3 Diagrama de blocos canônico

A Figura 1.9 mostra o diagrama de blocos canônico de um sistema de controle em malha fechada com realimentação unitária que será considerado neste texto. A presença do bloco F, denominado *pré-filtro*, será discutida mais adiante, na Seção 1.3.5.

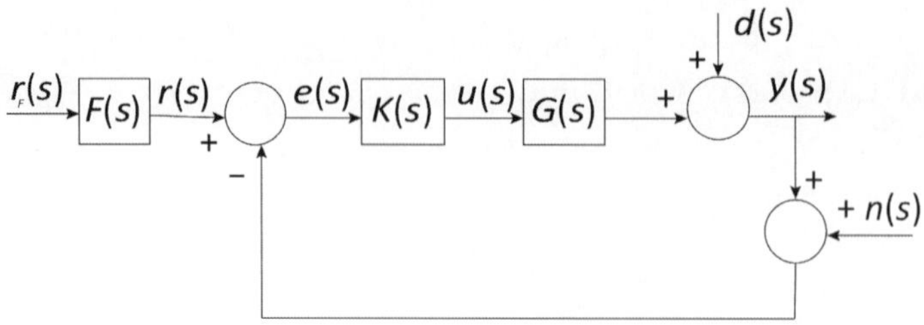

Figura 1.9 – Diagrama de blocos canônico para realimentação unitária.

Nesse diagrama, $G(s)$, $K(s)$ e $F(s)$ representam, respectivamente, as funções de transferência da planta[1], do controlador e do pré-filtro. Definindo

$$L(s) = G(s)K(s), \tag{1.13}$$

$$T(s) = \frac{G(s)K(s)}{1 + G(s)K(s)} = \frac{L(s)}{1 + L(s)} \tag{1.14}$$

e

$$S(s) = \frac{1}{1 + G(s)K(s)} = \frac{1}{1 + L(s)}, \tag{1.15}$$

do diagrama de blocos canônico resulta de imediato que

$$\frac{y(s)}{r_F(s)} = F(s)\frac{G(s)K(s)}{1 + G(s)K(s)} = F(s)T(s), \tag{1.16}$$

$$\frac{y(s)}{r(s)} = -\frac{y(s)}{n(s)} = \frac{G(s)K(s)}{1 + G(s)K(s)} = T(s), \tag{1.17}$$

$$\frac{y(s)}{d(s)} = \frac{1}{1 + G(s)K(s)} = S(s), \tag{1.18}$$

e

$$\frac{u(s)}{r(s)} = -\frac{u(s)}{n(s)} = -\frac{u(s)}{d(s)} = \frac{K(s)}{1 + G(s)K(s)} = K(s)S(s) = \frac{1}{G(s)}T(s). \tag{1.19}$$

Com base nas definições anteriores, é oportuno exprimir os sinais de saída $y(s)$ e de entrada $u(s)$ da planta em função dos sinais externos à malha $r(s)$, $d(s)$ e $n(s)$.

$$\boxed{y(s) = T(s)r(s) + S(s)d(s) - T(s)n(s)}, \tag{1.20}$$

[1] Na prática, é usual considerar o atuador como parte da planta.

$$\boxed{u(s) = K(s)S(s)r(s) - K(s)S(s)d(s) - K(s)S(s)n(s).} \quad (1.21)$$

Essas duas equações estão entre as *mais importantes* deste texto, pois, de uma observação mais atenta delas, é possível deduzir algumas diretrizes fundamentais para o projeto do controlador $K(s)$.

Definição 1.2 – Função de transferência de malha

*A função de transferência $L(s)$ (equação 1.13) é chamada de função de transferência de malha (*loop transfer function*).*

Definição 1.3 – Sensibilidade

A função de transferência $S(s)$ (equação 1.15) é chamada de sensibilidade.

• **Nota 1.2 – O porquê da denominação "sensibilidade"**

Para entender a denominação sensibilidade, considere o sistema representado na Figura 1.5 e admita que o sinal de referência seja r e que o sinal de saída seja y. Obviamente,

$$y = \frac{GK}{1+GK}r.$$

Admita que a planta G sofra uma variação e passe a $G + \Delta G$. Em correspondência, a saída y passará a $y + \Delta y$. Uma medida adequada da sensibilidade da saída a variações na planta é

$$\frac{\Delta y/y}{\Delta G/G}.$$

Se a ΔG é suficientemente pequena, pode-se aproximar

$$\frac{\Delta y/y}{\Delta G/G} \simeq \frac{\partial y}{\partial G}\frac{G}{y},$$

de onde resulta que

$$\frac{\Delta y/y}{\Delta G/G} \simeq \frac{1}{1+GK} = S.$$

Ou seja, S mede a sensibilidade da saída com respeito a variações na planta.

A sensibilidade também está diretamente ligada ao erro estacionário para entrada degrau.

Seja

$$r(s) = \frac{1}{s}$$

e seja e_{ss} o valor do erro estacionário. Do Teorema do Valor Final resulta de imediato a propriedade a seguir:

Propriedade 1.1

$$e_{ss} = S(0) \tag{1.22}$$

Note que as funções $S(s)$ e $T(s)$, sendo esta última definida pela equação 1.14, são tais que para elas vale a seguinte propriedade:

Propriedade 1.2

$$S(s) + T(s) \equiv 1 \tag{1.23}$$

Como consequência dessa identidade, tem-se a definição a seguir:

Definição 1.4 – Sensibilidade complementar
A função de transferência $T(s)$ (equação 1.14) é chamada de sensibilidade complementar.

Definição 1.5 – Diferença de retorno *A função de transferência $1 + G(s)K(s)$ é chamada de função de transferência diferença de retorno.*

Note que a função de transferência diferença de retorno é o inverso da sensibilidade. Sendo assim, o valor da Margem de Módulo (veja equação 1.12) é igual ao valor mínimo do ganho da função de transferência diferença de retorno ou (o que é o mesmo) igual ao inverso do valor máximo do ganho da sensibilidade. Em outras palavras, o inverso da sensibilidade máxima é uma medida da proximidade entre o gráfico de Nyquist de $G(j\omega)K(j\omega)$ e o ponto $-1 + j0$.

• **Nota 1.3 – Teorema de Bode da Integral da Sensibilidade**
Neste ponto é oportuno lembrar que, em sua forma estendida, o Teorema de Bode da Integral da Sensibilidade assegura que o valor máximo do módulo da sensibilidade é maior do que 1 em grande parte dos sistemas de controle (veja [Skogestad and Postlethwaite, 2005] para maiores detalhes). Sendo assim, nesses casos a Margem de Módulo é menor do que 1.

1.3.4 Análise qualitativa preliminar do desempenho

A principal consequência da propriedade 1.2 é a seguinte:

Propriedade 1.3 *Para qualquer frequência ω, as funções $|S(j\omega)|$ e $|T(j\omega)|$ não podem ser pequenas simultaneamente.*

Da identidade 1.23 e da Desigualdade Triangular

$$1 = \mid S(j\omega) + T(j\omega) \mid \leq \mid S(j\omega) \mid + \mid T(j\omega) \mid, \tag{1.24}$$

observe de imediato que é impossível $|S(j\omega)| \ll 1$ e $|T(j\omega)| \ll 1$ simultaneamente.

De maneira alternativa, essa propriedade pode ser visualizada geometricamente. Para isso, considere a equação 1.23, que, para $s = j\omega$, pode ser ilustrada pela Figura 1.10. Portanto, fica evidente que $S(j\omega)$ e $T(j\omega)$ não podem ser simultaneamente pequenas, pois devem ter 1 por soma.

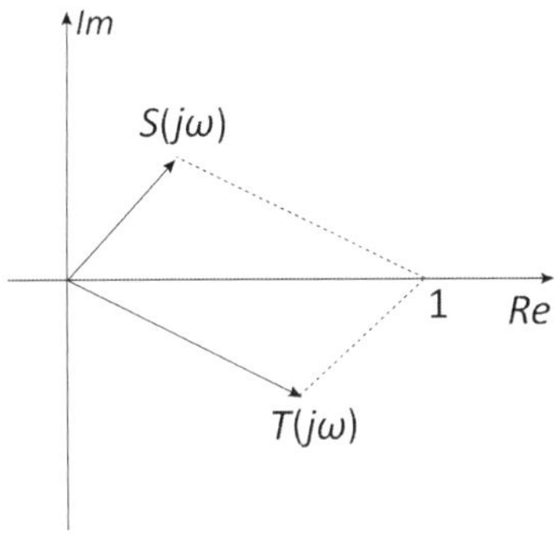

Figura 1.10 – Ilustração da relação entre $S(j\omega)$ e $T(j\omega)$.

Como se verá adiante, isto terá importantes implicações, estabelecendo compromissos de projeto.

- **Ganho de Malha Aberta pequeno**

Note que se, para certa frequência ω, o Ganho de Malha Aberta é pequeno, isto é,

$$|G(j\omega)K(j\omega)| \ll 1, \tag{1.25}$$

então

$$T(j\omega) \simeq G(j\omega)K(j\omega) \tag{1.26}$$

e, portanto,

$$|T(j\omega)| \ll 1. \tag{1.27}$$

Assim, se o Ganho de Malha Aberta é pequeno, o valor da resposta em frequência de malha aberta praticamente se confunde com o valor de malha fechada. Além disso,

$$S(j\omega) \simeq 1. \tag{1.28}$$

- **Ganho de Malha Aberta grande**

Por outro lado, se em uma certa frequência ω, o Ganho de Malha Aberta é grande, isto é,

$$|G(j\omega)K(j\omega)| \gg 1, \tag{1.29}$$

então

$$S(j\omega) \simeq \frac{1}{G(j\omega)K(j\omega)}. \tag{1.30}$$

Portanto,

$$|S(j\omega)| \ll 1 \tag{1.31}$$

e

$$T(j\omega) \simeq 1. \tag{1.32}$$

Observando a equação 1.20, é possível perceber, de forma intuitiva, algumas características do Ganho de Malha necessárias para o desempenho do sistema em malha fechada, a saber:

- **Acompanhamento do sinal de referência**

  Admita que se deseje que o sinal de saída acompanhe o sinal de referência $r(j\omega)$ em uma dada região de frequências de interesse (normalmente em baixas frequências). A equação 1.20 mostra que, para isso, $T(j\omega)$ deve ser próximo de 1 nessa região, o que ocorre quando o Ganho de Malha Aberta é grande. Portanto, a sensibilidade é pequena.

- **Atenuação das perturbações externas**

  Para atenuar os efeitos da perturbação externa $d(j\omega)$ sobre a saída $y(j\omega)$, $S(j\omega)$ deve ser pequeno na faixa de frequências em que a energia da perturbação é mais significativa. Isto normalmente ocorre em baixas frequências. Note novamente que, se o Ganho de Malha é grande, a sensibilidade é pequena.

- **Atenuação do erro de medida**

  Para que o efeito do erro de medida $n(j\omega)$ sobre a saída $y(j\omega)$ seja pequeno, $T(j\omega)$ deve ser pequeno na região de frequências em que o erro de medida tem maior energia. Felizmente, os erros mais significativos introduzidos pelos sensores são de alta frequência, de maneira que é possível que a banda de $T(s)$ seja suficientemente larga para permitir boas características de acompanhamento do sinal de referência e de rejeição de perturbação. Observe que, se o Ganho de Malha é pequeno, a sensibilidade complementar também o é, enquanto a sensibilidade é próxima de 1.

Com base nessa análise qualitativa preliminar, uma conclusão a que se chega neste ponto é a necessidade lidar com compromissos no projeto. Por exemplo, se por um lado valores pequenos de $S(j\omega)$ (ou, equivalentemente, valores de $T(j\omega)$ próximos de 1) são necessários para atenuar os efeitos das perturbações externas sobre a saída e para acompanhar o sinal de referência, por outro lado valores de $S(j\omega)$ próximos de 1 (ou, equivalentemente, valores pequenos de $T(j\omega)$) são necessários para atenuar os efeitos do erro de medida sobre a saída. Felizmente, na prática, as perturbações e os sinais de referência têm maior energia em baixas frequências, enquanto os erros de medida a têm em altas, de maneira que é possível atender às exigências de projeto.

Em poucas palavras, o problema de projeto que será tratado neste texto se resumirá em determinar $K(s)$ (e, eventualmente, $F(s)$) de maneira a garantir a estabilidade do sistema e a atender a especificações de desempenho.

• Nota 1.4 – Margens de estabilidade e sensibilidade

Nesta nota, são estabelecidos limitantes inferiores para os valores das margens de estabilidade com base na sensibilidade [Sidi, 2001], que podem ser úteis no contexto do Controle H_∞, onde, conforme se verá adiante no Capítulo 8, a função sensibilidade desempenha papel central para exprimir as condições de projeto.

Por simplicidade, como é usual[2], admita que

$$MG > 1.$$

Da equação 1.3 e da definição de sensibilidade (equação 1.15), tem-se que

$$\frac{1}{S(j\omega_f)} = 1 - \frac{1}{MG}. \tag{1.33}$$

De início, note que desta equação decorre que

$$S(j\omega_f) > 1$$

[2]Quando $MG < 1$, pode-se mostrar que

$$MG \le \frac{S_{max}}{S_{max} + 1},$$

o que não é de grande utilidade para fins de projeto, porque normalmente se deseja garantir que MG seja maior do que um dado valor.

como consequência da hipótese de que $MG > 1$*. Além disso, para números reais, vale a desigualdade*

$$|S(j\omega_f)| \geq S(j\omega_f).$$

Seja S_{max} *o valor máximo de* $|S(j\omega)|$ *para* $\omega \in \mathbb{R}^+$*, ou seja,*

$$S_{max} \geq |S(j\omega)| \qquad \forall\omega \in \mathbb{R}^+. \tag{1.34}$$

Então,

$$S_{max} \geq |S(j\omega_f)| \geq S(j\omega_f) > 1$$

e, portanto,

$$\frac{1}{S_{max}} \leq \frac{1}{|S(j\omega_f)|} \leq \frac{1}{S(j\omega_f)}.$$

Da equação 1.33 resulta então que

$$\frac{1}{S_{max}} \leq 1 - \frac{1}{MG},$$

da qual se conclui de imediato que

$$\boxed{MG \geq \frac{S_{max}}{S_{max} - 1}.} \tag{1.35}$$

Quanto à margem de fase, das equações 1.7 e 1.15 tem-se

$$2\,\mathrm{sen}(MF/2) = \frac{1}{|S(j\omega_c)|},$$

a qual, em vista da equação 1.34, permite concluir de imediato que

$$\boxed{\mathrm{sen}(MF/2) \geq \frac{1}{2\,S_{max}}.} \tag{1.36}$$

As desigualdades 1.35 e 1.36 representam relações entre a sensibilidade máxima e os valores das margens de estabilidade.

Cabe lembrar, contudo, que as Margens de Ganho e Fase são medidas rudimentares de robustez da estabilidade que, como se sabe, podem não ser adequadas em certos casos – por exemplo, quando a mínima distância do diagrama de Nyquist ao ponto crítico é pequena, embora as Margens de Ganho e Fase não o sejam. Neste sentido, a Margem de Módulo parece ser um indicador mais apropriado, uma vez que a definição 1.1 (veja equação 1.12) mostra que

$$\boxed{MM = \frac{1}{S_{max}}.} \tag{1.37}$$

1.3.5 Graus de liberdade de um sistema de controle

Considere novamente o sistema representado na Figura 1.9.

Definição 1.6 – Sistema de controle com dois graus de liberdade

A presença do bloco F na Figura 1.9 caracteriza o sistema como sendo de dois graus de liberdade.

Definição 1.7 – Sistema de controle com um grau de liberdade

Quando o bloco F está ausente na Figura 1.9, o sistema é dito de um grau de liberdade.

A introdução do pré-filtro na entrada da malha de controle normalmente é decorrente da necessidade de o sistema em malha fechada apresentar uma saída temporal desejada em resposta a um sinal de referência.

Neste ponto, é importante lembrar que existe uma relação aproximada entre a resposta em frequência de uma dada função de transferência e sua resposta temporal. Deve lembrar-se, por exemplo, das respostas a degrau de sistemas de segunda ordem e das suas respectivas respostas em frequência. Inversamente, isso significa que a escolha adequada da resposta em frequência pode permitir que se obtenha uma resposta temporal desejada. Veja, por exemplo, [Houpis and Rasmussen, 1999] para maiores detalhes.

Para exemplificar com um caso clássico, admita que o sistema da Figura 1.9 represente um sistema de controle de voo de um avião. Neste caso, normalmente o controlador $K(s)$ é projetado de forma a atender a especificações de rejeição de perturbação, erro estacionário, margens de estabilidade etc. Com isso, a função de transferência $T(s)$ obtida pode não estar em conformidade com o comportamento em malha fechada desejado pelo piloto.

Entretanto, como neste sistema o pré-filtro $F(s)$ pode ser implementado fisicamente, então $F(j\omega)$ pode ser utilizado pelo projetista de maneira a produzir a relação $y(j\omega)/r_F(j\omega)$ conforme desejado pelo piloto. O pré-filtro $F(s)$ provê o sistema de um segundo grau de liberdade já que, usando $K(s)$ e $F(s)$, a função de transferência $y(s)/r_F(s)$ e uma das funções de transferência das equações 1.17-1.19 podem ser especificadas e realizadas independentemente.

Diferentemente do exemplo anterior, admita que o pré-filtro não possa ser implementado fisicamente. Nesse caso, há apenas um grau de liberdade, ou seja, apenas uma das funções de transferência das equações 1.17-1.19 pode ser especificada e realizada independentemente.

Esta situação ocorre, por exemplo, em um sistema de rastreamento por radar, em que: a entrada $r(t)$ é a cinemática de movimento de um corpo que se desloca no espaço e que, em geral, não é medida (ou, em outros termos, que pode ter um alto custo de medida); $y(t)$ é a posição da antena; e $e(t)$ é o erro de apontamento da antena em relação ao objeto no sistema de referência da antena. Neste caso, como apenas o erro $e(t)$ é medido, somente $K(s)$ pode ser implementado e utilizado com a finalidade de projeto, ou seja, apenas $K(s)$ pode ser usada para manipular $T(s)$.

1.4 Conclusão

Neste Capítulo foram apresentadas algumas ideias básicas do problema de projeto de sistemas de controle robustos, considerado este no domínio da frequência.

Foram revistos de maneira breve alguns elementos fundamentais de controle clássico, tais como os gráficos de resposta em frequência, a proximidade da instabilidade de um sistema de controle em malha fechada e sua relação com os conceitos de ressonância e de margens de estabilidade.

Foram ainda apresentadas as definições de algumas funções de transferência usuais de sistemas em malha fechada, bem como suas propriedades.

Capítulo 2

Estabilidade e desempenho nominais

2.1 Introdução

Neste capítulo, para começar o estudo do problema de projeto robusto, serão discutidas as questões da estabilidade e do desempenho do sistema de controle supondo que o modelo da planta esteja livre de erros. Em outras palavras, serão tratados os problemas de estabilidade e desempenho do sistema de controle em malha fechada considerando apenas o modelo nominal da planta – também chamado de modelo de projeto.

No que diz respeito à estabilidade, será considerada a questão da estabilidade interna. O desempenho será estudado com referência às seguintes características:

- acompanhamento do sinal de referência,
- rejeição de perturbação,
- rejeição do erro de medida,
- limitação do esforço de controle,
- compatibilidade entre o pré-filtro e a malha fechada e
- erro estacionário para sinais usuais.

O sistema considerado neste capítulo está representado em diagrama de blocos na Figura 2.1. Note que $G(s)$ representa o modelo nominal da planta.

O problema de projeto é encontrar um compensador $K(s)$ de forma que y acompanhe r com uma precisão preestabelecida e com um esforço de controle

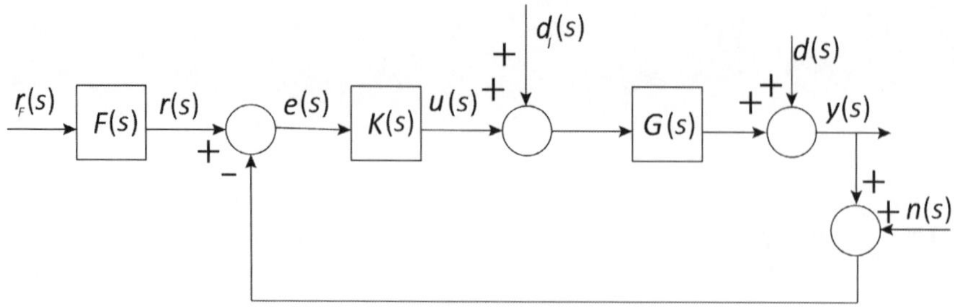

Figura 2.1 – Diagrama de blocos do sistema de controle nominal.

"razoável", a despeito das presenças das perturbações d e d_i e do erro de medida n. Apesar de d_i sempre poder ser refletido na saída da planta, nesse caso ele é incluído no diagrama de blocos por ser importante para a estabilidade interna, como se verá a seguir.

Como o sistema é linear, vale o princípio da superposição, o que permite considerar um sinal externo por vez agindo na malha de controle. É assim que será feito adiante.

As condições de projeto, quando escritas como desigualdades envolvendo o ganho da função de transferência de malha $G(s)K(s)$ (*loop transfer function*), são apropriadas para a abordagem denominada *loop shaping*.

Definição 2.1 – ***Loop shaping***

O processo de definição de $K(s)$ de forma que o Ganho de Malha $|G(j\omega)K(j\omega)|$ satisfaça às restrições de projeto é denominado loop shaping.

Está incluída nesse caso a técnica QFT.

Para a técnica H_∞, as condições são expressas por meio de restrições envolvendo $|S(j\omega)|$, $|T(j\omega)|$ e $|K(j\omega)S(j\omega)|$.

2.2 Estabilidade nominal

Considere os sistemas lineares invariantes no tempo descritos por funções de transferência na forma de funções racionais.

Definição 2.2 – Estabilidade assintótica de uma função de transferência

Uma função de transferência é assintoticamente estável[1] *se, e apenas se, todos os seus polos se situarem no semiplano esquerdo aberto do plano complexo.*

Está excluído, portanto, o eixo imaginário, o que significa que sistemas com polos sobre o eixo imaginário não são assintoticamente estáveis.

Como se sabe, esta definição é equivalente à da estabilidade BIBO (*Bounded-Input Bounded-Output*), em que as entradas limitadas correspondem às saídas também limitadas.

A estabilidade interna é definida com base no diagrama de blocos da Figura 2.1, considerando as doze funções de transferência que relacionam as quatro entradas do sistema (isto é, $r_F(s)$, $d_i(s)$, $d(s)$ e $n(s)$) às duas saídas internas ($e(s)$ e $u(s)$) e à saída externa ($y(s)$).

Definição 2.3 – Estabilidade interna de um sistema em malha fechada

O sistema é internamente estável se, e apenas se, as funções de transferência referidas no parágrafo anterior são assintoticamente estáveis.

Um teorema importante, que permite verificar se um sistema é internamente estável, é o enunciado a seguir [Sidi, 2001].

Teorema 2.1 – Estabilidade interna de um sistema em malha fechada

Supondo que $F(s)$ seja estável, o sistema representado na Figura 2.1 é internamente estável se, e apenas se, as duas condições a seguir se verificam:

i) *a função de transferência de malha fechada $T(s)$ é estável;*

ii) *não há cancelamento entre polos e zeros de $G(s)$ e de $K(s)$ no semiplano direito fechado.*

Erroneamente, é comum pensar que o problema do cancelamento no semiplano direito está no fato de que, na prática, nunca é possível ter o cancelamento exato entre polo e zero. Como se entende do teorema, a estabilidade interna seria perdida mesmo que o cancelamento fosse exato!

---

[1] Neste texto, será usada simplificadamente a designação "estável" para indicar a estabilidade assintótica.

Exemplo 2.1 *Para ilustrar o significado deste teorema, considere-se o exemplo em que*

$$G(s) = \frac{1}{s^2}$$

e

$$K(s) = \frac{s}{s+1},$$

para o qual há o cancelamento entre o zero na origem de $K(s)$ e o polo na origem de $G(s)$.

É imediato verificar que a função de transferência entre $r(s)$ e $y(s)$ é

$$T(s) = \frac{1}{s^2+s+1},$$

que é assintoticamente estável, porque seus polos têm parte real igual a $-1/2$. Por outro lado, a função de transferência entre $d_i(s)$ e $y(s)$ é

$$\frac{y(s)}{d_i(s)} = \frac{s+1}{s(s^2+s+1)}$$

que, além dos polos anteriores, tem também um polo na origem e, portanto, não é assintoticamente estável. É simples verificar que, se um degrau é aplicado em $d_i(t)$, a saída $y(t)$ se aproxima de uma rampa em regime estacionário; portanto, o sistema não é BIBO estável.

Assim, por causa do cancelamento entre polo e zero na origem, o sistema não é internamente estável.

2.3 Acompanhamento do sinal de referência

Para o sistema representado na Figura 2.1, com r como único sinal de entrada, tem-se, em uma dada frequência ω,

$$y(j\omega) = \frac{G(j\omega)K(j\omega)}{1+G(j\omega)K(j\omega)}r(j\omega). \tag{2.1}$$

Admita que o sinal $r(j\omega)$ tenha energia significativa em um conjunto Ω_r, tipicamente de baixas frequências, da forma

$$\Omega_r = \{\omega \in \mathbb{R} : \ \omega \leq \omega_r\}, \tag{2.2}$$

em que ω_r é dado. Assim, grosso modo, o que se deseja é que $y(j\omega) \simeq r(j\omega)$ para $\omega \in \Omega_r$.

Observando a equação 2.1, nota-se de imediato que isto pode ser obtido se

$$|G(j\omega)K(j\omega)| = |L(j\omega)| \gg 1 \tag{2.3}$$

para $\omega \in \Omega_r$. Ou, tendo em vista a definição da sensibilidade na equação 1.15, se

$$|S(j\omega)| \ll 1 \tag{2.4}$$

no mesmo conjunto de frequências.

Em palavras pode-se dizer que $y(j\omega)$ acompanhará $r(j\omega)$ se o Ganho de Malha for suficientemente grande (equação 2.3) ou, de forma equivalente, se a sensibilidade for suficientemente pequena (equação 2.4) para $\omega \in \Omega_r$.

Para exprimir essas condições de forma quantitativa e precisa, admita que, para uma determinada frequência $\omega \in \Omega_r$, se deseje que a saída $y(j\omega)$ acompanhe o sinal de referência $r(j\omega)$ com um erro inferior a um valor $\delta_r(\omega)$ ($\delta_r(\omega) > 0$), dado como especificação de projeto. Como o sistema é linear, é mais apropriado considerar uma medida de erro relativa e não absoluta[2]. Assim, escreve-se a especificação de acompanhamento do sinal de referência na forma

$$\frac{|e(j\omega)|}{|r(j\omega)|} \leq \delta_r(\omega) \qquad (\omega \in \Omega_r). \tag{2.5}$$

É naturalmente querer que o acompanhamento se dê com pequeno erro, de maneira que, tipicamente,

$$\delta_r(\omega) \ll 1 \qquad (\omega \in \Omega_r). \tag{2.6}$$

[2]Note que, se em um determinado problema, uma especificação absoluta é mais adequada

$$|e(j\omega)| \leq \delta'_r(\omega),$$

para uma dada amplitude da entrada

$$|r(j\omega)| = A,$$

então basta tomar

$$\delta_r(\omega) = \frac{\delta'_r(\omega)}{A},$$

de maneira que

$$|e(j\omega)| \leq A\delta_r(\omega)$$

e, portanto,

$$\frac{|e(j\omega)|}{|r(j\omega)|} \leq \delta_r(\omega),$$

recaindo assim no caso da equação 2.5.

Com base no diagrama de blocos da Figura 2.1, a condição 2.5 pode ser escrita como

$$\frac{1}{|1+G(j\omega)K(j\omega)|} \leq \delta_r(\omega) \qquad (\omega \in \Omega_r). \tag{2.7}$$

Em termos da sensibilidade (veja equação 1.15), essa condição pode ser expressa como

$$\boxed{|S(j\omega)| \leq \delta_r(\omega) \ll 1 \qquad (\omega \in \Omega_r).} \quad (H_\infty) \tag{2.8}$$

Em vista da equação 2.6, resulta da condição 2.7 a forma aproximada[3]

$$\boxed{|G(j\omega)K(j\omega)| \geq \frac{1}{\delta_r(\omega)} \gg 1 \qquad (\omega \in \Omega_r).} \quad (\textit{Loop shaping}) \tag{2.9}$$

Deve-se observar que as condições 2.8 e 2.9 exprimem quantitativamente o que as equações 2.4 e 2.3, respectivamente, haviam estabelecido de maneira qualitativa. Elas são as **condições de acompanhamento do sinal de referência** para o sistema nominal.

Por fim, para completar esta seção, é oportuno notar que, das equações 1.23 e 2.8, resulta que

$$T(j\omega) \simeq 1 \qquad (\omega \in \Omega_r). \tag{2.10}$$

Essa condição era esperada, pois (veja equação 1.17)

$$T(j\omega) = \frac{y(j\omega)}{r(j\omega)}. \tag{2.11}$$

[3]Uma forma não aproximada pode ser obtida notando que

$$|1+G(j\omega)K(j\omega)| \geq |G(j\omega)K(j\omega)| - 1$$

e admitindo que

$$|G(j\omega)K(j\omega)| > 1 \qquad (\omega \in \Omega_r).$$

Neste caso, uma condição suficiente para 2.7 é dada por

$$|G(j\omega)K(j\omega)| - 1 \geq \frac{1}{\delta_r(\omega)} \qquad (\omega \in \Omega_r),$$

ou seja,

$$\boxed{|G(j\omega)K(j\omega)| \geq 1 + \frac{1}{\delta_r(\omega)} \qquad (\omega \in \Omega_r)}$$

Esta condição é mais geral do que 2.9, pois vale mesmo que não se tenha $\delta_r(\omega) \ll 1$ $(\omega \in \Omega_r)$, o que não é muito comum.

Portanto, se $y(j\omega) \simeq r(j\omega)$, então $T(j\omega) \simeq 1$.

Exemplo 2.2 *Considere o sistema representado na Figura 2.2 com*

$$d(s) = 0.$$

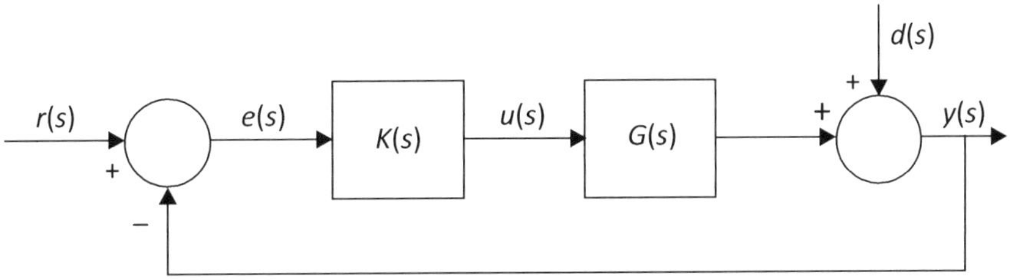

Figura 2.2 – Diagrama de blocos do sistema.

Sejam

$$K(s) = 100$$

e

$$G(s) = \frac{1}{s+1}.$$

Note que a frequência de canto é de[4] *1 rad/s e que o Ganho de Malha em baixas frequências é de 100 (ou seja, de 40 dB). Portanto, o erro de acompanhamento do sinal de referência nessa região deve ser inferior a 1%.*

A referência $r(t)$ foi calculada como um sinal dado pela soma de 20 componentes senoidais com amplitudes e fases aleatórias nos intervalos $[0,\ 1]$ e $[0,\ 2\pi]$, respectivamente, e com frequências uniformemente distribuídas em escala logarítmica no intervalo $[0,01\ 1]$rad/s. A Figura 2.3 mostra o resultado da simulação do sistema. Observe que os gráficos de $r(t)$ e de $y(t)$ são praticamente indistinguíveis nessa escala.

A Figura 2.4 contém os gráficos do erro de acompanhamento do sinal de referência $e(t)$ e da função $r(t)/100$. Este último foi incluído para mostrar que, de fato, o erro é da ordem de 1% do sinal de referência. Deve-se salientar, contudo, que a condição de projeto garante apenas que o erro é menor do que 1% isoladamente para cada uma das componentes senoidais que fazem parte de $r(t)$.

Note também que, como o projeto é realizado apenas com vistas a garantir o desempenho em regime estacionário, os pontos iniciais da simulação – correspondentes ao período transitório – não foram exibidos na Figura 2.4.

[4]Pressupõe-se que os polos sejam dados em s^{-1}, como é usual quando a unidade não é explicitada.

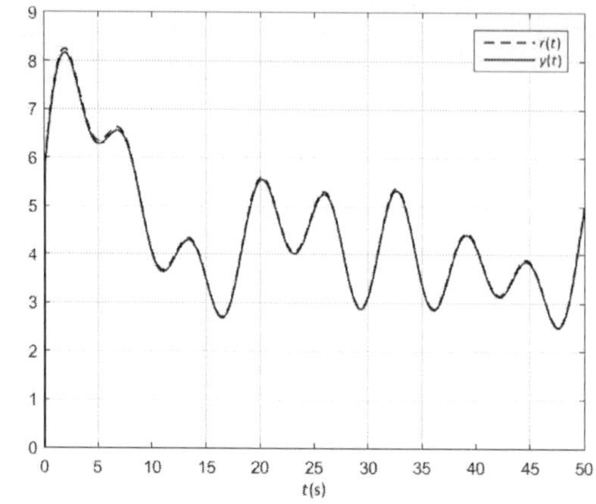

Figura 2.3 – Resultados da simulação - funções $r(t)$ e $y(t)$.

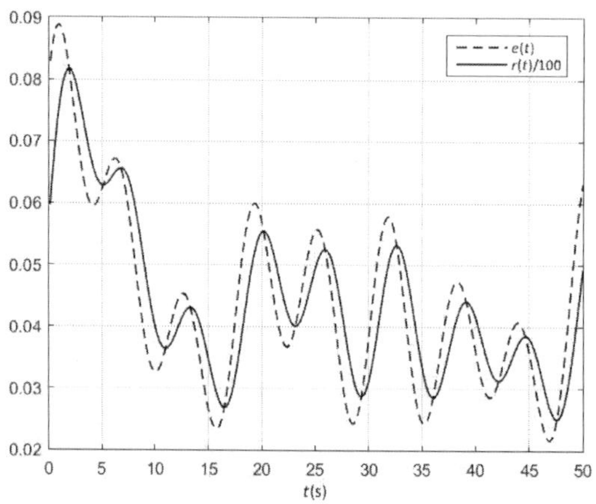

Figura 2.4 – Resultados da simulação - funções $e(t)$ e $r(t)/100$.

Para ilustrar, a Figura 2.5 mostra os 90 ms iniciais da simulação. Como é possível observar, o erro atinge o regime estacionário após decorridos aproximadamente 50 ms a partir do início, o que é coerente com a dinâmica do sistema em malha fechada, pois este tem uma constante de tempo em torno de 10 ms.

2.4 Rejeição de perturbação

As perturbações externas que agem sobre a malha de controle podem ser representadas como sinais adicionados à entrada ou à saída da planta, dependendo

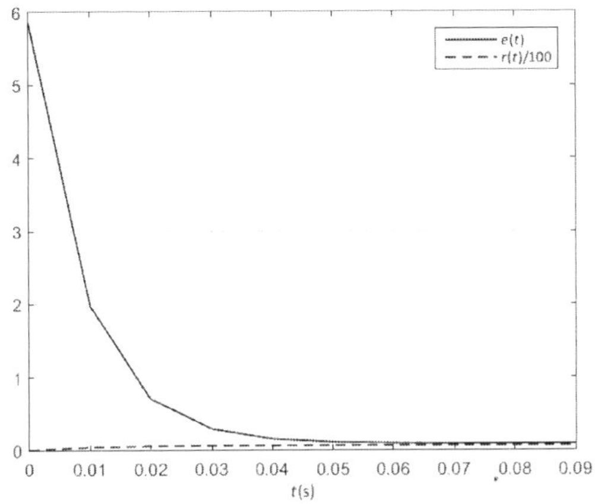

Figura 2.5 – Zoom - funções $e(t)$ e $r(t)/100$.

da conveniência em cada caso. Normalmente, a primeira representação é mais natural quando os sinais são encarados como *causas* e, no segundo, como *efeitos*.

Exemplo 2.3 *Para exemplificar, considere o caso de um motor CC controlado pela armadura, cuja entrada é a tensão de armadura e cuja saída é a velocidade de rotação do eixo. Desprezando o atrito viscoso e levando em conta a existência de um torque de atrito* T_L *no mancal, que pode ser encarado como uma perturbação externa, é apresentada uma representação esquemática do sistema na Figura 2.6.*

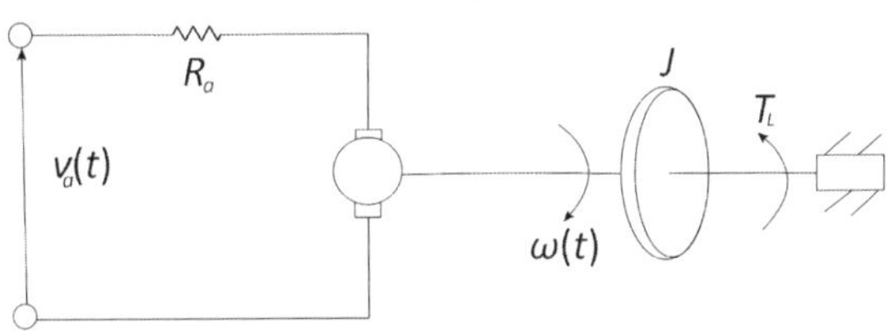

Figura 2.6 – Representação esquemática do motor CC.

O modelo do sistema é descrito pela equação

$$J\dot{\omega} + \frac{K_T K_V}{R_a}\omega = \frac{K_T}{R_a}v_a - T_L, \tag{2.12}$$

em que ω *é a velocidade angular do eixo do motor,* v_a *é a tensão aplicada na armadura do motor,* J *é o momento de inércia do conjunto motor+carga,* R_a *é a resistência de armadura do motor,* K_T *é a constante de torque do motor e* K_V *é a sua constante de força contraeletromotriz induzida.*

Definindo

$$\tau = \frac{JR_a}{K_T K_V} \qquad K_0 = \frac{1}{K_V} \qquad K_1 = \frac{R_a}{K_T}, \tag{2.13}$$

a equação acima pode ser reescrita como

$$\tau\dot{\omega} + \omega = K_0(v_a - K_1 T_L). \tag{2.14}$$

Considerando as condições iniciais nulas e representando por $\Omega(s)$, $V_a(s)$ e $T_L(s)$, respectivamente, as transformadas de Laplace de $\omega(t)$, $v_a(t)$ e $T_L(t)$, tem-se

$$\Omega(s) = \frac{K_0}{\tau s + 1}[V_a(s) - K_1 T_L(s)] \tag{2.15}$$

que, na forma de diagrama de blocos, pode ser representada pela Figura 2.7.

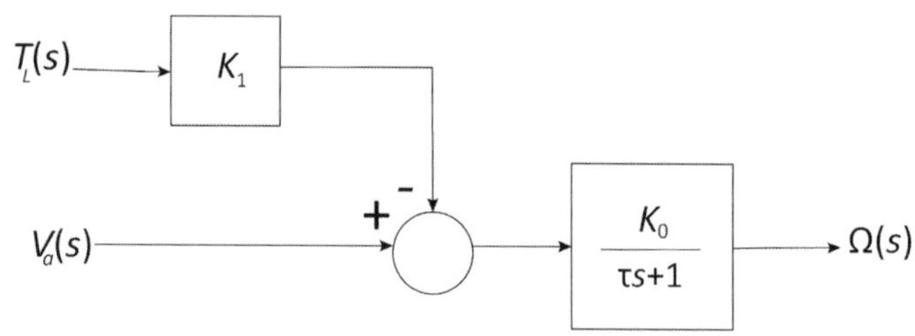

Figura 2.7 – Diagrama de blocos do motor CC.

Neste caso, o efeito do atrito surgiu, representado naturalmente como uma perturbação $d_i(s)$ na entrada da planta, na forma de uma tensão equivalente subtraída da tensão de armadura:

$$d_i(s) = -K_1 T_L(s). \tag{2.16}$$

Alternativamente, pode-se pensar que o efeito do atrito seja provocar uma redução na velocidade do eixo do motor. Neste caso, a perturbação deve ser representada na saída da planta por

$$d(s) = -K_1 \frac{K_0}{\tau s + 1} T_L(s). \tag{2.17}$$

Note que, no primeiro caso, o efeito do atrito foi representado na entrada da planta como a causa da redução de velocidade do eixo, enquanto no segundo, como o próprio efeito sobre a saída do sistema.

De maneira geral, a representação da perturbação na entrada ou na saída da planta é apenas uma questão de conveniência, e, neste texto, por simplicidade, optamos pela segunda forma. É oportuno observar que o efeito de uma perturbação na entrada da planta pode ser refletido na saída desta, representado por

$$d(s) = G(s)d_i(s). \tag{2.18}$$

Assim, quando uma perturbação agindo na entrada da planta é representada na sua saída, ela é filtrada pela dinâmica da planta, sendo por isso de baixa frequência.

Para o sistema da Figura 2.1, tem-se

$$y(j\omega) = \frac{1}{1 + G(j\omega)K(j\omega)}d(j\omega), \tag{2.19}$$

considerando que d seja o único sinal de entrada.

Seja Ω_d o conjunto de frequências onde se situa a parte mais significativa da energia da perturbação d. Tipicamente as perturbações que se deseja rejeitar são de baixa frequência, o que faz com que o conjunto Ω_d seja, em geral, do tipo

$$\Omega_d = \{\omega \in \mathbb{R} : \ \omega \leq \omega_d\}, \tag{2.20}$$

em que ω_d é conhecido.

De maneira não rigorosa, deseja-se que $|y(j\omega)|$ seja pequeno para $\omega \in \Omega_d$. Tendo em vista a equação 2.19, é imediato notar que pode ser obtido se

$$|G(j\omega)K(j\omega)| = |L(j\omega)| \gg 1 \tag{2.21}$$

para $\omega \in \Omega_d$, ou, de outra forma, considerando a definição da sensibilidade da equação 1.15, se

$$|S(j\omega)| \ll 1 \tag{2.22}$$

no mesmo conjunto de frequências.

Em outras palavras, tem-se que a saída $y(j\omega)$ será pequena se o Ganho de Malha for suficientemente grande (equação 2.21) ou, de forma equivalente, se a sensibilidade for suficientemente pequena (equação 2.22) para $\omega \in \Omega_d$.

Para exprimir essas condições quantitativamente, admita que se deseje que

$$\frac{|y(j\omega)|}{|d(j\omega)|} \leq \delta_d(\omega) \qquad (\omega \in \Omega_d), \tag{2.23}$$

em que $\delta_d(\omega)$ é uma função definida em Ω_d, $\delta_d(\omega) > 0$, supostamente dada como parte das especificações de projeto.

É usual que se especifique que a rejeição de perturbação se dê com pequeno erro, de maneira que, tipicamente,

$$\delta_d(j\omega) \ll 1 \qquad (\omega \in \Omega_d). \tag{2.24}$$

Com base no diagrama de blocos da Figura 2.1, a condição 2.23 pode ser escrita como

$$\frac{1}{|1 + G(j\omega)K(j\omega)|} \leq \delta_d(\omega) \qquad (\omega \in \Omega_d), \tag{2.25}$$

ou, em termos da sensibilidade (veja equação 1.15),

$$\boxed{|S(j\omega)| \leq \delta_d(\omega) \ll 1 \qquad (\omega \in \Omega_d).} \quad (H_\infty) \tag{2.26}$$

Considerando a equação 2.24, a condição 2.25 pode ser reescrita na forma aproximada

$$\boxed{|G(j\omega)K(j\omega)| \geq \frac{1}{\delta_d(\omega)} \gg 1 \qquad (\omega \in \Omega_d).} \quad (\textit{Loop Shaping}) \tag{2.27}$$

Assim, as condições 2.26 e 2.27 são as expressões quantitativas das equações 2.22 e 2.21, respectivamente. Elas representam as **condições de rejeição de perturbação** para o sistema nominal, no caso em que as perturbações são representadas na saída da planta.

Exemplo 2.4 *Considere novamente o sistema representado na Figura 2.8, mas agora com*

$$r(s) = 0.$$

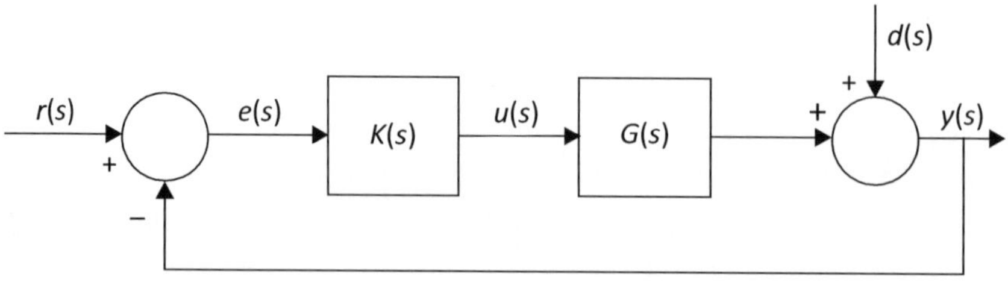

Figura 2.8 – Diagrama de blocos do sistema.

Da mesma forma que no exemplo já visto, sejam

$$K(s) = 100$$

e

$$G(s) = \frac{1}{s+1}.$$

Relembre que a frequência de canto é de 1 rad/s e que o Ganho de Malha em baixas frequências é de 100 (ou seja, de 40 dB). Portanto, o nível de rejeição da perturbação nessa região deve ser inferior a 1%.

A perturbação $d(t)$ é um sinal contendo componentes senoidais de frequências até 1 rad/s. Na Figura 2.9, são apresentados os gráficos da saída $y(t)$ e da função $d(t)/100$ obtidos por simulação, sendo que este último foi incluído para mostrar que, conforme esperado, a saída é de fato da ordem de 1% da perturbação.

Como o projeto é realizado apenas para garantir o desempenho em regime estacionário, os pontos iniciais da simulação (transitório) não foram exibidos na Figura 2.9.

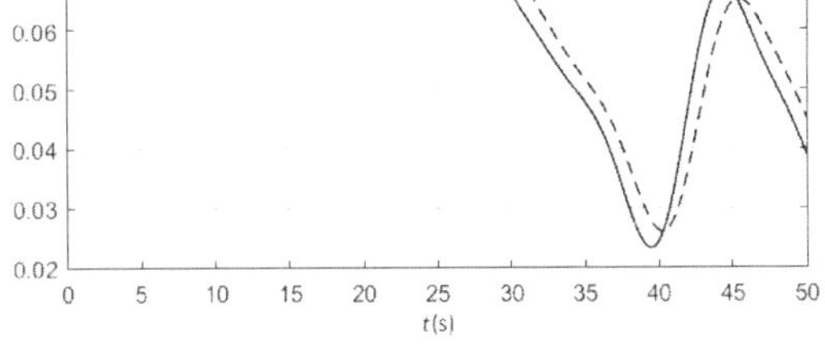

Figura 2.9 – Resultados da simulação - funções $y(t)$ e $d(t)/100$.

• Nota 2.1 – Rejeição de perturbação na entrada da planta

Para completar a análise, considere a condição de rejeição da perturbação quando esta é representada na entrada da planta. Neste caso, a partir da Figura 2.1, tem-se

$$\frac{y(j\omega)}{d_i(j\omega)} = \frac{G(j\omega)}{1 + G(j\omega)K(j\omega)}. \tag{2.28}$$

Admita que se deseje que

$$\frac{|y(j\omega)|}{|d_i(j\omega)|} < \delta_d(j\omega) \qquad (\omega \in \Omega_d). \tag{2.29}$$

Da equação 2.28 resulta, portanto, que

$$\frac{1}{|1 + G(j\omega)K(j\omega)|} \leq \delta'_d(\omega), \tag{2.30}$$

em que

$$\delta'_d(\omega) = \frac{\delta_d(\omega)}{|G(j\omega)|}. \tag{2.31}$$

Ou seja,

$$\boxed{|S(j\omega)| \leq \delta'_d(\omega) \qquad (\omega \in \Omega_d).} \quad (H_\infty) \tag{2.32}$$

De maneira análoga ao que foi feito anteriormente e supondo que

$$\delta'_d(\omega) \ll 1 \qquad (\omega \in \Omega_d),$$

obtém-se a **condição de rejeição de perturbação** *para o caso em que estas são representadas na entrada da planta como*

$$\boxed{|G(j\omega)K(j\omega)| \geq \frac{1}{\delta'_d(\omega)} \gg 1 \qquad (\omega \in \Omega_d).} \quad (\textit{Loop Shaping}) \tag{2.33}$$

Alguns pontos devem ser observados a respeito da forma desta condição:

- *é conveniente tê-la escrita desta maneira, pois, de forma semelhante às condições de acompanhamento do sinal de referência e de rejeição de perturbação na saída da planta, ela está expressa como uma restrição sobre o ganho da função de transferência de malha GK do sistema e, portanto, apropriada para o projeto via* loop shaping*;*
- *uma vez que $\delta_d(\omega)$ é dada, $\delta'_d(\omega) = \delta_d(\omega)/|G(j\omega)|$ também é conhecida como função de ω, já que a função de transferência da planta G o é conhecida;*
- *as condições 2.27 e 2.33 são coerentes com a equação 2.18, a saber, $d(s) = G(s)d_i(s)$;*
- *por fim, a diferença entre considerar a perturbação representada na saída ou na entrada da planta se resume a utilizar $\delta_d(\omega)$ ou $\delta'_d(\omega)$ nas condições 2.27 ou 2.33, respectivamente. Por isso, neste texto optou-se por considerar as perturbações representadas na saída da planta.*

2.5 Rejeição do erro de medida

Nesta seção, primeiramente será deduzida a condição de rejeição do erro de medida e, em seguida, com base na dinâmica do sensor, será discutida a questão de como determinar o conjunto onde o erro de medida é mais significativo.

2.5.1 Condição de rejeição do erro de medida

Considere a contribuição de $n(j\omega)$ para $y(j\omega)$

$$y(j\omega) = -\frac{G(j\omega)K(j\omega)}{1 + G(j\omega)K(j\omega)} n(j\omega). \tag{2.34}$$

Seja Ω_n o conjunto de frequências onde a energia de $n(j\omega)$ é mais significativa. Em geral, Ω_n é do tipo

$$\Omega_n = \{\omega \in \mathbb{R} : \omega \geq \omega_n\} \tag{2.35}$$

para ω_n dado, pois os sensores normalmente introduzem erros de medida em altas frequências.

Admita a função $\delta_n(\omega)$, $\omega \in \Omega_n$, que define quantitativamente a especificação de projeto de rejeição do erro de medida na forma

$$\frac{|y(j\omega)|}{|n(j\omega)|} \leq \delta_n(\omega) \qquad (\omega \in \Omega_n). \tag{2.36}$$

Tipicamente,

$$\delta_n(\omega) \ll 1 \qquad (\omega \in \Omega_n). \tag{2.37}$$

Das equações 2.34 e 2.36, é imediato que a **condição de rejeição do erro de medida** seja dada por

$$\boxed{|T(j\omega)| \leq \delta_n(\omega) \qquad (\omega \in \Omega_n).} \quad (H_\infty) \tag{2.38}$$

Já que, para o projeto via *loop shaping*, as condições de acompanhamento da referência e de rejeição de perturbação também foram escritas em termos do Ganho de Malha, é interessante tentar fazer o mesmo aqui. Assim, tendo em vista a definição de $T(s)$ (veja a equação 1.14), a condição 2.38 também pode ser expressa por

$$\left|\frac{1 + G(j\omega)K(j\omega)}{G(j\omega)K(j\omega)}\right| \geq \frac{1}{\delta_n(\omega)} \gg 1 \qquad (\omega \in \Omega_n), \tag{2.39}$$

que pode ser reescrita como

$$\left|\frac{1}{G(j\omega)K(j\omega)} + 1\right| \geq \frac{1}{\delta_n(\omega)} \gg 1 \qquad (\omega \in \Omega_n). \tag{2.40}$$

Ou, de maneira aproximada,

$$\frac{1}{|G(j\omega)K(j\omega)|} \geq \frac{1}{\delta_n(\omega)} \gg 1 \qquad (\omega \in \Omega_n), \tag{2.41}$$

que é o mesmo que

$$\boxed{|G(j\omega)K(j\omega)| \leq \delta_n(\omega) \ll 1 \qquad (\omega \in \Omega_n).} \quad (Loop\ Shaping) \tag{2.42}$$

Esta é uma forma *aproximada* da **condição de rejeição do erro de medida** para o sistema nominal. Em outras palavras, ela mostra que o Ganho de Malha deve ser pequeno na região de frequências em que o erro de medida é significativo.

Em vista das equações 2.37 e 2.38,

$$|T(j\omega)| \ll 1, \tag{2.43}$$

para $\omega \in \Omega_n$, e, portanto,

$$S(j\omega) \simeq 1. \tag{2.44}$$

Ou seja, na região Ω_n, o Ganho da Malha Fechada deve ser pequeno (e, portanto, o Ganho de Malha deve ser pequeno) ou, equivalentemente, a sensibilidade deve ser próxima de 1.

Exemplo 2.5 *Considere o sistema representado na Figura 2.10.*

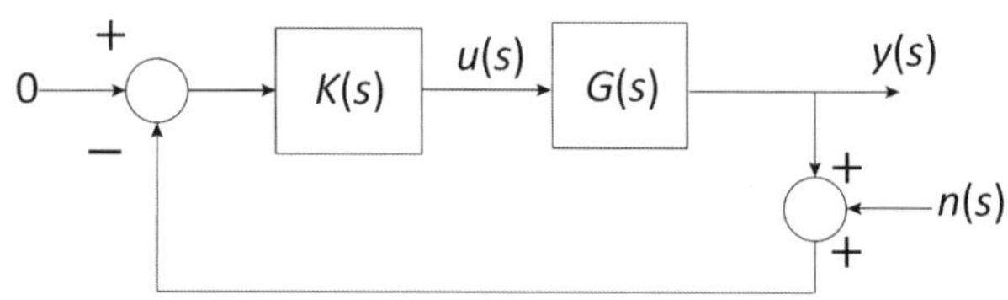

Figura 2.10 – Diagrama de blocos do sistema.

Da mesma forma que a anterior, sejam

$$K(s) = 100$$

e

$$G(s) = \frac{1}{s+1}.$$

O erro de medida $n(t)$ é um sinal contendo componentes senoidais de frequências entre 10^3 e 10^4 rad/s, além de um ruído gaussiano de 25% da amplitude da senoide correspondente e, portanto, pelo menos 3 décadas acima da frequência de canto, que é de 1 rad/s. Assim, para frequências acima de 10^3 rad/s, o Ganho de Malha é inferior a -20 dB e, consequentemente, o efeito do erro de medida sobre a saída sofre uma atenuação superior a 10%.

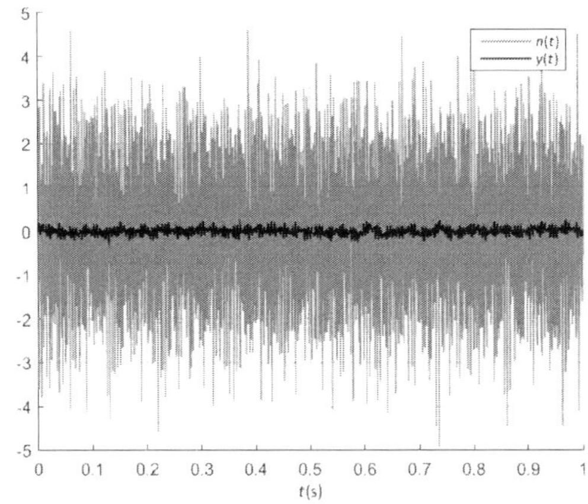

Figura 2.11 – Resultados da simulação - funções $n(t)$ e $y(t)$.

Na Figura 2.11 são apresentados os gráficos de $n(t)$ *e* $y(t)$ *resultantes de simulação.*

Para melhor ilustrar, a Figura 2.12 apresenta os gráficos de 10% do erro de medida (isto é, de $n(t)/10$*) e da função* $y(t)$*. Como a constante de tempo do sistema em malha fechada é de aproximadamente 0.01 s, a saída já se encontra em regime estacionário após 0.05 s. Daí para a frente, sua intensidade é inferior a 10% do erro de medida, como esperado.*

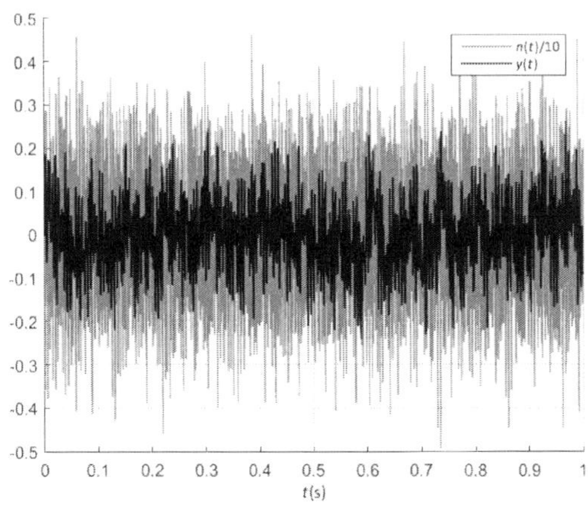

Figura 2.12 – Resultados da simulação - funções $n(t)/10$ e $y(t)$.

2.5.2 O conjunto Ω_n

O erro de medida é composto basicamente de duas parcelas: a primeira, determinística, é introduzida pela dinâmica do sensor; e a segunda, aleatória, é um ruído, normalmente de natureza elétrica.

A determinação da região de frequências em que o ruído é significativo requer a realização de uma análise espectral do sinal de saída do sensor.

A região em que a dinâmica do sensor introduz erros de medida relevantes pode ser obtida da forma discutida a seguir. Para isto, seja $H(s)$ a função de transferência do sensor e seja $y_m(s)$ o sinal indicado por ele quando a entrada é $y(s)$. Deixando de lado o ruído de medida aleatório, a representação do erro de medida (veja a Figura 2.1) por meio do sinal $n(s)$ adicionado a $y(s)$ significa que (veja a Figura 2.13)

$$y_m(j\omega) = H(j\omega)y(j\omega) = y(j\omega) + n(j\omega) \tag{2.45}$$

e, portanto,

$$n(j\omega) = [H(j\omega) - 1]y(j\omega). \tag{2.46}$$

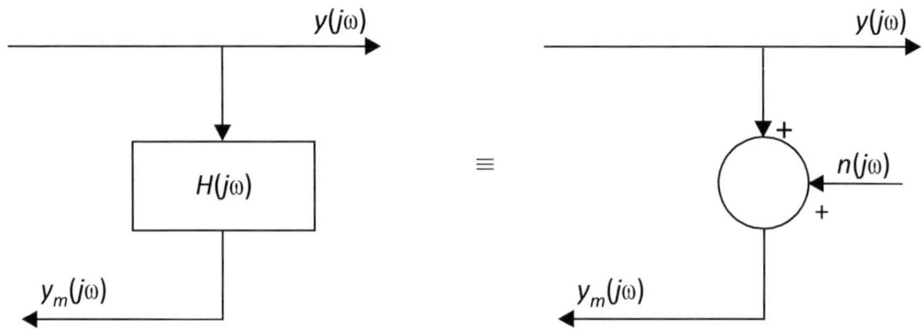

Figura 2.13 – Representação do erro de medida por meio do sinal $n(s)$.

Note que:

i) em baixas frequências, normalmente o sensor introduz erros pequenos na medida, de maneira que

$$H(j\omega) \simeq 1 \tag{2.47}$$

e, portanto,

$$|n(j\omega)| \ll |y(j\omega)|; \tag{2.48}$$

ii) em altas frequências, o sensor atenua fortemente os sinais, ou seja,

$$|H(j\omega)| \ll 1 \tag{2.49}$$

e, portanto, conforme a equação 2.46,

$$n(j\omega) \simeq -y(j\omega), \tag{2.50}$$

o que significa que

$$y_m(j\omega) \simeq 0; \tag{2.51}$$

iii) em frequências "intermediárias", não cabe aproximação, de forma que vale a equação 2.46.

Admita que M, $0 < M \ll 1$, seja um valor dado como tolerância para a magnitude do erro de medida (Figura 2.14).

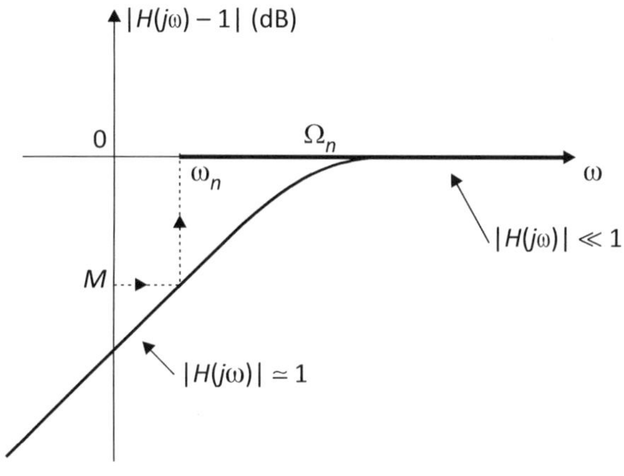

Figura 2.14 – Representação típica de $|H(j\omega) - 1|$.

As considerações anteriores sugerem que a frequência ω_n seja definida como aquela em que

$$\frac{|n(j\omega)|}{|y(j\omega)|} \geq M \tag{2.52}$$

para $\omega \geq \omega_n$, isto é (veja as equações 2.46 e 2.52),

$$\boxed{|H(j\omega) - 1| \geq M.} \tag{2.53}$$

Exemplo 2.6 - Acelerômetro

A Figura 2.15 é uma representação esquemática de um acelerômetro.

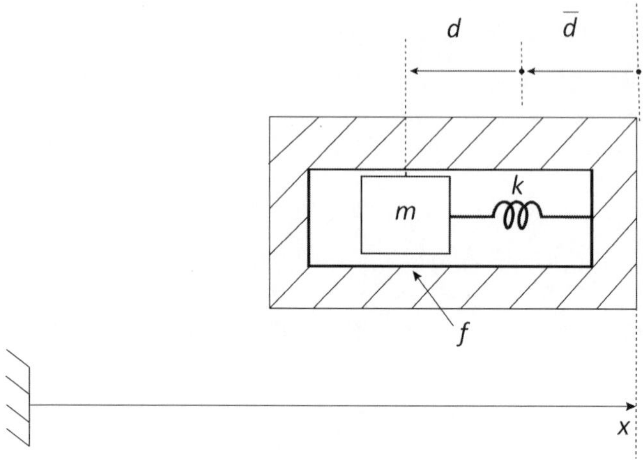

Figura 2.15 – Representação esquemática de um acelerômetro.

Suponha que a carcaça, destacada pela área hachurada, seja submetida a uma aceleração

$$a(t) = \ddot{x}(t).$$

Como consequência, a massa m, presa à carcaça por meio de uma mola de constante elástica k, sofre um deslocamento d em relação à sua posição original de repouso, a qual é denotada por $\bar{d}$. A ideia é medir a aceleração da carcaça indiretamente por meio da medida do deslocamento da massa em relação a ela.

Considerando a existência de atrito viscoso linear com coeficiente f entre a massa m e a carcaça, a segunda Lei de Newton permite escrever que

$$m\frac{d^2}{dt^2}[x(t) - d(t) - \bar{d}] = f\dot{d}(t) + kd(t). \tag{2.54}$$

Designando por

$$a_m(t) = \frac{k}{m}d(t)$$

a aceleração medida, a equação 2.54 permite escrever de imediato que

$$\frac{k}{m}a(t) = \ddot{a}_m(t) + \frac{f}{m}\dot{a}_m(t) + \frac{k}{m}a_m(t).$$

Daí resulta a função de transferência do sensor

$$H(s) = \frac{a_m(s)}{a(s)} = \frac{\omega_a^2}{s^2 + 2\xi\omega_a s + \omega_a^2}, \tag{2.55}$$

em que

$$\omega_a = \sqrt{\frac{k}{m}}$$

e

$$\xi = \frac{f}{2\sqrt{km}}.$$

Nota-se de imediato que, para

$$\omega \ll \omega_a,$$

da equação 2.55 resulta que

$$H(j\omega) \simeq 1.$$

Portanto,

$$a_m(j\omega) \simeq a(j\omega),$$

ou seja, para frequências suficientemente baixas, a aceleração medida é praticamente igual à aceleração imposta à carcaça do acelerômetro.

Para determinar a região de operação do sensor associada a um dado valor de $M > 0$*, note que a equação 2.53 se escreve neste caso como*

$$\left| \frac{\omega_a^2}{-\omega^2 + j2\xi\omega_a\omega + \omega_a^2} - 1 \right| \geq M,$$

que pode ser reescrita na forma de uma inequação biquadrada como

$$(1 - M^2)\omega^4 + [4\xi^2\omega_a^2(1 - M^2) + 2M^2\omega_a^2]\omega^2 - M^2\omega_a^4 \geq 0.$$

A solução desta inequação define o conjunto Ω_n*.*

• **Nota 2.2**

Este exemplo é mais de cunho conceitual do que prático, pois é pouco provável que, em dada aplicação, o projetista de controle disponha do modelo matemático do sensor para avaliar sua faixa de operação. Normalmente, esta informação é fornecida pelo fabricante.

O exemplo talvez seja mais útil do ponto de vista do projetista do sensor, que deve escolher seus parâmetros para que ele possa ser utilizado em uma certa classe de aplicações, o que pode incluir sua faixa de operação.

2.6 Limitação do esforço de controle

No desenvolvimento do projeto de um sistema de controle, sempre é importante analisar o esforço de controle – inclusive por meio de simulações – para evitar saturações dos atuadores.

Para o diagrama de blocos da Figura 2.1, tem-se que

$$u(j\omega) = \frac{K(j\omega)}{1 + G(j\omega)K(j\omega)}[r(j\omega) - d(j\omega) - n(j\omega)]. \tag{2.56}$$

- **Baixas frequências**

Em baixas frequências, isto é, para $\omega \in \Omega_r \cup \Omega_d$, o acompanhamento do sinal de referência e a rejeição de perturbação requerem que o Ganho de Malha seja tal que

$$|G(j\omega)K(j\omega)| \gg 1 \tag{2.57}$$

e, portanto,

$$1 + G(j\omega)K(j\omega) \simeq G(j\omega)K(j\omega). \tag{2.58}$$

Consequentemente,

$$u(j\omega) \simeq \frac{1}{G(j\omega)}[r(j\omega) - d(j\omega)], \tag{2.59}$$

já que, para $\omega \in \Omega_r \cup \Omega_d$, o erro de medida $n(j\omega)$ não deve ser significativo.

Essa equação mostra alguns fatos importantes:

- em primeiro lugar, nota-se que o sinal de controle não depende do controlador K, mas apenas da planta G, o que significa que não há nada que o projetista possa fazer para alterá-lo, caso seja necessário; além disso, se o ganho da planta é pequeno (isto é, se $|G(j\omega)| \ll 1$), então há uma grande amplificação do sinal de controle para acompanhar a referência e para rejeitar as perturbações;

- o segundo fato indica que, ao se exigir que um sistema de controle acompanhe referências ou rejeite perturbações em uma região de frequências em que a planta naturalmente apresenta ganhos baixos, o preço que se paga é um elevado esforço de controle. Esta conclusão é de extrema importância, pois, com base na própria dinâmica da planta a controlar, pode-se verificar se as faixas de frequência (conjuntos Ω_r e Ω_d) são razoáveis ou não para as especificações de acompanhamento de referência e rejeição de perturbação.

Exemplo 2.7 *Para ilustrar, imagine um sistema em malha fechada que controla o rumo de um grande petroleiro, que é uma planta visivelmente lenta em uma escala de tempo humana. Admita que se deseje que ele responda rapidamente a comandos de mudança de rumo. É intuitivo que isto só poderia ser conseguido às custas de um grande esforço de controle, possivelmente maior do que a capacidade disponível nos atuadores (lemes).*

- **Altas frequências**

Em altas frequências, isto é, para $\omega \in \Omega_n$, apenas o erro de medida deve ser significativo, de maneira que a equação 2.56 conduz aproximadamente a

$$\frac{u(j\omega)}{n(j\omega)} = -\frac{K(j\omega)}{1 + G(j\omega)K(j\omega)}. \tag{2.60}$$

Para estabelecer quantitativamente a limitação do efeito do erro de medida sobre a variável de controle, admita que, como especificação de projeto, seja dada uma função $\delta_u(\omega) > 0$, $\omega \in \Omega_n$. Tipicamente, $\delta_u(\omega) \ll 1$. A especificação de projeto é então escrita como

$$\frac{|u(j\omega)|}{|n(j\omega)|} \leq \delta_u(\omega) \qquad (\omega \in \Omega_n). \tag{2.61}$$

Portanto, levando em conta as equações 1.15 e 2.60, obtém-se a **condição nominal de limitação do esforço de controle**

$$\boxed{|K(j\omega)S(j\omega)| \leq \delta_u(\omega) \qquad (\omega \in \Omega_n).} \quad (H_\infty) \tag{2.62}$$

Conforme se verá mais adiante, esta forma é a base para tratar a questão da restrição do esforço de controle no contexto de controle H_∞.

No caso de técnicas do tipo *loop shaping*, como QFT, a restrição deve ser expressa por meio de uma desigualdade envolvendo o Ganho de Malha. Neste caso, para que ocorra a rejeição do erro de medida, deve-se ter que

$$|G(j\omega)K(j\omega)| \ll 1. \tag{2.63}$$

Portanto, a equação 2.60 pode ser escrita de forma aproximada como

$$u(j\omega) \simeq -K(j\omega)n(j\omega). \tag{2.64}$$

Esta equação mostra que, se $n(j\omega)$ é grande, então é necessário que o ganho do controlador $K(j\omega)$ seja pequeno para que o esforço de controle $u(j\omega)$ não seja grande.[5]

Das equações 2.61 e 2.64, tem-se, portanto, que

$$|K(j\omega)| \leq \delta_u(\omega) \qquad (\omega \in \Omega_n). \tag{2.65}$$

Note-se que esta condição impõe uma restrição sobre a largura de banda do controlador.

Para reescrever esta desigualdade como uma restrição sobre o Ganho de Malha, multiplicam-se ambos os membros por $|G(j\omega)|$, que é suposto conhecido, para obter-se a **condição nominal de limitação do esforço de controle** expressa com base no Ganho de Malha:

$$\boxed{|G(j\omega)K(j\omega)| \leq \delta_u(\omega)|G(j\omega)| \qquad (\omega \in \Omega_n).} \quad \textit{(Loop shaping)} \tag{2.66}$$

Note que a equação 2.65 mostra que o ganho do controlador deve ser suficientemente pequeno para $\omega \in \Omega_n$. Isto significa que, idealmente, $K(s)$ deve ser uma função de transferência estritamente própria (isto é, com o número de polos estritamente maior que o número de zeros). Se a função de transferência é apenas própria, então, para frequências suficientemente altas, seu ganho tende a uma constante; pior ainda, se o número de zeros dela é maior do que o seu número de polos, além do problema da realizabilidade física, o ganho tende a crescer indefinidamente à medida que a frequência tende a infinito – este, aliás, é o caso dos controladores PID graças ao termo derivativo.

Exemplo 2.8 *Considere novamente o sistema representado na Figura 2.10, para o qual*

$$K(s) = \frac{10}{0.1s + 1}$$

e

$$G(s) = \frac{1}{s + 1}.$$

[5]Note que a condição de rejeição do erro de medida $|G(j\omega)K(j\omega)| \ll 1$ poderia ser decorrente de $|G(j\omega)| \ll 1$ (isto é, da atenuação proveniente da própria planta) e de $|K(j\omega)|$ não necessariamente pequeno. Nesse caso, o erro de medida teria um efeito importante sobre o esforço de controle.

O erro de medida $n(t)$ é um sinal composto por componentes senoidais de frequências acima de 10^3 rad/s, às quais é adicionado um ruído gaussiano de 25% da amplitude da senoide correspondente. Para $\omega \geq 10^3$ rad/s, tem-se que

$$|K(j\omega)| \leq 0.1,$$

o que, pela equação 2.65, significa que

$$\delta_u(\omega) = 0.1.$$

Portanto, o efeito de $n(j\omega)$ sobre $u(j\omega)$ é atenuado em pelo menos 10%.

Na Figura 2.16 são apresentados os gráficos da função $u(t)$ e de 10% do erro de medida (isto é, de $n(t)/10$). Pode-se notar que u é da ordem de 10% de n, como esperado.

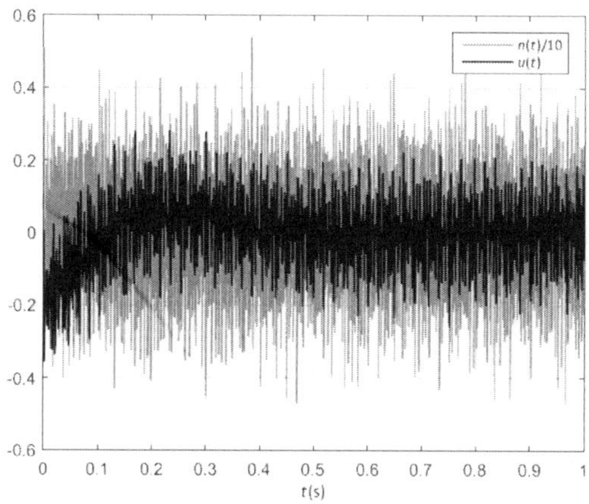

Figura 2.16 – Resultados da simulação - funções $n(t)/10$ e $u(t)$.

2.7 Sistemas com dois graus de liberdade

É um tanto comum a existência de especificações no domínio do tempo para a resposta transitória correspondente a um determinado sinal de referência. Assim, muitas vezes especificam-se o sobressinal, o tempo de acomodação, entre outros, da resposta do sistema a um degrau de referência. A questão considerada a seguir é como lidar com essas especificações utilizando uma abordagem baseada no domínio da frequência.

No início desta seção, será apresentada a ideia básica da utilização do pré-filtro F (veja a Figura 2.18) para esse fim. Em seguida, serão discutidas as duas situações mais comuns de interesse, quais sejam:

- Na primeira delas, considera-se que o controlador K tenha sido dado e, portanto, a malha fechada esteja fixa. O problema então é obter uma condição que permita estabelecer se determinado pré-filtro F é compatível com a malha fechada que o segue no diagrama canônico (Figura 1.9). Este caso, que é o mais comum na prática, é aquele em que o controlador é projetado de maneira que a malha fechada atenda a especificações de robustez da estabilidade e do desempenho – como rejeição de perturbação, rejeição do erro de medida e limitação do esforço de controle –, mas a resposta temporal para um determinado sinal de referência não é satisfatória.

- Na segunda situação de interesse, supõe-se que o pré-filtro F tenha sido dado e o problema seja projetar o controlador K, de maneira que a malha fechada resulte compatível com o pré-filtro e atenda a especificações de projeto preestabelecidas – tais como robustez da estabilidade e do desempenho.

- **Hipótese fundamental**

Admite-se que o pré-filtro F seja estável.

2.7.1 O pré-filtro e a malha fechada

Esta subseção se inicia com uma breve discussão sobre a ideia envolvida no uso do pré-filtro em sistemas com dois graus de liberdade.

Suponha, por exemplo, que os valores do sobressinal e do tempo de acomodação sejam especificados para a resposta a degrau de um sistema. Com eles, é possível calcular os valores do coeficiente de amortecimento ξ e da frequência natural ω_N de um sistema de 2ª ordem na forma normalizada[6]:

$$F(s) = \frac{\omega_N^2}{s^2 + 2\xi\omega_N s + \omega_N^2}. \tag{2.67}$$

[6]Note que, nesta forma normalizada, o ganho de $F(s)$ em baixas frequências é unitário. Assim, para uma entrada em degrau em regime estacionário, a saída tem o mesmo valor da amplitude do degrau.

Admita que o diagrama de Bode do ganho de $F(j\omega)$ tenha o aspecto ilustrado na Figura 2.17. Seja ω_F a frequência a partir da qual F passa a atenuar "razoavelmente" os sinais de entrada, isto é, em que o ganho passa a ser "razoavelmente" menor que 0 dB, digamos -10 ou -20 dB, e seja

$$\Omega_F = \{\omega \in \mathbb{R} : \omega \leq \omega_F\}.$$

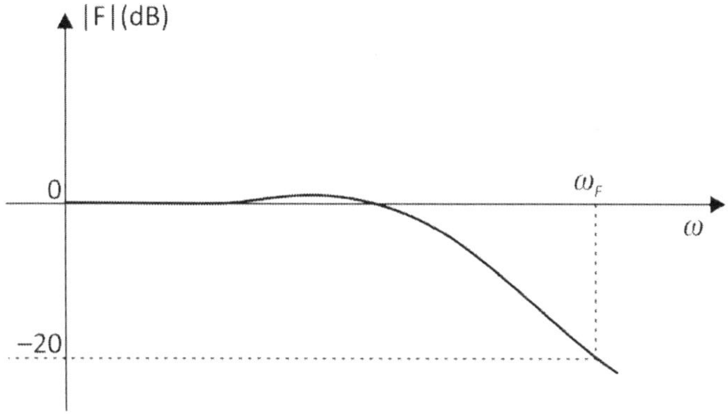

Figura 2.17 – Diagrama de Bode do ganho de $F(j\omega)$.

Suponha que a malha fechada em torno de $G(s)K(s)$ seja projetada para acompanhar sinais de referência $r(j\omega)$, com uma precisão apropriada em uma região de frequências $\Omega_r = \{\omega \in \mathbb{R} : \omega \leq \omega_r\}$. Note que, neste caso,

$$T(j\omega) \simeq 1$$

para $\omega \leq \omega_r$[7].

Se ω_r for escolhido, tal que

$$\omega_F \leq \omega_r,$$

ou, em outras palavras, se

$$\Omega_F \subseteq \Omega_r,$$

a inclusão do pré-filtro F na entrada da malha em uma estrutura de controle com dois graus de liberdade, conforme mostra a Figura 2.18, fará obviamente com que

$$\frac{y(j\omega)}{r_F(j\omega)} = F(j\omega)T(j\omega) \simeq F(j\omega)$$

[7]É importante atentar para o fato de que, sendo $T(j\omega)$ um número complexo, $T(j\omega) \simeq 1$ (ou, equivalentemente, $|T(j\omega) - 1| \ll 1$) significa, obviamente, que essa proximidade se verifica tanto em módulo como em fase. Sendo assim, T praticamente não altera nem a amplitude nem a fase de sinais senoidais aplicados em sua entrada. De outra parte, a condição mais fraca $|T(j\omega)| \simeq 1$ indica que apenas a amplitude não se altera, mas nada permite afirmar a respeito da fase.

para $\omega \in \Omega_F$. Ora, na prática, isto significa que o sistema com dois graus de liberdade terá uma resposta a degrau próxima da especificada por meio dos valores dados do sobressinal e do tempo de acomodação.

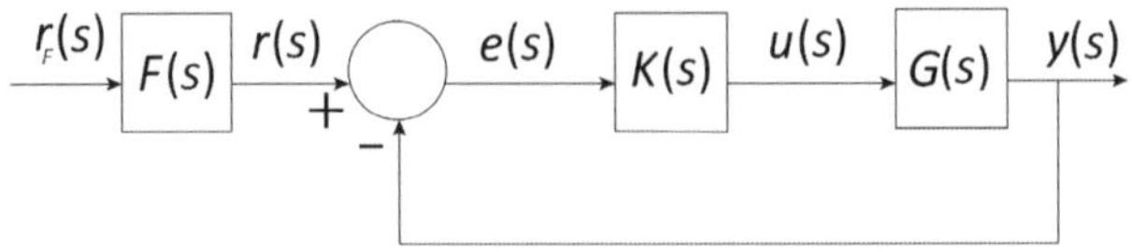

Figura 2.18 – Sistema de controle com dois graus de liberdade.

Alternativamente, pode-se pensar da seguinte forma: se para $\omega \in \Omega_r$ tem-se

$$y(j\omega) \simeq r(j\omega)$$

e como

$$r(j\omega) = F(j\omega)r_F(j\omega),$$

então

$$y(j\omega) \simeq F(j\omega)r_F(j\omega).$$

Isto significa que, para frequências até ω_r e, portanto, até ω_F, o sistema com dois graus de liberdade, com entrada r_F e saída y, se comporta aproximadamente como o pré-filtro F.

Tem-se assim uma forma de incluir especificações temporais indiretamente no domínio da frequência por meio da escolha apropriada do pré-filtro e da sintonia da malha fechada, de maneira a apresentar resposta unitária na região de frequências de interesse.

Para estabelecer de maneira precisa a relação entre o pré-filtro e a malha fechada, introduz-se a definição a seguir. Para isso, admita dadas uma frequência ω_F e uma função $\delta_F(\omega)$ definida para $\omega \in \Omega_F$ e, em geral, suficientemente pequena ($\delta_F(\omega) \ll 1$).

Definição 2.4 – Compatibilidade entre o pré-filtro e a malha fechada

Considere que o pré-filtro e a malha fechada que o segue em cascata sejam compatíveis se, para $\omega \in \Omega_F$,

$$\frac{|e(j\omega)|}{|r_F(j\omega)|} \leq \delta_F(\omega).$$

Note que (veja a Figura 2.18)

$$e(s) = [F(s) - F(s)T(s)]r_F(s)$$

e, portanto,

$$\frac{|e(j\omega)|}{|r_F(j\omega)|} = |F(j\omega)[T(j\omega) - 1]|.$$

Ou seja, a **condição nominal de compatibilidade entre o pré-filtro e a malha fechada** é dada por

$$\boxed{|F(j\omega)[T(j\omega) - 1]| \leq \delta_F(\omega) \qquad (\omega \in \Omega_F).} \tag{2.68}$$

Exemplo 2.9 *Neste exemplo, a função de transferência do pré-filtro é fixa e são consideradas três diferentes funções de transferência da malha fechada em cascata para ilustrar a compatibilidade entre o pré-filtro e a malha fechada.*

Seja então o pré-filtro com função de transferência

$$F(s) = \frac{\omega_N^2}{s^2 + 2\xi\omega_N s + \omega_N^2},$$

com $\omega_N = 1$ rad/s e $\xi = 0.25$, e considerando três possíveis funções de transferência $T(s)$, a saber,

$$T(s) = \frac{1}{\tau s + 1},$$

em que $\tau \in \{0.1\ 1\ 10\}(s)$.

A Figura 2.19 mostra os diagramas de Bode do ganho de $F(s)$ (linha contínua) e de $T(s)$ (linhas tracejadas, uma para cada valor de τ). Como se pode observar, o ganho de $F(s)$ assume valores inferiores a -20 dB aproximadamente a partir de uma frequência um pouco superior a $\omega_F = 3$ rad/s.

Por sua vez, a Figura 2.20 contém as respostas a degrau de $F(s)$ e de $F(s)T(s)$.

Para $\tau = 10$ s, nota-se que $|T(j\omega)| \simeq 1$ para frequências até por volta de 4×10^{-2} rad/s, valor bastante inferior ao de ω_F. Isso faz com que a resposta a degrau do pré-filtro seja distorcida significativamente ao passar por $T(s)$.

Para $\tau = 1$ s, tem-se $|T(j\omega)| \simeq 1$ para frequências até aproximadamente 4×10^{-1} rad/s, ainda bastante menor do que ω_F, o que faz com que a resposta a degrau do pré-filtro continue distorcida por $T(s)$, embora em menor intensidade se comparada ao caso anterior. Isto ocorre porque o sinal de saída do pré-filtro ainda tem energia significativa em frequências em torno de $\omega = 1$ rad/s, mas a atenuação de $T(s)$ nessa região já é sensível.

Para $\tau = 0.1$ s, $|T(j\omega)| \simeq 1$ para frequências até em torno de 4 rad/s, valor este superior aos 3 rad/s requeridos para não haver distorção significativa da saída

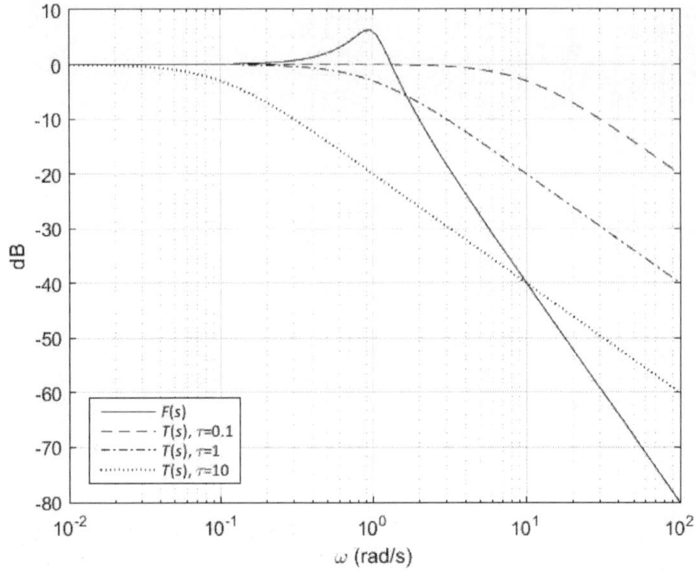

Figura 2.19 – Diagramas de Bode do ganho de $F(s)$ e de $T(s)$.

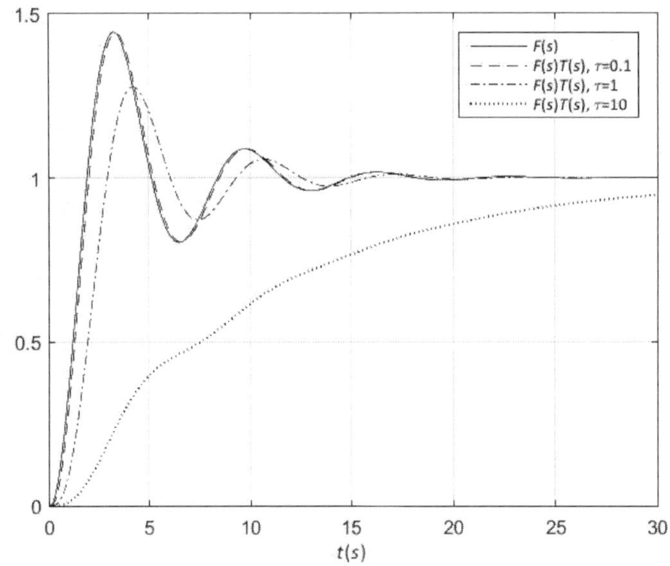

Figura 2.20 – Respostas a degrau de $F(s)$ e de $F(s)T(s)$.

de $F(s)$. Por isso, a resposta a degrau de $F(s)T(s)$ resulta bastante próxima da de $F(s)$.

Por fim, a Figura 2.21 contém os gráficos de $|F(j\omega)[T(j\omega) - 1]|$ *para os três valores de* τ *mencionados. Essa Figura mostra que a melhor compatibilidade se*

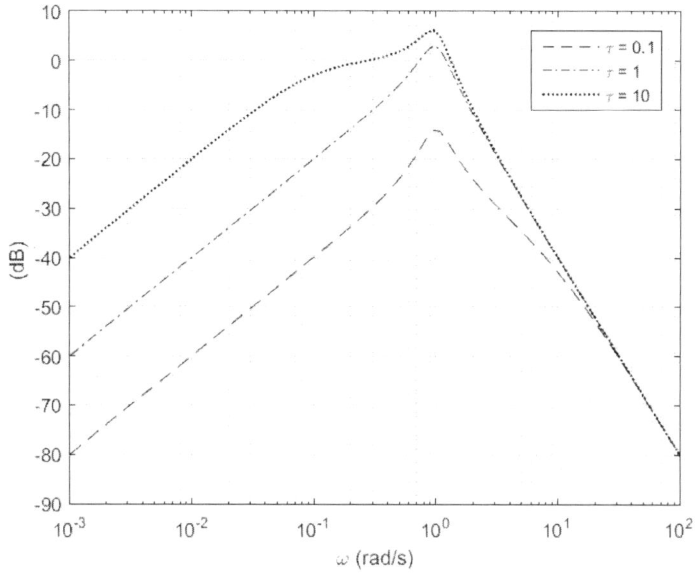

Figura 2.21 – Diagramas de Bode de $|F(j\omega)[T(j\omega) - 1]|$.

dá para $\tau = 0.1$ *s, o que está de acordo com os resultados das simulações e que*

$$\delta_F \simeq -14\text{dB} \simeq 0.2.$$

É interessante notar que, tanto em baixas como em altas frequências, $|F(j\omega)[T(j\omega) - 1]|$ *é comparativamente pequena em relação ao valor de pico – no primeiro caso, porque* $T(j\omega) \simeq 1$*, e, no segundo, porque* $|F(j\omega)| \ll 1$*. A pior região situa-se em uma faixa de frequências em torno de 1.0 rad/s que é relativamente estreita – para* $0.7 \leq \omega \leq 1.5$ *rad/s, tem-se* $0.1 \leq |F(j\omega)[T(j\omega) - 1]| \leq 0.2$*, aproximadamente –, o que explica a boa aderência entre as respostas a degrau de* $F(s)$ *e* $F(s)T(s)$ *para* $\tau = 0.1$ *s.*

A Figura 2.21 mostra também que a pior compatibilidade ocorre para o caso em que $\tau = 10$ *s, o que também está de acordo com os resultados das simulações.*

2.7.2 Escolha do pré-filtro para compatibilidade com a malha fechada

Admita que o controlador K tenha sido projetado para que a malha fechada satisfaça a determinadas condições de projeto e, portanto, esteja fixa. A condição a ser obedecida pelo pré-filtro F para que haja compatibilidade entre ele e a malha fechada é obviamente dada pela equação 2.68, a saber

$$\boxed{|F(j\omega)[T(j\omega)-1]| \leq \delta_F(\omega) \qquad (\omega \in \Omega_F).}$$

Note que, nesta condição, T é dado, uma vez que K o é.

2.7.3 Projeto do controlador para compatibilidade entre a malha fechada e o pré-filtro

Considerando que o pré-filtro F seja dado, o objetivo aqui é determinar uma condição de projeto envolvendo o controlador K de maneira que a compatibilidade entre o pré-filtro e a malha fechada esteja assegurada.

Conforme visto, a condição de compatibilidade é dada pela equação 2.68, a qual pode ser reeescrita como

$$|F(j\omega)|\,|T(j\omega)-1| \leq \delta_F(\omega) \qquad (\omega \in \Omega_F).$$

Ou seja,

$$\left|\frac{G(j\omega)K(j\omega)}{1+G(j\omega)K(j\omega)}-1\right| \leq \frac{\delta_F(\omega)}{|F(j\omega)|} \qquad (\omega \in \Omega_F).$$

Daí resulta de imediato que

$$\boxed{|S(j\omega)| \leq \frac{\delta_F(j\omega)}{|F(j\omega)|} \qquad (\omega \in \Omega_F)}, \qquad (H_\infty). \tag{2.69}$$

Esta é a **condição nominal de compatibilidade entre o pré-filtro e a malha fechada** na forma apropriada para o projeto via H_∞.

Para se obter a forma adequada para o projeto via *loop shaping*, esta equação pode ser reescrita como

$$|1+G(j\omega)K(j\omega)| \geq \frac{|F(j\omega)|}{\delta_F(\omega)} \qquad (\omega \in \Omega_F).$$

Considerando que para $\omega \in \Omega_F$, tipicamente

$$|G(j\omega)K(j\omega)| \gg 1$$

e, portanto,

$$|1+G(j\omega)K(j\omega)| \geq |G(j\omega)K(j\omega)|-1>0,$$

é suficiente impor que

$$\boxed{|G(j\omega)K(j\omega)| \geq 1 + \frac{|F(j\omega)|}{\delta_F(j\omega)} \qquad (\omega \in \Omega_F)} \quad (\textit{Loop shaping}) \tag{2.70}$$

Esta é a **condição nominal de compatibilidade entre o pré-filtro e a malha fechada** na forma apropriada para o projeto via *loop shaping*.

• Nota 2.3 – Uma visão do esforço de controle no esquema com dois graus de liberdade

É oportuno neste ponto lançar um olhar sobre o esforço de controle envolvido no esquema de controle com dois graus de liberdade [Leonardi and Cruz, 2002]. Para isto, com base no diagrama de blocos da Figura 2.18, pode-se escrever que

$$\frac{u(j\omega)}{r_F(j\omega)} = \frac{K(j\omega)F(j\omega)}{1 + G(j\omega)K(j\omega)}. \tag{2.71}$$

Se

$$|G(j\omega)K(j\omega)| \gg 1$$

para $\omega \in \Omega_r$, então a equação 2.71 pode ser reescrita de forma aproximada como

$$\boxed{\frac{u(j\omega)}{r_F(j\omega)} \simeq \frac{F(j\omega)}{G(j\omega)}.} \tag{2.72}$$

Note que $u(j\omega)/r_F(j\omega)$ depende apenas de F e G, independendo de K. Por isso, é impossível alterar o esforço de controle manipulando K – de fato, K deve ser projetado de maneira que $T(j\omega) \simeq 1$ na região de frequências de interesse.

A equação mostra também que se

$$F(j\omega) \simeq G(j\omega),$$

então

$$u(j\omega) \simeq r_F(j\omega),$$

o que é intuitivo, uma vez que, se as dinâmicas do pré-filtro e da planta são aproximadamente iguais em uma certa frequência, então a entrada da planta deve ser próxima da do pré-filtro para que as suas saídas sejam próximas.

Alternativamente, a equação 2.72 permite escrever obviamente que

$$\frac{u(j\omega)}{r_F(j\omega)} - 1 \simeq \frac{F(j\omega)}{G(j\omega)} - 1,$$

de onde decorre de imediato que

$$\boxed{\frac{|u(j\omega) - r_F(j\omega)|}{|r_F(j\omega)|} \simeq \frac{|F(j\omega) - G(j\omega)|}{|G(j\omega)|}.} \tag{2.73}$$

Esta equação mostra que, quanto mais "distante" estiver a dinâmica da planta $G(j\omega)$ da do pré-filtro $F(j\omega)$, mais "distante" deverá estar $u(j\omega)$ de $r_F(j\omega)$, o que também é de se esperar.

2.8 Resumo dos requisitos de projeto no domínio da frequência

Todas as especificações de projeto consideradas até este ponto foram estabelecidas no domínio da frequência. A Figura 2.22 ilustra as condições de projeto relativos ao acompanhamento de referência, à rejeição de perturbação e à rejeição do erro de medida como restrições sobre os diagramas de Bode dos ganhos das funções de transferência de malha aberta, de malha fechada e de sensibilidade.

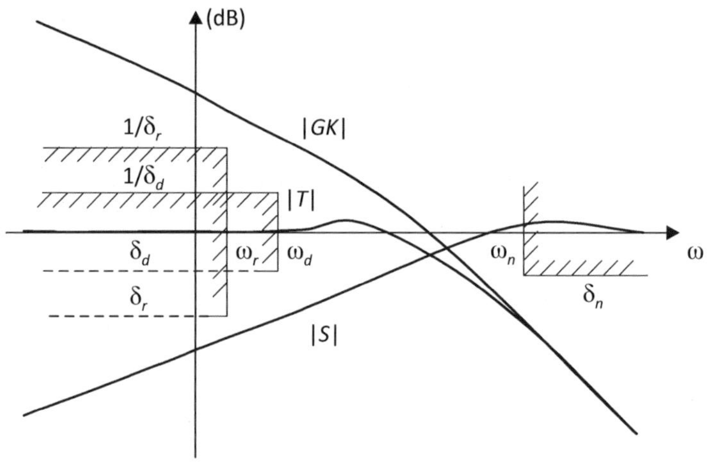

Figura 2.22 – Representação das condições de projeto.

É importante notar que há um conflito evidente entre a condição de rejeição do erro de medida e as condições de acompanhamento do sinal de referência e de rejeição de perturbação: no primeiro caso, o Ganho de Malha deve ser pequeno (sensibilidade próxima de 1), enquanto que, nos outros, o Ganho de Malha deve ser grande (sensibilidade pequena). Felizmente, como procura ilustrar a Figura 2.22, as regiões de frequências em que essas condições devem ser atendidas são distintas: no primeiro caso, a condição deve ser satisfeita em altas frequências ($\omega \in \Omega_n$), ao passo que nos outros dois casos, em baixas frequências ($\omega \in \Omega_r \cup \Omega_d$).

Esta observação provê uma diretriz importante de projeto, pois ela permite avaliar quantitativamente se um dado sensor é adequado para que um sistema de controle atenda a especificações de acompanhamento de referência e de rejeição de perturbação. É claro que, no mínimo, os conjuntos $\Omega_r \cup \Omega_d$ e Ω_n devem ser disjuntos. Mas isso não basta, pois deve haver *espaço suficiente* entre as barreiras de baixas frequências e as de altas frequências para que o Ganho de Malha Aberta passe de valores elevados para valores reduzidos. Para sistemas de fase mínima[8], esse espaço entre as barreiras é limitado pela declividade do diagrama de Bode do Ganho de Malha Aberta nessa região de frequências intermediárias, já que a declividade não pode ter valores elevados. Por meio do célebre Teorema de Bode da Relação entre Ganho e Fase, pode-se estabelecer objetivamente essas características de declividade [Franklin et al., 2006].

Teorema 2.2 - Teorema de Bode da Relação entre Ganho e Fase

Para qualquer função de transferência $G(s)$ de fase mínima, tal que $G(0) > 0$, a fase (em radianos) é determinada univocamente pelo ganho por meio da seguinte relação:

$$\underline{/G(j\omega_0)} = \frac{1}{\pi}\int_{-\infty}^{+\infty}\left(\frac{dM}{du}\right)W(u)\,du, \tag{2.74}$$

onde

$$M = \ln|G(j\omega)|,$$

$$u = \ln(\omega/\omega_0)$$

e

$$W(u) = \ln(\coth|u|/2).$$

Trocando em miúdos, uma consequência deste Teorema é que, para sistemas de fase mínima, quando a declividade permanece constante ao longo de aproximadamente uma década de frequências em torno de ω_0, a equação 2.74 pode ser escrita de forma aproximada como

$$\boxed{\underline{/G(j\omega_0)} \simeq n90^{\text{o}},} \tag{2.75}$$

em que $n = -1, -2, \ldots$ para declividades, respectivamente, de $-20, -40, \ldots$ dB/dec.

Lembrando que a frequência de cruzamento do ganho (*cross-over frequency*) é aquela em que o ganho vale 0 dB (ganho unitário) e ela obviamente se situa na região de frequências intermediárias. Além disso, é exatamente na frequência de cruzamento do ganho que se avalia a Margem de Fase do sistema.

[8] *Sistemas de fase mínima* são aqueles que têm todos os seus polos e zeros no semiplano esquerdo.

Um valor de 90° pode ser considerado bastante satisfatório para a Margem de Fase, o que corresponde a uma fase de malha aberta de aproximadamente -90° e, portanto, a uma declividade em torno de -20 dB/dec; por outro lado, uma declividade de -40 dB/dec corresponde a uma fase de malha aberta de aproximadamente -180° e, portanto, a um valor da Margem de Fase próximo de zero. Dessa maneira, *a declividade na região de cruzamento do ganho não deve ser muito mais acentuada do que* -20 *dB/dec.*

Tem-se assim estabelecido de maneira objetiva o que significa um espaço razoável entre as barreiras de baixas e de altas frequências.

Exemplo 2.10 *Como exemplo, admita que a barreira de baixas frequências tenha um valor de* 20 *dB e a de altas,* -20 *dB (Figura 2.23). Ou seja, é necessária*

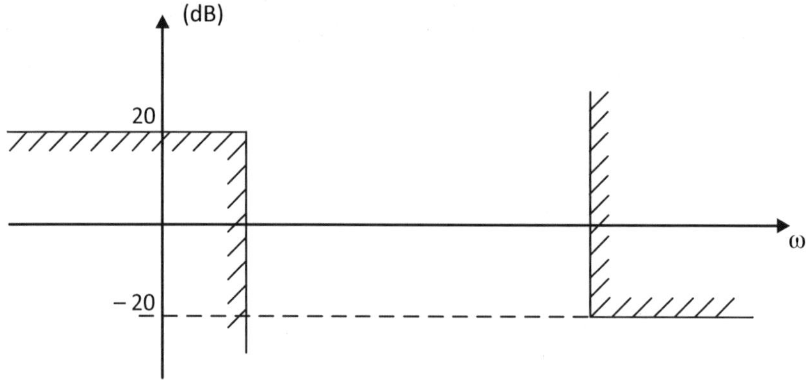

Figura 2.23 – Exemplo de barreiras de baixas e de altas frequências.

uma queda no Ganho de Malha Aberta de -40 *dB nessa região de frequências intermediárias. Se a declividade for de* -20 *dB/dec, serão necessárias duas décadas de frequências para isso; se a declividade for um pouco mais acentuada, por exemplo* -30 *dB/dec, será necessário um espaço de 4/3 de década entre as duas barreiras.*

2.9 Erro estacionário

Considere o sistema representado na Figura 2.24, supostamente estável, com a perturbação representada na saída da planta.

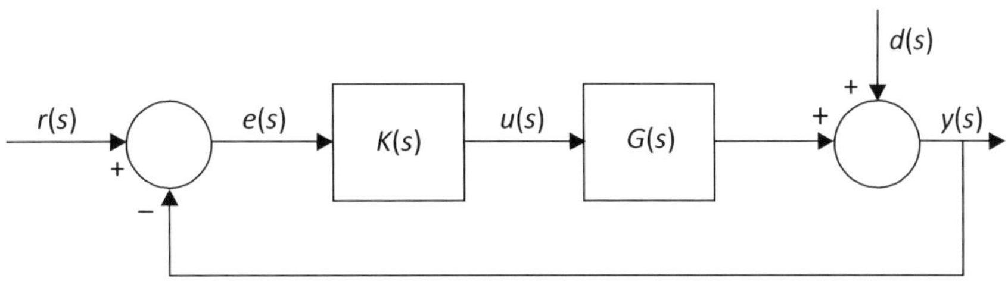

Figura 2.24 – Perturbação agindo na saída da planta.

2.9.1 Entrada degrau

- **Erro estacionário nulo**

Como se sabe, se o sinal de referência é um degrau, uma condição para que a saída o acompanhe com erro nulo em regime estacionário é que $G(s)K(s)$ tenha pelo menos um polo na origem (sistema do Tipo 1) ou, equivalentemente, que o diagrama de Bode do ganho $|G(j\omega)K(j\omega)|$ apresente uma declividade de pelo menos -20 dB/dec em baixas frequências.

A mesma condição se aplica para que uma perturbação em degrau seja rejeitada completamente em regime estacionário.

- **Erro estacionário não nulo**

Supondo que $G(s)K(s)$ não tenha nenhum polo na origem (sistema do Tipo 0) e que a entrada seja um degrau unitário, o Teorema do Valor Final fornece de imediato o valor do erro estacionário (veja a equação 1.22):

$$e_{ss} = S(0) = \frac{1}{1 + G(0)K(0)}. \tag{2.76}$$

De maneira análoga, se a perturbação é um degrau unitário, o valor da saída em regime estacionário (y_{ss}) também pode ser calculado usando o mesmo Teorema, do qual resulta

$$y_{ss} = S(0). \tag{2.77}$$

- **Nota 2.4**

Note que, para $G(s)K(s)$ escrito na forma[9]

$$G(s)K(s) = K_0 \frac{(\tau_1 s + 1)(\tau_2 s + 1)\dots(\tau_m s + 1)}{(T_1 s + 1)(T_2 s + 1)\dots(T_n s + 1)},$$

[9]Observe que K_0 é o ganho de GK em baixas frequências.

o erro estacionário da equação 2.76 pode ser expresso como

$$e_{ss} = \frac{1}{1+K_0},$$

que é uma forma bem conhecida.

2.9.2 Entrada rampa

- **Erro estacionário nulo**

Se o sinal de referência é uma rampa, para que a saída a acompanhe com erro nulo em regime estacionário, basta que $G(s)K(s)$ tenha pelo menos dois polos na origem (sistema do Tipo 2) ou, equivalentemente, que o diagrama de Bode do ganho $|G(j\omega)K(j\omega)|$ apresente uma declividade de pelo menos -40 dB/dec em baixas frequências.

A mesma condição garante que uma perturbação em rampa seja rejeitada completamente em regime estacionário.

- **Erro estacionário não nulo**

Considere que $G(s)K(s)$ tenha um polo na origem (sistema do Tipo 1) e que a entrada seja uma rampa com declividade unitária. O valor do erro estacionário decorre de imediato do Teorema do Valor Final:

$$e_{ss} = \lim_{s\to 0} \frac{1}{sG(s)K(s)}. \tag{2.78}$$

De maneira semelhante, se a perturbação é uma rampa unitária, a saída em regime estacionário é constante e seu valor y_{ss} é dado pelo mesmo Teorema como

$$y_{ss} = \lim_{s\to 0} \frac{1}{sG(s)K(s)}. \tag{2.79}$$

- **Nota 2.5**

Observe que, se

$$G(s)K(s) = K_0 \frac{(\tau_1 s+1)(\tau_2 s+1)\ldots(\tau_m s+1)}{s(T_1 s+1)(T_2 s+1)\ldots(T_n s+1)},$$

então o erro estacionário da equação 2.78 pode ser expresso na forma bem conhecida

$$e_{ss} = \frac{1}{K_0}.$$

2.10 Conclusão

Neste Capítulo, inicialmente foi apresentada uma revisão resumida do problema da estabilidade interna do sistema nominal em malha fechada. Foi também introduzido o importante conceito de *loop shaping*.

O problema do desempenho nominal em regime permanente senoidal foi abordado no que se refere ao acompanhamento de referência, à rejeição de perturbação, à rejeição do erro de medida e à limitação do esforço de controle. Foi também analisada a compatibilidade entre o pré-filtro e a malha fechada sob dois pontos de vista: i) quando a malha fechada é dada; ii) quando o pré-filtro é dado. As condições obtidas foram apresentadas nas formas apropriadas para o projeto via *loop shaping* e para o uso da técnica H_∞.

Por fim, foi revisto o problema do cálculo do erro estacionário para entradas degrau e rampa, relacionando-o com as características da resposta em frequência de malha aberta do sistema e com a sensibilidade em baixas frequências.

O objetivo central do Capítulo foi preparar uma base para o estudo dos problemas de estabilidade e desempenho robustos nos capítulos 4 e 5 – neste último, como se verá, por meio de generalizações das condições nominais de projeto para o caso de presença de incertezas nos modelos.

Capítulo 3

Erros de modelagem

3.1 Introdução

A abordagem clássica de projeto de sistemas de controle tem sempre como ponto de partida um modelo nominal (modelo de projeto) do processo que se deseja controlar. Sabe-se, contudo, que *todos* os modelos representam de forma aproximada a realidade, ou seja, a todos os modelos estão associados erros de modelagem (incertezas).

Para se falar em robustez de um sistema de controle, é necessário definir claramente a classe de erros de modelagem à qual se refere a robustez. Não há qualquer sentido em se utilizar o termo *robustez* de forma absoluta; ele tem significado apenas quando está acompanhado dos erros de modelagem associados ao modelo nominal utilizado no projeto.

A ideia é quantificar o erro de modelagem de maneira que, se este pertencer a um determinado conjunto, então:

- a estabilidade do sistema em malha fechada esteja garantida para *todas* as possíveis plantas cujos erros de modelagem pertençam a esse conjunto – a isto se dá o nome de **robustez da estabilidade**;

- o desempenho do sistema em malha fechada atenda às especificações de projeto para *todas* essas possíveis plantas – a isto se denomina **robustez do desempenho**.

Para que se possa desenvolver uma metodologia de projeto robusto é necessário, antes de mais nada, entender as causas dos erros de modelagem, de maneira a encontrar uma forma adequada de representação para eles. É claro, portanto, que isso depende fortemente do conhecimento e da experiência do projetista [Levine, 1996].

Neste texto, será admitido que se dispõe de um modelo nominal $G(s)$ para a planta e que os possíveis sistemas reais sejam representados por uma infinidade de modelos $G_R(s)$, também lineares e invariantes no tempo.

À primeira vista, esta hipótese parece pouco razoável, dado que os sistemas físicos são invariavelmente não lineares – muitas vezes, inclusive, variantes no tempo – e que uma fonte de incertezas provem justamente o fato de eles serem modelados como se fossem lineares e invariantes no tempo. Ainda assim, ela costuma ser útil por diversas razões: uma delas é que a hipótese funciona surpreendentemente bem para uma ampla classe de problemas práticos, já que muitos sistemas de engenharia são projetados para, na região em que normalmente operam, se comportarem o máximo possível como lineares e invariantes no tempo ou, muitas vezes, apesar de serem não lineares, são concebidos para funcionar com pequenas variações em torno de um ponto de operação; a segunda razão é de natureza pragmática: a hipótese permite obter resultados úteis que são simples e práticos.

As causas dos erros de modelagem podem ser intencionais ou não intencionais. Os erros não intencionais provêm da complexidade própria de muitos sistemas físicos, da possível falta de conhecimento de leis que estabeleçam relações entre causas e efeitos, da eventual falta de oportunidade para realizar experimentos com o processo etc. Em resumo, muitos processos físicos são tão complexos que é inevitável ter que recorrer a aproximações para obter modelos dinâmicos que sejam úteis na prática.

Por outro lado, em muitos casos os erros de modelagem são introduzidos intencionalmente por interesse em reduzir a complexidade e o custo do trabalho de projeto. Assim, frequentemente são desprezadas dinâmicas "rápidas" do processo, como efeitos de alta frequência dos atuadores, modos de flexão ou de torção de eixos, pequenos atrasos nas variáveis do processo, efeitos de indutâncias e capacitâncias parasitas etc. Além disso, apesar de alguns parâmetros variarem lentamente ao longo do tempo em muitos casos, em razão do envelhecimento ou do desgaste de componentes, o projetista normalmente opta por utilizar valores nominais, constantes, desses parâmetros para realizar o projeto.

A caracterização quantitativa dos erros de modelagem baseia-se na ideia de definir um conjunto de possíveis funções de transferência da planta, chamadas neste texto de "reais". Obviamente, o modelo nominal $G(s)$ deve pertencer a esse conjunto, pois deve representar *uma* entre as possíveis plantas reais.

É usual as incertezas serem classificadas em dois tipos: *estruturadas* e *não estruturadas*. A discussão desse assunto ocupará o restante deste capítulo.

3.2 Incertezas não estruturadas

Geralmente, em controle clássico, a questão das incertezas no modelo da planta é tratada especificando-se a Margem de Ganho, a Margem da Fase e/ou o valor do pico de ressonância.

O que está implícito nessa abordagem é um modelo rudimentar da incerteza. Assim, por exemplo, se a única preocupação é com a preservação da estabilidade e a Margem de Fase especificada é de 40°, então supõe-se que o modelo da planta subestime em até 40° o atraso de fase na frequência de cruzamento do ganho (frequência de *crossover*).

Uma tal descrição da incerteza é dita não estruturada porque ela define um conjunto de possíveis plantas reais sem a necessidade de explicitar as causas que deram origem às incertezas em relação ao modelo nominal. A forma usual de definir esse conjunto é estabelecendo um limite superior para a magnitude dos erros de modelagem das possíveis plantas reais em relação ao modelo nominal, sem necessariamente associá-los às causas que lhes dão origem.

Embora as incertezas não estruturadas possam também ser utilizadas para representar erros de modelagem provenientes de incertezas paramétricas, elas são mais apropriadas para representar dinâmicas não modeladas, que são tipicamente de alta frequência [Levine, 1996]. Os exemplos anteriores de dinâmicas desprezadas de atuadores, de flexibilidades de eixos, de indutâncias e capacitâncias parasitas são todos de alta frequência.

Neste texto será utilizada a representação da incerteza não estruturada na forma multiplicativa.

Definição 3.1 – Incerteza multiplicativa

Define-se a incerteza multiplicativa $\Delta_m(s)$ *como*

$$\boxed{\Delta_m(s) = \frac{G_R(s) - G(s)}{G(s)}.} \tag{3.1}$$

- **Hipótese fundamental**

Admite-se que $G_R(s)$ tenha o mesmo número de polos instáveis de $G(s)$.

Convém notar que esta hipótese, embora possa parecer demasiadamente forte à primeira vista, na verdade é admitida implicitamente sempre que se aplica o Critério de Nyquist a um problema *prático* de estabilidade, pois, para isso, o número de polos instáveis do sistema *real* deve ser supostamente conhecido.

Supõe-se que o projetista, com base no conhecimento que ele tem do sistema a controlar, seja capaz de avaliar um limite superior $l_m(\omega)$ para $|\Delta_m(j\omega)|$, isto é,

$$\boxed{|\Delta_m(j\omega)| \leq l_m(\omega) \qquad (\omega \in \mathbb{R}).} \tag{3.2}$$

Note que $\Delta_m(s)$ tem caráter de uma medida relativa de erro. Por exemplo, se para certa frequência ω_0 $l_m(\omega_0) = 0.1$, então o módulo da diferença entre os números complexos $G_R(j\omega_0)$ e $G(j\omega_0)$ é de *no máximo* 10% do módulo de $G(j\omega_0)$.

Uma vantagem da incerteza multiplicativa é que ela é a mesma tanto para a função de transferência de malha como para a função de transferência da planta, pois

$$\Delta_m(s) = \frac{G_R(s) - G(s)}{G(s)} = \frac{G_R(s)K(s) - G(s)K(s)}{G(s)K(s)},$$

supondo, é claro, que $K(s)$ seja praticamente isento de incertezas[1].

É oportuno observar também que a representação do erro de modelagem na forma multiplicativa por meio de $l_m(\omega)$ considera que a fase de $G_R(j\omega) - G(j\omega)$ seja completamente incerta, ou seja, possa ter qualquer valor no intervalo de 0 a 2π (veja a Figura 3.1). Isto significa que essa representação do erro de modelagem tem um conservadorismo inerente quando se dispõe de alguma informação a respeito da fase do erro.

Se é possível levantar experimentalmente a resposta em frequência da planta real $G_R(j\omega)$, então a obtenção de $l_m(j\omega)$ é simples por meio do uso das equações 3.1 e 3.2. Por outro lado, se esse levantamento experimental é impossível ou inconveniente (por questões de segurança, por exemplo), o que se faz é partir de $G(s)$ e nela incluir as dinâmicas não modeladas e/ou incertezas paramétricas mais relevantes para definir um modelo para $G_R(s)$. Então, usando as mesmas equações 3.1 e 3.2, constrói-se $l_m(\omega)$ ponto a ponto numericamente.

[1]Esta hipótese é usual, pressupondo que o compensador seja construído cuidadosamente para realizar com fidelidade a função de transferência $K(s)$ obtida ao final do procedimento de projeto.

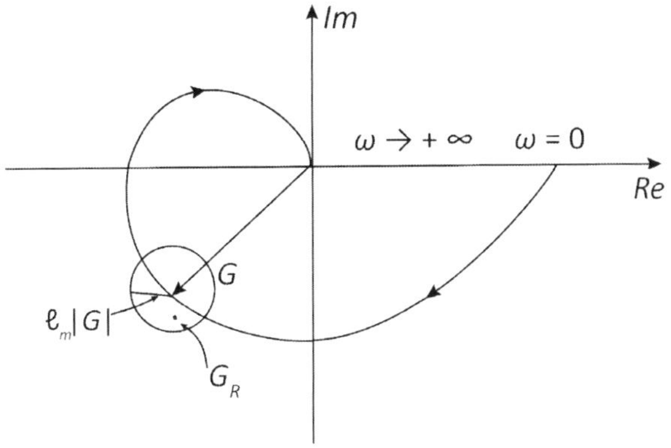

Figura 3.1 – Ilustração do círculo de $G_R(j\omega)$ e da incerteza na sua fase.

Exemplo 3.1 *Para exemplificar de que forma se pode avaliar numericamente a função $l_m(\omega)$, considere um motor CC que aciona uma carga inercial por meio de um sistema de transmissão, constituído por um redutor de velocidade e um eixo longo, conforme procura ilustrar a Figura 3.2*

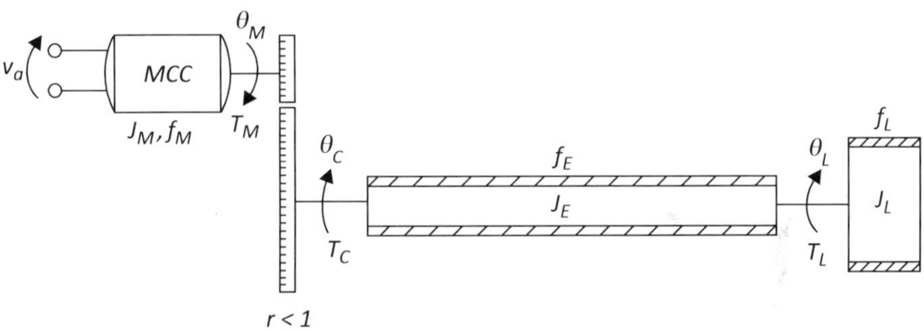

Figura 3.2 – Ilustração esquemática da carga inercial acionada por motor CC.

Sejam $V_a(s)$ a tensão aplicada à armadura do motor, $\theta_M(s)$ o ângulo do eixo do motor, $\theta_C(s)$ o ângulo do eixo na saída do redutor e $\theta_L(s)$ o ângulo da carga. Sejam ainda J_M, J_E e J_L os momentos de inércia do conjunto motor + redutor, do eixo e da carga, respectivamente. Analogamente, f_M, f_E e f_L são os coeficientes de atrito viscoso linear do conjunto motor + redutor, do eixo e da carga, respectivamente.

R_a, k_T e k_V representam a resistência da armadura do motor e as suas constantes de torque e de força contraeletromotriz, respectivamente, e r é a relação de transmissão do redutor ($r < 1$).

Supondo no caso nominal que o eixo seja infinitamente rígido à torção,

$$\theta_L = \theta_C,$$

então é simples mostrar que

$$G(s) = \frac{\theta_L(s)}{V_a(s)} = \frac{k}{s(s+a)}, \tag{3.3}$$

sendo

$$k = \frac{rk_T}{R_a J_{eq}}$$

e

$$a = \frac{f_{eq}}{J_{eq}},$$

em que

$$J_{eq} = J_M + r^2(J_E + J_L)$$

e

$$f_{eq} = f_M + r^2(f_E + f_L) + \frac{k_T k_V}{R_a}.$$

A equação 3.3 representa o modelo nominal do sistema.

Admita que o valor do momento de inércia da carga J_L *esteja afetado por uma incerteza. Considere, além disso, que a fonte mais importante de incertezas em altas frequências seja a flexibilidade do eixo. Um modelo físico do sistema "real" está representado na Figura 3.3 para o caso em que o eixo é discretizado em* n *elementos de inércia, interconectados por molas supostas elásticas lineares e sujeitos a um efeito de atrito viscoso também linear.*

Sejam

$$\Delta J = \frac{J_E}{n},$$

$$\Delta f = \frac{f_E}{n}$$

e

$$\Delta k = (n+1)k_E,$$

o momento de inércia, o coeficiente de atrito viscoso linear e a constante elástica da mola de cada elemento da discretização, respectivamente.

Em lugar de buscar um modelo analítico, explícito, para a função de transferência

$$G_R(s) = \frac{\theta_L(s)}{V_a(s)},$$

pode-se adotar um procedimento mais simples, calculando $G_R(j\omega)$ *numericamente para cada valor* ω *de frequência de interesse (veja o Apêndice A para maiores*

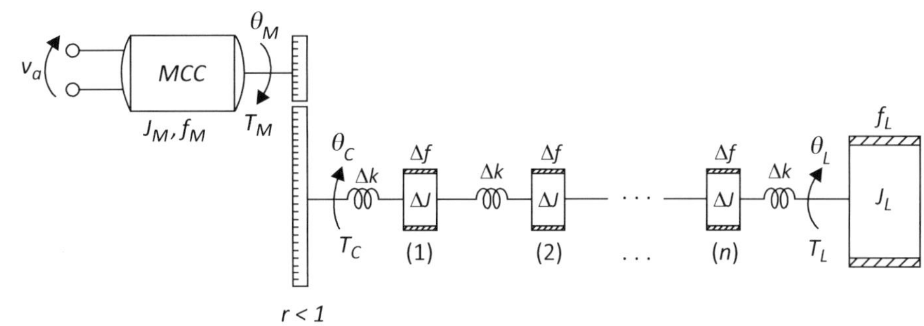

Figura 3.3 – Modelo físico do sistema "real".

detalhes). Com isso, pode-se construir numericamente (isto é, ponto a ponto em ω) um gráfico de $l_m(\omega)$, tendo em vista que

$$|\Delta_m(j\omega)| = \left| \frac{G_R(j\omega) - G(j\omega)}{G(j\omega)} \right| \leq l_m(\omega). \tag{3.4}$$

No que se segue, todos os valores estão expressos em unidades do Sistema Internacional (SI).

Os dados nominais do sistema são apresentados na Tabela 3.1, e a função de transferência neste caso é dada por

$$G(s) = \frac{0.1333}{s(s + 0.3067)}.$$

Parâmetro	Valor
J_M	1
f_M	0.1
k_T	1
k_V	1
R_a	1
r	0.5
J_E	1
f_E	0.1
J_L	10
f_L	0.1

Tabela 3.1 – Dados nominais do sistema em unidades do Sistema Internacional.

Devido a variações na carga, sabe-se que o valor do seu momento de inércia apresenta uma incerteza de 25% em relação ao valor nominal, de maneira que

$$7.5 \leq J_L \leq 12.5.$$

O valor da rigidez torcional do eixo é

$$k_E = 1000.$$

Para calcular numericamente a função $l_m(\omega)$, o eixo foi discretizado em $n = 10$ elementos e o intervalo de incerteza no valor de f_M foi subdividido em 5 intervalos iguais.

O gráfico de $l_m(\omega)$ é mostrado na Figura 3.4[2].

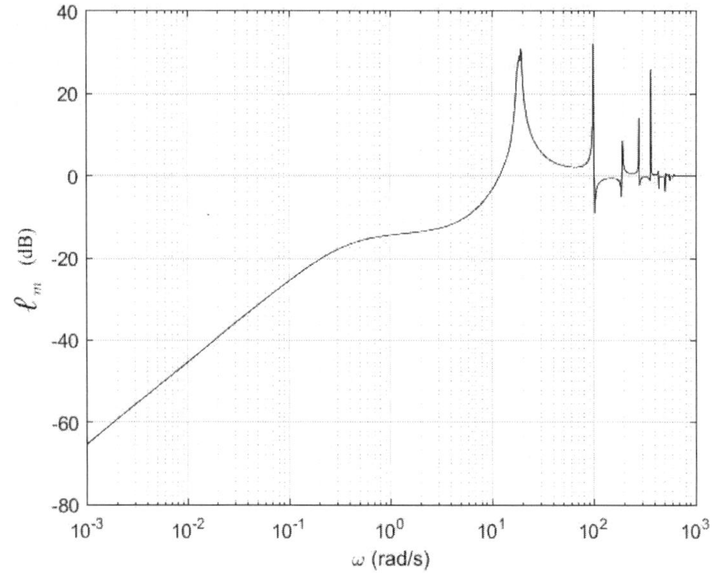

Figura 3.4 – Gráfico do erro multiplicativo para o exemplo.

Conforme mostrou o exemplo, a função $l_m(\omega)$ pode incluir também incertezas paramétricas. No entanto, a motivação mais forte para a representação não estruturada das incertezas está associada aos erros de modelagem provenientes das

[2]Na verdade, esse gráfico é apenas *um* dos infinitos possíveis. Ele foi construído de maneira que, para cada valor de ω, o valor de $l_m(\omega)$ representa o menor valor que satisfaça a desigualdade 3.4. Qualquer função com valores maiores ou iguais a esses seria uma possível l_m, porém mais conservadora.

dinâmicas desprezadas. Uma vez que estas são tipicamente de altas frequências, $l_m(\omega)$ é, em geral, uma função com valores elevados em altas frequências (veja a Figura 3.5).

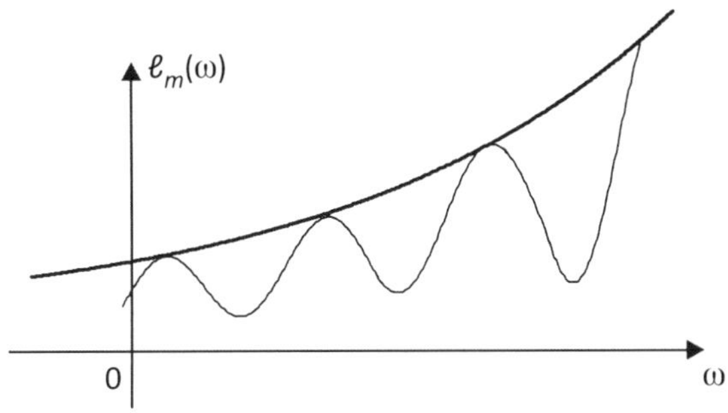

Figura 3.5 – Gráfico típico do erro multiplicativo.

Por fim, um comentário importante: o exemplo procura mostrar que é função do projetista saber quais são os efeitos dinâmicos não considerados no modelo nominal que contribuem mais significativamente para o erro de modelagem.

3.3 Incertezas estruturadas

A representação não estruturada dos erros de modelagem é de maior utilidade para o caso de dinâmicas desprezadas de altas frequências. A forma estruturada, por sua vez, é mais apropriada para representar os erros de modelagem associados a incertezas nos parâmetros do modelo.

Uma maneira simples e direta de representar as incertezas estruturadas é por meio da avaliação numérica (cálculo numérico), para cada frequência de interesse fixada, do conjunto de possíveis valores da resposta em frequência da planta [Maciejowski, 1989].

Note que esse procedimento será praticamente inútil se forem utilizados os diagramas de Bode, pois é impossível identificar pares de curva ganho-fase; se fossem consideradas apenas as envoltórias dos gráficos de ganho e fase, haveria um conservadorismo na representação, pois provavelmente as curvas mais externas de ganho não corresponderiam às mais externas de fase.

Por outro lado, os diagramas de Nyquist e de Nichols, por representarem a resposta em frequência em um único gráfico, não apresentam esse inconveniente. Entretanto, os gráficos no plano de Nichols, conforme já mencionado no Capítulo 1, têm uma vantagem em relação àqueles no plano de Nyquist: a simplicidade de se obter os gráficos de resposta em frequência de $G(j\omega)K(j\omega)$ a partir dos individuais de $G(j\omega)$ e $K(j\omega)$. Além disso, no plano de Nichols, é possível avaliar de imediato os valores das margens de estabilidade, assim como a eventual existência de ressonâncias, juntamente às frequências em que estas ocorrem.

Sendo assim, é interesssante utilizar o plano de Nichols para representar graficamente as incertezas estruturadas. A ideia é escolher um conjunto discreto de frequências de interesse e, para cada uma delas, desenhar os valores complexos da resposta em frequência correspondentes a todos[3] os possíveis valores dos parâmetros incertos.

Exemplo 3.2 *Sejam*

$$G(s) = \frac{1}{s}$$

e

$$G_R(s) = \frac{1}{s}\,\mathrm{e}^{-s\tau},$$

em que o atraso τ *é incerto no intervalo* $0 \leq \tau \leq 0.2$.

Para uma frequência ω *qualquer, é imediato que*

$$|G(j\omega)| = \frac{1}{\omega} \qquad \underline{/G(j\omega)} = -\frac{\pi}{2}$$

e

$$|G_R(j\omega)| = \frac{1}{\omega} \qquad \underline{/G_R(j\omega)} = -\frac{\pi}{2} - \omega\tau.$$

A Figura 3.6 mostra os gráficos de $G(j\omega)$ *(linha traço-ponto vertical) e de* $G_R(j\omega)$ *(segmentos horizontais em linha contínua),* $(0 \leq \tau \leq 0.2)$*, para diversos valores de frequência entre 0.1 e 10 rad/s no plano de Nichols.*

Portanto, neste caso, foi possível obter expressões analíticas para $G_R(j\omega)$*,* $(0 \leq \tau \leq 0.2)$*, não tendo sido necessário discretizar os valores do parâmetro incerto* τ*, o que é muito raro de ocorrer na prática.*

O exemplo a seguir, apesar de ainda simples, é mais realista. Nele, como em casos mais gerais, a representação dos possíveis valores complexos de $G_R(j\omega)$ para um dado valor de ω pode ser obtida numérica e diretamente, discretizando-se os valores dos parâmetros incertos.

[3]Na prática, trabalha-se com discretizações suficientemente finas para os valores dos parâmetros.

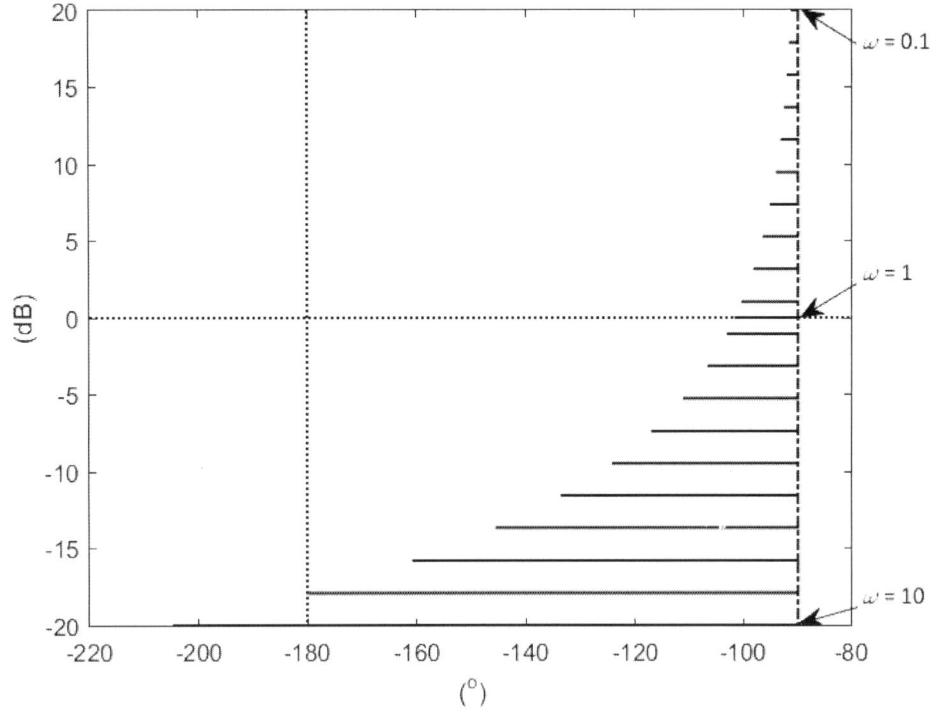

Figura 3.6 – Representação de $G(j\omega)$ e de $G_R(j\omega)$ no plano de Nichols.

Exemplo 3.3 *Sejam*

$$G(s) = \frac{1}{s(s+2)}$$

e

$$G_R(s) = \frac{k}{s(s+a)},$$

em que

$$1 \leq k \leq 1.5$$

e

$$1 \leq a \leq 2.$$

É óbvio que, para cada valor de ω que se escolha, $G(j\omega)$ é representado por um único ponto no plano de Nichols.

Por outro lado, para um dado valor de ω, não é imediato obter analiticamente o conjunto de pontos que representam todos os valores de $G_R(j\omega)$ para $1 \leq k \leq 1.5$ e $1 \leq a \leq 2$. No entanto, é simples avaliar numericamente de forma aproximada esse conjunto, discretizando os valores dos parâmetros k e a, dentro dos seus respectivos intervalos de incerteza.

Por exemplo, para $\omega = 2$ rad/s, tem-se

$$G(j2) = \frac{1}{j2(j2+2)}$$

e

$$G_R(j2) = \frac{k}{j2(j2+a)}.$$

Definindo uma "grade" de discretização para $1 \leq k \leq 1.5$ e $1 \leq a \leq 2$, pode-se construir facilmente a Figura 3.7. É claro que a uma discretização mais fina dos parâmetros corresponde uma estimativa mais fiel da região equivalente aos possíveis valores de $G_R(j2)$.

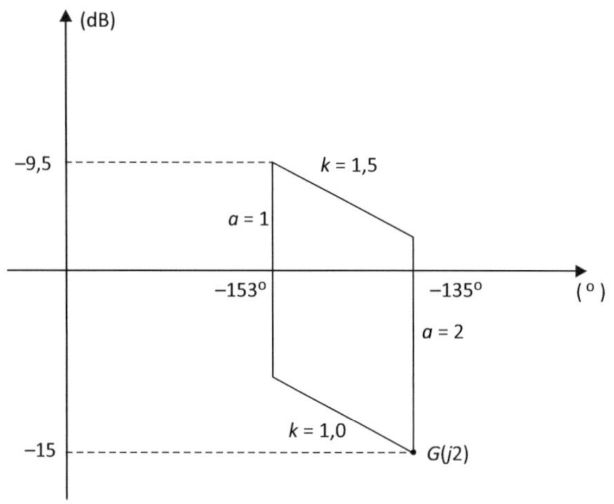

Figura 3.7 – Representação de $G(j2)$ e de $G_R(j2)$ no plano de Nichols.

Considerando diversos valores de interesse para ω, é possível construir as correspondentes figuras que representam $G_R(j\omega)$ conforme exemplificado acima para $\omega = 2$ rad/s. Com isso, tem-se uma representação das incertezas em G_R tanto em termos de ganho quanto de fase.

Os conjuntos de valores da resposta em frequência para cada valor de ω são chamados de *templates* [Horowitz, 1993]. Conforme se verá adiante, na Seção

7.2, esta denominação advém do fato de que, para dada frequência, o efeito do compensador sobre a resposta em frequência de malha aberta do sistema pode ser visualizado por meio da *translação* dessa figura no plano de Nichols, já que nem sua forma, nem sua orientação são alteradas pelo compensador.

Na prática, para cada valor escolhido de ω, os *templates* são construídos numericamente, ponto a ponto. Em geral, pode ser bastante difícil determiná-los analiticamente, pois suas fronteiras nem sempre correspondem aos valores extremos dos intervalos de incerteza dos parâmetros. Na construção ponto a ponto, normalmente o projetista leva em conta informações adicionais de que disponha a respeito da dinâmica do sistema, tais como valores particulares dos parâmetros que possam provocar o surgimento de ressonâncias [Maciejowski, 1989] – neste caso, discretizações mais finas da frequência poderiam ser necessárias nas regiões das ressonâncias.

3.4 Conservadorismo da representação da incerteza na forma multiplicativa

As representações das incertezas não estruturadas baseadas em módulo, como a função $l_m(\omega)$, são mais conservadoras que as representações das incertezas estruturadas, porque as primeiras pressupõem que a fase do erro de modelagem seja totalmente desconhecida, o que não ocorre no segundo caso.

Exemplo 3.4 *Para ilustrar essa afirmação, considere novamente a mesma $G_R(s)$ do exemplo anterior e admita que a função de transferência nominal seja*

$$G(s) = \frac{1.25}{s(s+1.5)}.$$

Variando numericamente os parâmetros k e a nos seus intervalos de incerteza, a saber [1 1.5] e [1 2] respectivamente, para $\omega = 2$ rad/s pode-se calcular numericamente o valor de $l_m(2)$. Na Figura 3.8, os valores complexos $G_R(j2)$ correspondentes a este valor de $l_m(2)$ são aqueles situados no interior da figura oval, delimitada pelo símbolo "+", enquanto os valores de $G_R(j2)$ correspondentes à representação estruturada das incertezas são os contidos no interior do quadrilátero curvilíneo esboçado por meio de pontos. Como se observa, o quadrilátero se apresenta totalmente contido na figura oval, mostrando que a representação por meio do erro multiplicativo (l_m) é mais conservadora que a representação da incerteza estruturada (template).

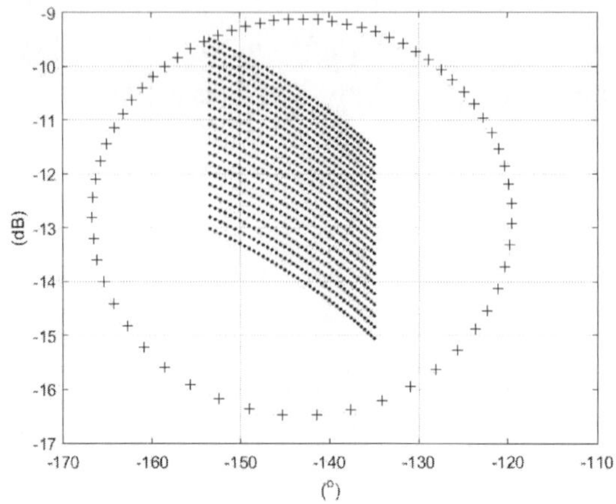

Figura 3.8 – $G_R(j2)$ no plano de Nichols para as representações não estruturada e estruturada das incertezas.

Na prática, isso significa que, ao se projetar um controlador robusto utilizando-se l_m, são considerados como valores da resposta em frequência de plantas "reais" pontos que não correspondem a pares de valores possíveis de k e de a (pontos situados no interior da região oval, mas externos ao quadrilátero curvilíneo).

As técnicas H_∞ e LQG/LTR [Cruz, 1996], por exemplo, usam a função $l_m(\omega)$ para representar as incertezas do modelo, ao passo que o método QFT utiliza *templates*. Como a primeira representação é mais conservadora que a segunda, assim também são os controladores projetados num e noutro caso – controladores projetados pelas técnicas H_∞ e LQG/LTR consideram incertezas no modelo que, na verdade, nunca ocorrerão. Apesar disso, com exceção de casos críticos, na prática é comum que ambas produzam bons resultados [Kwakernaak, 1996].

3.5 Conclusão

Como primeiro passo em direção à formulação do problema de projeto robusto, o objetivo deste Capítulo foi tratar da questão da representação dos erros de modelagem.

Isso foi feito considerando tanto o caso de incertezas não estruturadas, como o de incertezas estruturadas. No primeiro caso, utilizando o erro multiplicativo, foi definido um limite superior para a sua magnitude por meio de uma função l_m e, no segundo, foram utilizados os *templates*.

Por meio de um exemplo, mostrou-se que a representação do erro de modelagem por *templates* é menos conservadora do que a baseada em l_m.

Capítulo 4

Robustez da estabilidade

Conforme foi visto, as margens de ganho e fase são medidas rudimentares do quão distante de perder a estabilidade se encontra um sistema estável em malha fechada.

Uma vez que agora estão disponíveis representações mais elaboradas do erro de modelagem – por meio da função l_m e dos *templates* –, o objetivo principal deste capítulo é estudar o problema da robustez da estabilidade usando medidas mais apropriadas para representar a distância que um sistema em malha fechada se encontra da perda de estabilidade.

Conforme já mencionado no Capítulo 3, adota-se como hipótese que $G_R(s)$ e $G(s)$ tenham o **mesmo número de polos instáveis**.

4.1 O resultado fundamental

Admita-se que a malha nominal representada na Figura 4.1 seja estável.

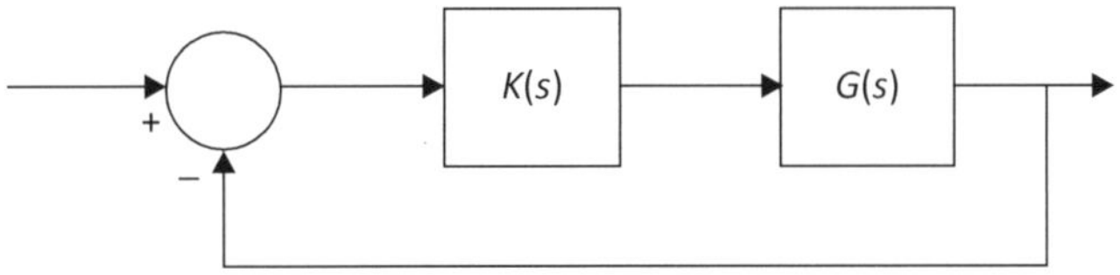

Figura 4.1 – Diagrama de blocos da malha nominal.

A questão é determinar até que ponto G_R pode diferir de G sem que a estabilidade da malha fechada seja destruída.

- **Robustez da estabilidade no plano de Nyquist**

Seja N o número de voltas do gráfico de Nyquist de $G(j\omega)K(j\omega)$, $-\infty < \omega < \infty$, em torno do ponto $-1 + j0$ (considerado positivo no sentido horário) e P, o número de polos instáveis de malha aberta (polos de $G(s)K(s)$). Veja a Figura 4.2.

O fato de a malha fechada nominal ser suposta estável significa que o Critério de Nyquist é satisfeito, isto é,

$$N = -P.$$

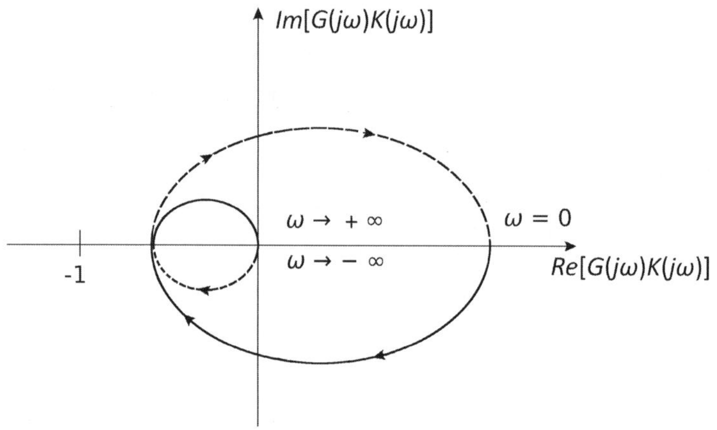

Figura 4.2 – Diagrama de Nyquist de $G(j\omega)K(j\omega)$.

Considere agora o conjunto de infinitas malhas reais representadas na Figura 4.3. Essas malhas reais podem ser associadas a uma família de *templates* ou a uma incerteza multiplicativa l_m.

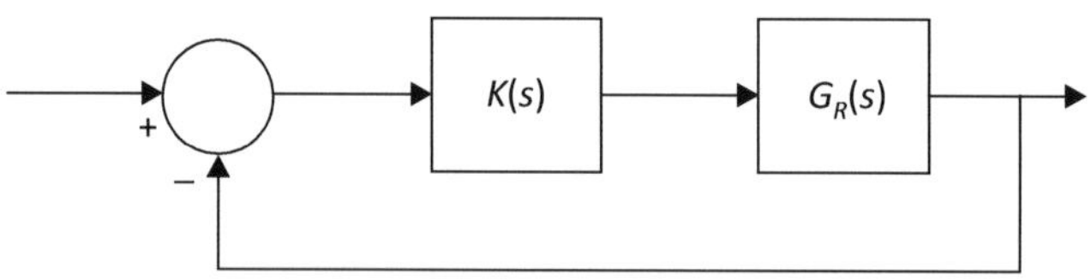

Figura 4.3 – Diagrama de blocos das malhas reais.

Suponha que, para cada valor de ω, os possíveis valores complexos de $G_R(j\omega)K(j\omega)$ pertençam a um conjunto de pontos, que obviamente contém o ponto $G(j\omega)K(j\omega)$, conforme ilustrado pela área hachurada da Figura 4.4.

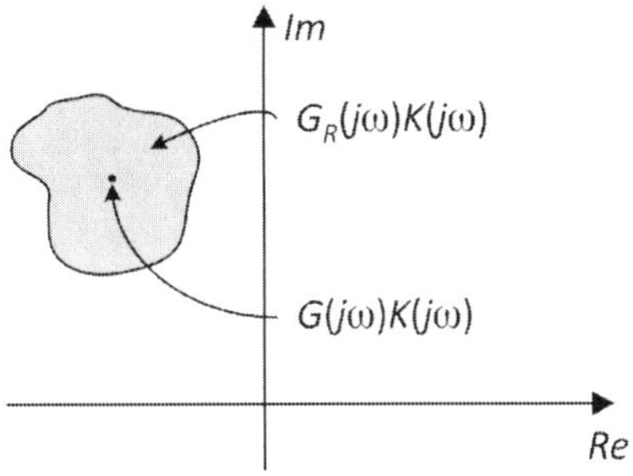

Figura 4.4 – Conjunto dos possíveis valores de $G_R(j\omega)K(j\omega)$ para dado valor de ω.

Considerando então todos os valores de ω, $-\infty < \omega < \infty$, os valores de $G_R(j\omega)K(j\omega)$ são representados, no caso geral, por uma região em torno da linha que representa $G(j\omega)K(j\omega)$ e por sua região simétrica em relação ao eixo real (veja a Figura 4.5). De maneira um pouco mais formal, essa região pode ser representada pela união de todos os valores de $G_R(j\omega)K(j\omega)$ para todos os possíveis G_R e todos os valores de ω, isto é,

$$\bigcup_{\substack{G_R \\ -\infty<\omega<+\infty}} G_R(j\omega)K(j\omega).$$

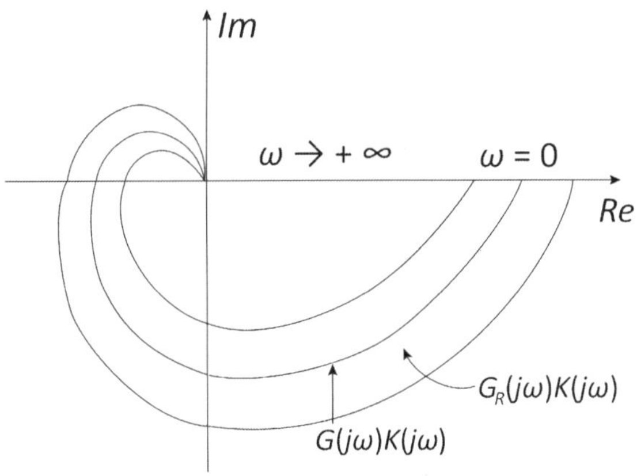

Figura 4.5 – Conjunto dos possíveis valores de $G_R(j\omega)K(j\omega)$ no plano de Nyquist para $0 < \omega < \infty$.

O problema da **robustez da estabilidade** é saber em que condições *todas* as malhas fechadas reais são estáveis.

A solução deste problema é trivial. Como, por hipótese, o valor de P é o mesmo tanto para a malha nominal quanto para *todas* as malhas reais, a condição de estabilidade para estas últimas é uma consequência imediata do Critério de Nyquist: basta que, para elas, valha a igualdade $N = -P$.

De outra forma, basta que, entre as plantas reais, *exista uma* em que $N \neq -P$ para que o conjunto todo *não* seja mais estável.

Sendo assim, todas as malhas *r*eais serão estáveis se o ponto $-1+j0$ do plano de Nyquist estiver fora da região mencionada.

Em resumo, pode-se enunciar o seguinte **resultado fundamental** a respeito da robustez da estabilidade:

Teorema 4.1 - Teorema fundamental da robustez da estabilidade

Uma condição suficiente para a robustez da estabilidade é

$$-1 + j0 \quad \notin \quad \bigcup_{\substack{G_R \\ -\infty<\omega<+\infty}} \quad G_R(j\omega)K(j\omega).$$

- **Robustez da estabilidade no plano de Nichols**

Esse resultado pode ser enunciado da mesma forma para o plano de Nichols, considerando o ponto $(-180^o,\ 0\,\text{dB})$ em lugar de $-1 + j0$ do plano de Nyquist (veja a Figura 4.6). Como se sabe, esse plano será o utilizado adiante, quando do estudo da técnica QFT.

Assim, por exemplo, se para o caso da Figura 4.6 a malha nominal é estável, então todas as malhas reais também o são.

Neste ponto, é oportuno lembrar um fato bastante conhecido Para sistemas de fase mínima, a estabilidade em malha fechada está assegurada sempre que as margens de ganho e fase são positivas. Assim, novamente para o exemplo da Figura 4.6, se o sistema é de fase mínima, tem-se a estabilidade em malha fechada garantida para todas as plantas reais, pois, para todas elas, as margens de ganho e fase são positivas.

4.2 Condição de robustez da estabilidade para incerteza multiplicativa

O objetivo desta seção é exprimir o resultado fundamental da Seção 4.1 no caso em que a incerteza de modelagem é descrita pelo erro multiplicativo por meio da função l_m.

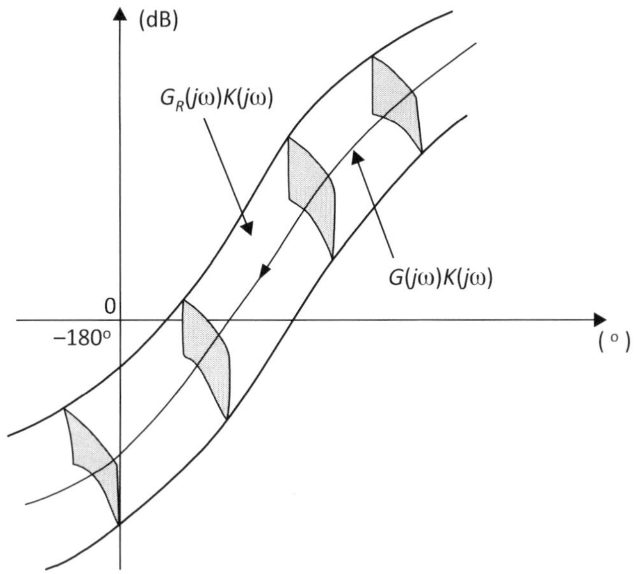

Figura 4.6 – Conjunto dos possíveis valores de $G_R(j\omega)K(j\omega)$ no plano de Nichols para $0 < \omega < \infty$.

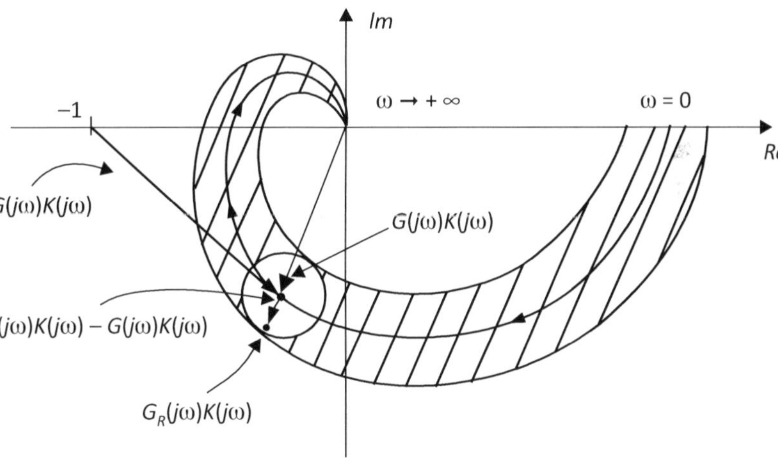

Figura 4.7 – Conjunto dos possíveis valores de $G_R(j\omega)K(j\omega)$ e de $G(j\omega)K(j\omega)$ no plano de Nyquist para $0 < \omega < \infty$.

Para isso, considere-se a Figura 4.7 e seja ω um valor qualquer da frequência. O ponto $G(j\omega)K(j\omega)$ e um dos possíveis valores de $G_R(j\omega)K(j\omega)$ estão indicados na figura. É imediato notar que uma condição para que a região hachurada não contenha o ponto $-1 + j0$ é que a distância do ponto $G_R(j\omega)K(j\omega)$ ao ponto $G(j\omega)K(j\omega)$ seja menor que a distância deste último ao ponto $-1 + j0$, isto é,

$$|G_R(j\omega)K(j\omega) - G(j\omega)K(j\omega)| < |G(j\omega)K(j\omega) - (-1)| \qquad (w \in \mathbb{R}). \qquad (4.1)$$

Dividindo ambos os membros por $|G(j\omega)K(j\omega)|$ e lembrando as definições de Δ_m (equação 3.1) e da sensibilidade complementar T (equação 1.14), esta desigualdade pode ser reescrita como

$$|\Delta_m(j\omega)| < \frac{1}{|T(j\omega)|} \qquad (w \in \mathbb{R}). \qquad (4.2)$$

E, conforme a equação 3.2, supõe-se conhecido um limitante superior $l_m(\omega)$ para $\Delta_m(\omega)$, isto é,

$$|\Delta_m(j\omega)| \leq l_m(\omega) \qquad (w \in \mathbb{R}).$$

Então, para garantir a validade da condição 4.2, é suficiente que

$$l_m(\omega) < \frac{1}{|T(j\omega)|} \qquad (w \in \mathbb{R}).$$

Ou seja,

$$\boxed{|T(j\omega)| < \frac{1}{l_m(\omega)} \qquad (w \in \mathbb{R}).} \qquad (H_\infty) \qquad (4.3)$$

Esta é a **condição de robustez da estabilidade**, expressa em termos da magnitude do erro multiplicativo. Graficamente ela pode ser visualizada no diagrama de Bode do ganho como $1/l_m(\omega)$ representando uma restrição sobre $|T(j\omega)|$ (veja a Figura 4.8). Costuma-se dizer que $1/l_m(\omega)$ define uma **barreira de robustez da estabilidade** para o sistema.

- **Observação importante**

É interessante salientar o significado preciso do resultado que se acabou de apresentar: *apenas* o respeito à barreira de robustez da estabilidade *não* é suficiente para garantir a estabilidade robusta da família de plantas reais. É necessário, antes de mais nada, que *a malha nominal também seja estável.*

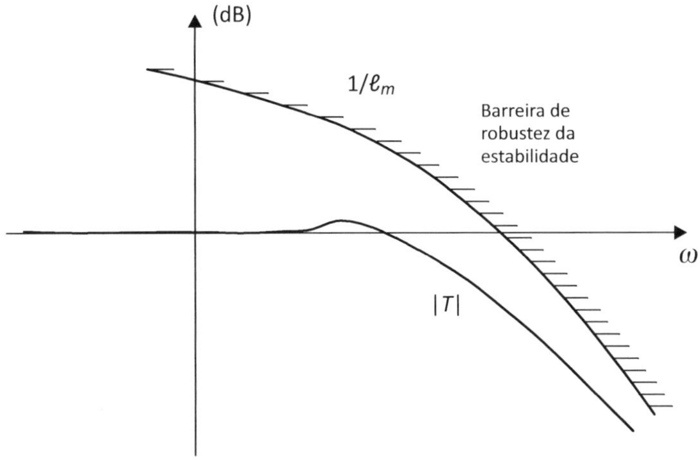

Figura 4.8 – Ilustração da condição de robustez da estabilidade.

- **Altas frequências**

Conforme já foi visto anteriormente (equação 1.26), nas frequências[1] em que

$$|G(j\omega)K(j\omega)| \ll 1,$$

vale a seguinte aproximação:

$$T(j\omega) \simeq G(j\omega)K(j\omega).$$

Portanto, em tais frequências a **condição de robustez da estabilidade** pode ser escrita de forma **aproximada** como

$$\boxed{|G(j\omega)K(j\omega)| < \frac{1}{l_m(\omega)} \qquad (\forall w : |G(j\omega)K(j\omega)| \ll 1).} \quad (\textit{Loop shaping}) \tag{4.4}$$

Esta condição é muito útil na fase de projeto por *loop shaping*, pois ela se apresenta expressa em termos do Ganho de Malha $|G(j\omega)K(j\omega)|$, para o qual é simples visualizar o efeito de $|K(j\omega)|$ quando se trabalha com diagramas de Bode[2]. Além disso, como se verá adiante, as condições de robustez do desempenho também poderão ser expressas como restrições sobre o Ganho de Malha.

[1] Tipicamente altas frequências.

[2] Lembre que $20\log_{10}|GK| = 20\log_{10}|G| + 20\log_{10}|K|$ e, portanto, a contribuição de K é aditiva à de G.

- **Baixas frequências**

Note que, em baixas frequências, por causa dos requisitos de acompanhamento de referência e/ou de rejeição de perturbação, tipicamente tem-se que

$$|G(j\omega)K(j\omega)| \gg 1$$

e, por consequência (veja equação 1.32),

$$T(j\omega) \simeq 1.$$

Portanto, para que a condição de robustez da estabilidade seja satisfeita, é suficiente que

$$l_m(\omega) < 1,$$

pois assim

$$|T(j\omega)| \simeq 1 < \frac{1}{l_m(\omega)}.$$

Ora, a condição $l_m(\omega) < 1$ significa que

$$\left| \frac{G_R(j\omega) - G(j\omega)}{G(j\omega)} \right| < 1,$$

ou seja, o erro relativo de G_R em relação a G deve ser inferior a 100%. Na prática, esta condição não representa uma restrição muito forte, sendo, em geral, simples de satisfazer, porque os erros de modelagem costumam ser relativamente pequenos em baixas frequências – sobretudo os erros associados a dinâmicas não modeladas. Em resumo, isso significa que a restrição imposta pela robustez da estabilidade, na prática, é relevante apenas nas altas frequências.

As considerações anteriores podem ser resumidas pela Figura 4.9.

- **Largura de banda e qualidade do modelo nominal**

Como se sabe, largura de banda de um sistema é um conceito diretamente associado à sua velocidade de resposta: quanto maior a largura de banda, maior a velocidade de resposta.

Como fica claro pela Figura 4.9, o erro de modelagem restringe a largura de banda do sistema no seguinte sentido: quanto melhor o modelo, maior a largura

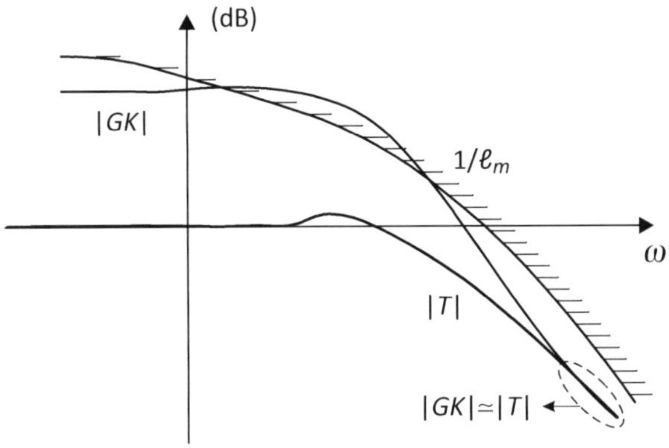

Figura 4.9 – Ilustração da condição de robustez da estabilidade (formas original e aproximada).

de banda – e, portanto, a velocidade de resposta – compatível com a condição de robustez da estabilidade. Em outras palavras, para um dado modelo nominal, se a largura de banda resulta pequena para um determinado projeto (porque o seu aumento só poderia ser conseguido às custas de uma violação da barreira de estabilidade), então é necessário adotar um modelo nominal mais fiel (isto é, com menor erro de modelagem) em uma região mais ampla de frequências.

Portanto, a abordagem de projeto no domínio da frequência explicita de forma clara o compromisso entre a largura de banda do sistema e a qualidade do modelo nominal.

- **Efeito desestabilizante de dinâmicas de altas frequências**

Um fato bastante citado no estudo de controle clássico é que dinâmicas não modeladas de altas frequências têm um efeito desestabilizante sobre os sistemas em malha fechada. O objetivo do exemplo a seguir é ilustrar este fato, visualizando-o por meio da condição de robustez da estabilidade e do tradicional Lugar Geométrico das Raízes (LGR).

Exemplo 4.1 *Considere um motor CC que aciona uma carga inercial. Para a tensão de armadura como variável de entrada e a posição angular do eixo da carga como variável de saída, sejam*

$$G(s) = \frac{k_T}{s(RJs + k_v k_T)}$$

e

$$G_R(s) = \frac{k_T}{s[(Ls+R)Js + k_v k_T]},$$

respectivamente, as funções de transferência nominal e "real" do sistema. k_T, k_v, J, R *e* L *são parâmetros do motor e da carga, cujos valores são:* $k_T = 1\,\text{N.m/A}$, $k_v = 1\,\text{V.s/rad}$, $J = 1\,\text{kg.m}^2$, $R = 1\,\Omega$ *e* $L = 0.001\,\text{H}$.

Como é evidente, no modelo "real" incluiu-se a indutância de armadura L*, enquanto no modelo nominal a mesma foi desprezada. Isso significa que o modelo do sistema "real" contém uma dinâmica de alta frequência que foi desprezada no modelo nominal. Note também que, em baixas frequências,*

$$G(j\omega) \simeq G_R(j\omega).$$

Supondo que o controlador seja do tipo proporcional, isto é,

$$K(s) = k,$$

com $k > 0$*, as Figuras 4.10 e 4.11 mostram os LGRs para os sistemas nominal e "real", respectivamente.*

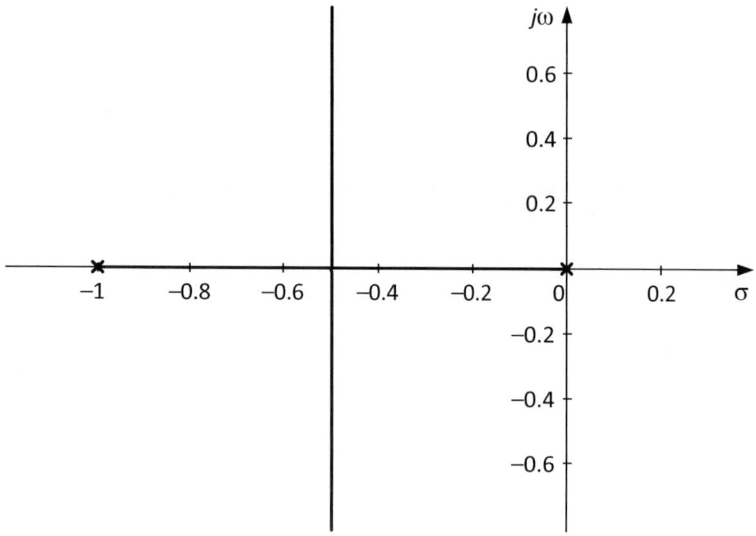

Figura 4.10 – LGR do sistema nominal.

Para melhor visualização, a Figura 4.11 apresenta um zoom do LGR do sistema "real" nas proximidades da origem. No ponto em que o LGR cruza o eixo imaginário, $k \simeq 1000$.

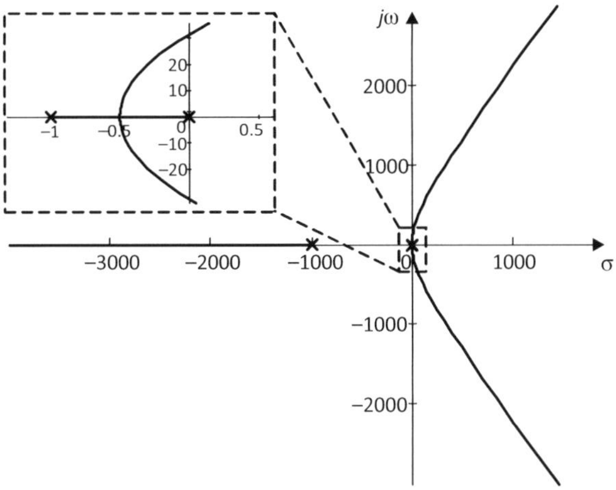

Figura 4.11 – LGR do sistema "real" com *zoom* nas proximidades da origem.

Essas figuras mostram que a malha nominal é estável para todo $k > 0$*, ao passo que a malha "real" é instável para* $k > 1000$*.*

A Figura 4.12 contém a barreira de robustez da estabilidade (linha tracejada) e a resposta em frequência de malha fechada do sistema nominal (linha contínua) para $k = 1000$*. Conforme se observa, a barreira de robustez da estabilidade é respeitada nesse caso, ainda que na iminência de ser violada, o que caracteriza uma situação limite em termos de robustez da estabilidade. Pode-se verificar facilmente que, ao diminuir o valor de* k*, o pico de ressonância de malha fechada também diminui e, por consequência, a distância à barreira de robustez da estabilidade aumenta.*

Esses fatos estão de acordo com o que indica o LGR do sistema "real", isto é, para $k = 1000$ *o sistema em malha fechada está na iminência de perder a estabilidade, enquanto para valores menores de* k*, os polos de malha fechada resultam mais distantes do semiplano direito.*

4.3 Conclusão

Por meio de um resultado fundamental bastante simples e intuitivo, neste Capítulo a robustez da estabilidade foi caracterizada tanto no plano de Nyquist, como no de Nichols.

No caso das incertezas multiplicativas, foi obtida uma condição expressa com base na função l_m. Uma importante consequência desta condição é que ela mostra de maneira clara que a qualidade do modelo nominal acarreta uma limitação na

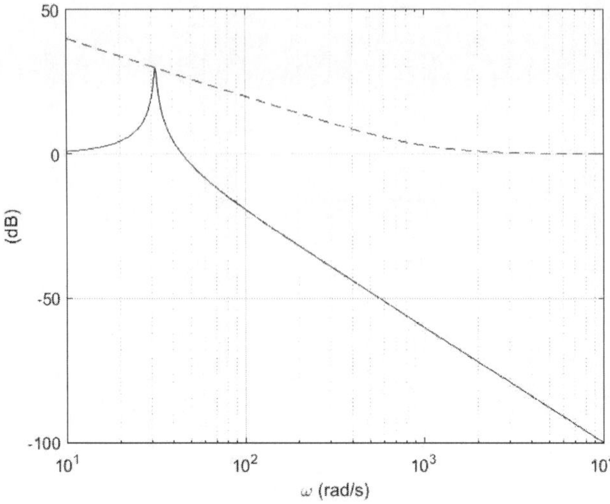

Figura 4.12 – Ganho de malha fechada nominal para $k = 1000$ e barreira de robustez da estabilidade.

largura de banda do sistema em malha fechada. Outra consequência, ilustrada por meio de um exemplo, é que essa forma da condição de robustez da estabilidade permite visualizar o efeito desestabilizante em malha fechada de erros de modelagem de altas frequências.

Capítulo 5

Robustez do desempenho

No Capítulo 2, foi estudada a questão do desempenho nominal do sistema em malha fechada; neste capítulo, o objetivo é discutir o problema do desempenho supondo a existência de incertezas no modelo da planta. O que se pretende é garantir que as especificações dadas de desempenho sejam satisfeitas a despeito da presença dos erros de modelagem, ou, em outras palavras, sejam satisfeitas por toda a classe de plantas "reais".

Entende-se aqui por *desempenho*:

- o acompanhamento do sinal de referência,
- a rejeição de perturbação,
- a rejeição do erro de medida,
- a limitação do esforço de controle,
- a compatibilidade entre o pré-filtro e a malha fechada e
- as características do erro estacionário.

As condições de desempenho (exceto as referentes ao erro estacionário) serão expressas por restrições sobre:

- o ganho de malha $|GK|$ – esta é a forma utilizada no projeto por meio da técnica de *loop shaping* no diagrama de Bode;
- os ganhos da sensibilidade $|S|$, da sensibilidade complementar $|T|$ e de $|KS|$ – este é o caso da técnica H_∞; e
- o ganho de malha $|GK|$ para um conjunto discreto de frequências – esta é a forma utilizada pela técnica QFT no plano de Nichols.

5.1 Acompanhamento do sinal de referência

Na seção 2.3 foi visto que, no caso nominal, a condição para o acompanhamento do sinal de referência dar-se dentro da precisão preestabelecida por δ_r era dada pela equação 2.7, ou seja,

$$\frac{1}{|1+G(j\omega)K(j\omega)|} \leq \delta_r(\omega) \qquad (\omega \in \Omega_r). \tag{5.1}$$

Naturalmente, quando há incerteza no modelo da planta, a condição a ser satisfeita é que

$$\frac{1}{|1+G_R(j\omega)K(j\omega)|} \leq \delta_r(\omega) \qquad (\omega \in \Omega_r) \tag{5.2}$$

para *todas* as plantas "reais" G_R permitidas pelo erro de modelagem considerado.

Na exposição a seguir, a análise será separada em dois casos:

- quando se trata de incerteza representada na forma multiplicativa; e
- quando se trata de incerteza representada por *templates*.

5.1.1 Incerteza multiplicativa

Neste caso, as plantas "reais" $G_R(s)$ possíveis são aquelas para as quais (veja eqs. 3.1 e 3.2)

$$|\Delta_m(\omega)| \leq l_m(\omega) \qquad (\omega \in \mathbb{R}),$$

em que

$$\Delta_m(j\omega) = \frac{G_R(j\omega) - G(j\omega)}{G(j\omega)}.$$

Assim, como

$$G_R(j\omega) = [1 + \Delta_m(j\omega)]G(j\omega),$$

a condição da equação 5.2 pode ser reescrita na forma

$$|1 + [1 + \Delta_m(j\omega)]G(j\omega)K(j\omega)| \geq \frac{1}{\delta_r(\omega)} \qquad (\omega \in \Omega_r).$$

Ou seja,

$$|1 + G(j\omega)K(j\omega) + \Delta_m(j\omega)G(j\omega)K(j\omega)| \geq \frac{1}{\delta_r(\omega)} \qquad (\omega \in \Omega_r),$$

que é o mesmo que

$$|[1 + G(j\omega)K(j\omega)]\,[1 + \Delta_m(j\omega)T(j\omega)]| \geq \frac{1}{\delta_r(\omega)} \qquad (\omega \in \Omega_r). \tag{5.3}$$

Ora, como a especificação deve ser atendida por todas as possíveis plantas "reais", está inclusa aí a planta nominal. Portanto, supondo que

$$\delta_r(\omega) \ll 1,$$

tem-se

$$|G(j\omega)K(j\omega)| \gg 1 \qquad (\omega \in \Omega_r),$$

de onde resulta que

$$T(j\omega) \simeq 1 \qquad (\omega \in \Omega_r),$$

conforme havia sido visto anteriormente (eqs. 2.9 e 2.10).

Sendo assim, a equação 5.3 pode ser escrita de forma aproximada como

$$|[1 + G(j\omega)K(j\omega)]\,[1 + \Delta_m(j\omega)]| \geq \frac{1}{\delta_r(\omega)} \qquad (\omega \in \Omega_r).$$

Ou seja,

$$|1 + G(j\omega)K(j\omega)|\,|1 + \Delta_m(j\omega)| \geq \frac{1}{\delta_r(\omega)} \qquad (\omega \in \Omega_r). \tag{5.4}$$

Mas,

$$|1 + \Delta_m(j\omega)| \geq 1 - |\Delta_m(j\omega)| \geq 1 - l_m(\omega).$$

Assim, se for feita a hipótese[1] de que

$$l_m(\omega) < 1$$

[1] Note que isso significa que o erro relativo entre o modelo "real" e o nominal deve ser inferior a 100% na região de frequências em que se deseja que o sistema acompanhe o sinal de referência com tolerância δ_r, o que é uma exigência um tanto fraca.

para $\omega \in \Omega_r$, uma condição suficiente para garantir a desigualdade 5.4 será

$$|1 + G(j\omega)K(j\omega)|\,[1 - l_m(\omega)] \geq \frac{1}{\delta_r(\omega)} \qquad (\omega \in \Omega_r). \tag{5.5}$$

Portanto, da desigualdade 5.5, decorre que

$$\boxed{|1 + G(j\omega)K(j\omega)| \geq \frac{1}{[1 - l_m(\omega)]\delta_r(\omega)} \qquad (\omega \in \Omega_r),} \tag{5.6}$$

que é a **condição de robustez do acompanhamento do sinal de referência**.

Comparando esta condição com a nominal (equação 5.1), note que o lado direito da desigualdade passou de

$$\frac{1}{\delta_r(\omega)}$$

para

$$\frac{1}{[1 - l_m(\omega)]\delta_r(\omega)}.$$

Assim, observam-se dois fatos.

Em primeiro lugar, com a hipótese de que

$$0 < l_m(\omega) < 1 \qquad (\omega \in \Omega_r),$$

então

$$\frac{1}{[1 - l_m(\omega)]\delta_r(\omega)} > \frac{1}{\delta_r(\omega)} \qquad (\omega \in \Omega_r)$$

e, portanto, o lado direito da desigualdade 5.6 torna a condição mais restritiva do que a nominal, o que é razoável. Note que a razoabilidade está no fato de que a planta nominal é *uma* das possíveis plantas reais e a especificação de projeto deve ser satisfeita não apenas para ela, mas para todas as plantas "reais".

Em segundo lugar, a condição 5.6 está posta de uma forma conveniente para o projeto, pois ela está escrita em termos de l_m, que representa o único conhecimento que se supõe disponível acerca da incerteza em G_R, e do modelo nominal (G).

Como normalmente

$$\frac{1}{[1 - l_m(\omega)]\delta_r(\omega)} \gg 1 \qquad (\omega \in \Omega_r),$$

a **condição de robustez do acompanhamento do sinal de referência** (equação 5.6) pode ser escrita de forma *aproximada* em termos do Ganho de Malha Aberta como

$$\boxed{|G(j\omega)K(j\omega)| \geq \frac{1}{[1 - l_m(\omega)]\delta_r(\omega)} \qquad (\omega \in \Omega_r).} \quad (Loop\ shaping) \qquad (5.7)$$

Graficamente, esta condição significa que, para $\omega \in \Omega_r$, a barreira de acompanhamento do sinal de referência passa de

$$\frac{1}{\delta_r(\omega)}$$

no caso nominal para

$$\frac{1}{[1 - l_m(\omega)]\,\delta_r(\omega)}$$

no caso robusto (figura 5.1).

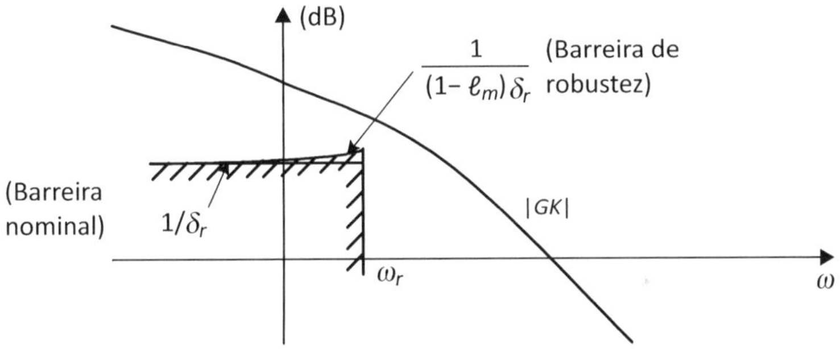

Figura 5.1 – Barreiras nominal e de robustez do acompanhamento do sinal de referência para o Ganho de Malha Aberta $|GK|$.

Observa-se assim graficamente o caráter mais restritivo da barreira de robustez do acompanhamento do sinal de referência, já que ela se situa acima da barreira nominal. Isto significa que as incertezas de modelagem acarretam a necessidade de aumento do ganho de malha aberta, fato bastante conhecido na prática.

De maneira alternativa, a **condição de robustez do acompanhamento do sinal de referência** (equação 5.6) pode ser reescrita em termos da *sensibilidade* como

$$\boxed{|S(j\omega)| \leq [1 - l_m(\omega)]\,\delta_r(\omega) \qquad (\omega \in \Omega_r),} \quad (H_\infty), \qquad (5.8)$$

que também representa uma restrição mais severa sobre a sensibilidade se comparada à condição nominal (equação 2.8). Veja a figura 5.2.

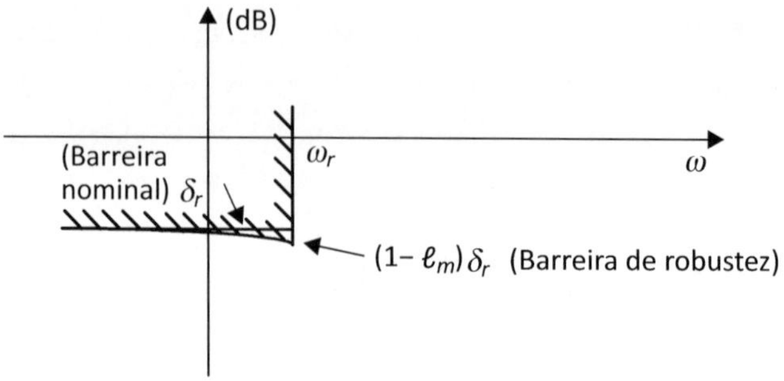

Figura 5.2 – Barreiras nominal e de robustez do acompanhamento do sinal de referência para a sensibilidade $|S|$.

A forma da condição de robustez do acompanhamento do sinal de referência da equação 5.8 é a utilizada para o projeto via H_∞.

• Nota 5.1 – Obtenção da condição 5.7 usando argumentos geométricos

Alternativamente à forma analítica apresentada, a condição 5.7 pode ser obtida por meio de argumentos geométricos. Para isso, deve-se observar de início que a condição de acompanhamento do sinal de referência 5.2 pode ser reescrita como

$$|1 + G_R(j\omega)K(j\omega)| \geq \frac{1}{\delta_r(\omega)} \qquad (\omega \in \Omega_r).$$

Esta condição pode ser interpretada graficamente com o auxílio da figura 5.3 da seguinte maneira: todos os pontos do círculo de centro no ponto $G(j\omega)K(j\omega)$ *e raio* $l_m(\omega)|G(j\omega)K(j\omega)|$ *devem estar a uma distância do ponto* -1 *não inferior a* $1/\delta_r(\omega)$. *Para isto, é suficiente que a distância do ponto* P *ao ponto* -1 *seja maior ou igual a* $1/\delta_r(\omega)$.

Ou seja,

$$|1 + G(j\omega)K(j\omega)| - l_m(\omega)|G(j\omega)K(j\omega)| \geq \frac{1}{\delta_r(\omega)} \qquad (\omega \in \Omega_r).$$

Considerando que, tipicamente,

$$\frac{1}{\delta_r(\omega)} \gg 1 \qquad (\omega \in \Omega_r),$$

então

$$|1 + G(j\omega)K(j\omega)| \simeq |G(j\omega)K(j\omega)| \qquad (\omega \in \Omega_r).$$

Consequentemente, pode-se escrever de forma aproximada que

$$[1 - l_m(\omega)]\ |G(j\omega)K(j\omega)| \geq \frac{1}{\delta_r(\omega)} \qquad (\omega \in \Omega_r).$$

Por fim, supondo que

$$l_m(\omega) < 1 \qquad (\omega \in \Omega_r),$$

resulta a condição 5.7, a saber,

$$|G(j\omega)K(j\omega)| \geq \frac{1}{[1 - l_m(\omega)]\delta_r(\omega)} \qquad (\omega \in \Omega_r).$$

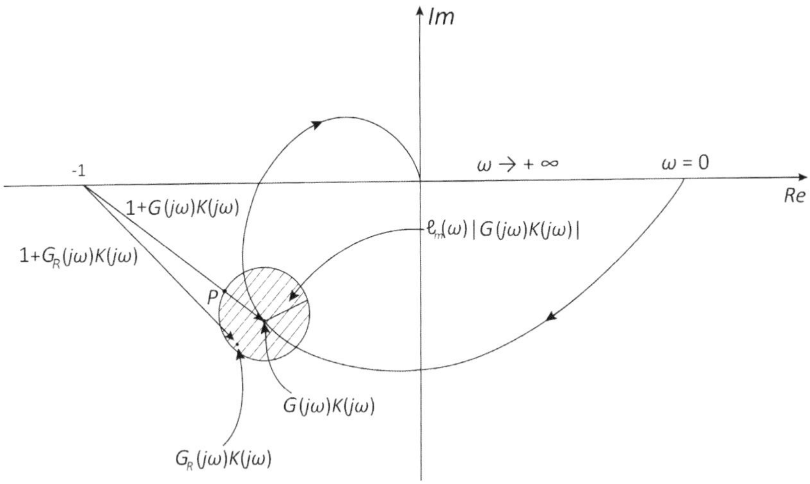

Figura 5.3 – Ilustração da condição de robustez do acompanhamento do sinal de referência no plano de Nyquist.

5.1.2 Incerteza representada por *templates*

Neste caso, parte-se da condição original (equação 5.1)

$$|1 + G_R(j\omega)K(j\omega)| \geq \frac{1}{\delta_r(\omega)} \qquad (\omega \in \Omega_r), \tag{5.9}$$

cujo lado esquerdo, obviamente, pode ser aproximado para a seguinte forma

$$|G_R(j\omega)K(j\omega)| \geq \frac{1}{\delta_r(\omega)} \qquad (\omega \in \Omega_r), \tag{5.10}$$

quando se supõe que $\delta_r(\omega) \ll 1$.

Seja ω uma frequência qualquer de Ω_r e considerado o *template* de $G_R(j\omega)K(j\omega)$. Ora, como a desigualdade 5.10 deve ser satisfeita por *todas* as funções de transferência $G_R K$ permitidas pelo modelo de erro e tendo em vista que a desigualdade envolve apenas o módulo, no plano de Nichols isso significa que o *template* para ω deve se localizar *acima* da barreira $20 \log_{10}[1/\delta_r(\omega)]$. Veja a figura 5.4.

Esta questão voltará a ser tratada mais detalhadamente durante o estudo da técnica QFT, no Capítulo 7.

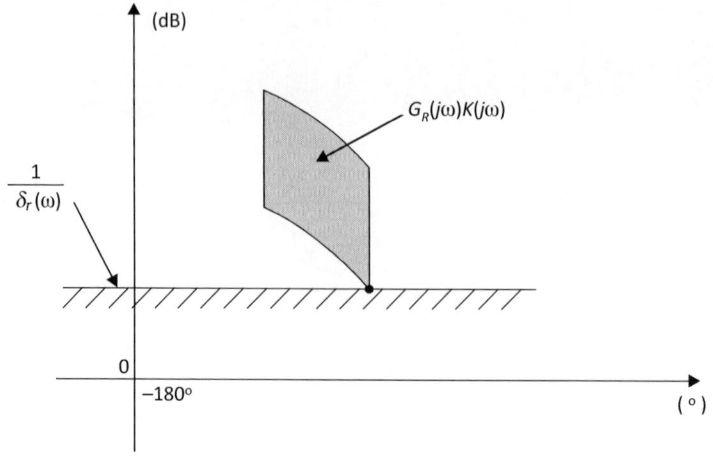

Figura 5.4 – Visualização da condição de robustez do acompanhamento do sinal de referência no plano de Nichols.

5.2 Rejeição de perturbação

Conforme foi visto, a condição nominal obtida para a rejeição de perturbação no Capítulo 2 (equação 2.25), abaixo repetida para facilidade de referência, foi

$$\frac{1}{|1 + G(j\omega)K(j\omega)|} \leq \delta_d(\omega) \qquad (\omega \in \Omega_d).$$

É claro que a condição de robustez da rejeição de perturbação é dada por

$$\frac{1}{|1 + G_R(j\omega)K(j\omega)|} \leq \delta_d(\omega) \qquad (\omega \in \Omega_d) \tag{5.11}$$

para todas as funções de transferência G_R admitidas pelo modelo de erro. Ora, essa condição tem *exatamente* a mesma forma daquela obtida para o acompanhamento do sinal de referência (equação 5.2), e, portanto, todos os resultados e conclusões da seção 5.1 se aplicam aqui, bastando apenas substituir Ω_r e δ_r por Ω_d e δ_d, respectivamente.

5.3 Rejeição do erro de medida

De maneira análoga ao que foi feito nas seções anteriores, a condição aproximada[2] de robustez da rejeição do erro de medida se escreve como (veja equação 2.42)

$$|G_R(j\omega)K(j\omega)| \leq \delta_n(\omega) \qquad (\omega \in \Omega_n). \tag{5.12}$$

5.3.1 Incerteza multiplicativa

De forma semelhante à seção 5.1.1, neste caso a identidade

$$G_R(j\omega) = [1 + \Delta_m(j\omega)]G(j\omega)$$

permite que a condição 5.12 seja reescrita como

$$|[1 + \Delta_m(j\omega)]\, G(j\omega)K(j\omega)| \leq \delta_n(\omega) \qquad (\omega \in \Omega_n),$$

e, portanto,

$$|1 + \Delta_m(j\omega)|\, |G(j\omega)K(j\omega)| \leq \delta_n(\omega) \qquad (\omega \in \Omega_n). \tag{5.13}$$

No entanto, como

$$|1 + \Delta_m(j\omega)| \leq 1 + |\Delta_m(j\omega)| \leq 1 + l_m(\omega) \qquad (\omega \in \mathbb{R}),$$

uma condição suficiente para garantir a desigualdade 5.13 é

$$[1 + l_m(\omega)]\, |G(j\omega)K(j\omega)| \leq \delta_n(\omega) \qquad (\omega \in \Omega_n).$$

Ou seja,

$$\boxed{|G(j\omega)K(j\omega)| \leq \frac{\delta_n(\omega)}{1 + l_m(\omega)} \qquad (\omega \in \Omega_n).} \qquad \textit{(Loop shaping)} \tag{5.14}$$

---

[2]Uma demonstração partindo da condição *não* aproximada (veja a equação 2.38)

$$|T_R(j\omega)| \leq \delta_n(\omega) \qquad (\omega \in \Omega_n),$$

em que, obviamente,

$$T_R(j\omega) = \frac{G_R(j\omega)K(j\omega)}{1 + G_R(j\omega)K(j\omega)}.$$

é apresentada no Apêndice C.

Esta é a **condição de robustez da rejeição do erro de medida**.

Note que o efeito do erro de modelagem foi apenas o de modificar o lado direito da desigualdade (compare-o com o caso nominal, equação 2.42), tornando-o mais restritivo (pois $l_m(\omega) > 0$), como era de se esperar.

Usualmente,

$$l_m(\omega) \gg 1$$

para $\omega \in \Omega_n$, o que permite simplificar neste caso a condição 5.14 para

$$|G(j\omega)K(j\omega)| \leq \frac{\delta_n(\omega)}{l_m(\omega)} \qquad (\omega \in \Omega_n). \tag{5.15}$$

A figura 5.5 ilustra a restrição imposta pela condição de robustez da rejeição do erro de medida como uma barreira imposta sobre o Ganho de Malha Aberta $|GK|$.

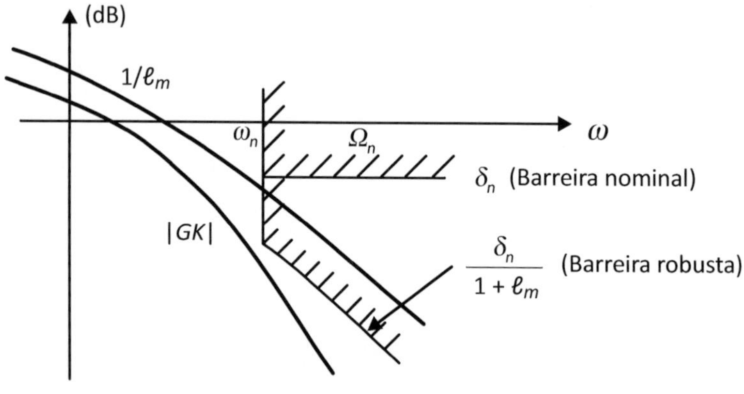

Figura 5.5 – Barreira de rejeição robusta do erro de medida.

A Condição de Robustez da Rejeição do Erro de Medida 5.14 pode ser expressa em termos da sensibilidade complementar T. Para isto, como tipicamente

$$\frac{\delta_n(\omega)}{1 + l_m(\omega)} \ll 1$$

para $\omega \in \Omega_n$, a condição 5.14 acarreta que

$$|G(j\omega)K(j\omega)| \ll 1$$

e, portanto,

$$G(j\omega)K(j\omega) \simeq T(j\omega).$$

Consequentemente, a **condição de robustez da rejeição do erro de medida** fica

$$\boxed{|T(j\omega)| \leq \frac{\delta_n(\omega)}{1 + l_m(\omega)} \qquad (\omega \in \Omega_n).} \quad (H_\infty) \tag{5.16}$$

Esta forma é a utilizada quando a técnica de projeto empregada é o controle H_∞.

- **Nota 5.2 – Obtenção da condição 5.14 usando argumentos geométricos**

A condição 5.14 também pode ser obtida por meio de argumentos geométricos. Para isso, parte-se da desigualdade 5.12, a saber,

$$|G_R(j\omega)K(j\omega)| \leq \delta_n(\omega) \qquad (\omega \in \Omega_n).$$

A figura 5.6 mostra que esta condição está satisfeita se todos os pontos do círculo de centro no ponto $G(j\omega)K(j\omega)$ e raio $l_m(\omega)|G(j\omega)K(j\omega)|$ se localizarem a uma distância da origem do plano de Nyquist não superior a $\delta_n(\omega)$. Uma condição suficiente para isto é que a distância do ponto P à origem seja menor ou igual a $\delta_n(\omega)$, ou seja,

$$|G(j\omega)K(j\omega)| + l_m(\omega)|G(j\omega)K(j\omega)| \leq \delta_n(\omega) \qquad (\omega \in \Omega_n),$$

da qual resulta de imediato a condição 5.14, a saber,

$$|G(j\omega)K(j\omega)| \leq \frac{\delta_n(\omega)}{1 + l_m(\omega)} \qquad (\omega \in \Omega_n).$$

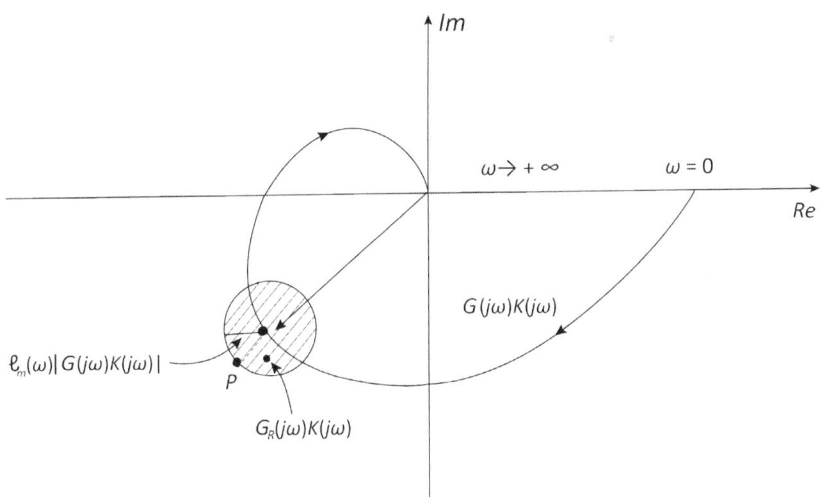

Figura 5.6 – Ilustração da condição de robustez da rejeição do erro de medida no plano de Nyquist.

5.3.2 Incerteza representada por *templates*

Para uma frequência qualquer $\omega \in \Omega_n$, a condição 5.12 se escreve como

$$|G_R(j\omega)K(j\omega)| \leq \delta_n(\omega). \tag{5.17}$$

Considere o *template* de $G_R(j\omega)K(j\omega)$. Ora, como a desigualdade 5.17 deve ser satisfeita por *todas* as funções de transferência G_RK permitidas pelo modelo de erro e tendo em vista que a desigualdade envolve apenas o módulo, no plano de Nichols isso significa que o *template* para ω deve se localizar *abaixo* da barreira $20\log_{10}[\delta_n(\omega)]$. Veja a figura 5.7.

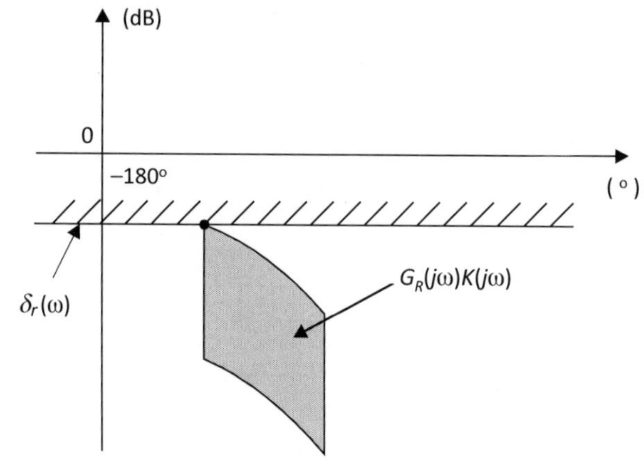

Figura 5.7 – Visualização da condição de robustez da rejeição do erro de medida no plano de Nichols.

5.4 Limitação do esforço de controle

5.4.1 Incerteza multiplicativa

Por extensão da condição dada pela desigualdade 2.62 para o caso em que o modelo apresenta incertezas, a condição para a limitação do esforço de controle é

$$\frac{|u(j\omega)|}{|n(j\omega)|} = |K(j\omega)S_R(j\omega)| \leq \delta_u(\omega) \qquad (\omega \in \Omega_n), \tag{5.18}$$

em que, obviamente,

$$S_R(j\omega) = \frac{1}{1 + G_R(j\omega)K(j\omega)}.$$

Ou seja,

$$\frac{|u(j\omega)|}{|n(j\omega)|} = \frac{|K(j\omega)|}{|1 + G_R(j\omega)K(j\omega)}| \leq \delta_u(\omega) \qquad (\omega \in \Omega_n). \tag{5.19}$$

No entanto, como

$$G_R(j\omega) = [1 + \Delta_m(j\omega)]G(j\omega),$$

tem-se

$$\begin{aligned} |1 + G_R(j\omega)K(j\omega)| &= |1 + G(j\omega)K(j\omega) + \Delta_m(j\omega)G(j\omega)K(j\omega)| \\ &= |[1 + G(j\omega)K(j\omega)]\,[1 + \Delta_m(j\omega)T(j\omega)]| \\ &\geq |1 + G(j\omega)K(j\omega)|\,[1 - |\Delta_m(j\omega)T(j\omega)|]. \end{aligned}$$

Mas

$$1 - |\Delta_m(j\omega)T(j\omega)| \geq 1 - l_m(\omega)|T(j\omega)| > 0,$$

uma vez que

$$|\Delta_m(j\omega)| \leq l_m(\omega),$$

e que, pela condição de robustez da estabilidade,

$$l_m(\omega)|T(j\omega)| < 1.$$

Portanto,

$$|1 + G_R(j\omega)K(j\omega)| \geq |1 + G(j\omega)K(j\omega)|\,[1 - l_m(\omega)|T(j\omega)|] > 0.$$

Consequentemente,

$$\frac{|K(j\omega)|}{|1 + G_R(j\omega)K(j\omega)|} \leq \frac{|K(j\omega)|}{|1 + G(j\omega)K(j\omega)|[1 - l_m(\omega)|T(j\omega)|]},$$

ou seja,

$$\frac{|K(j\omega)|}{|1 + G_R(j\omega)K(j\omega)|} \leq \frac{|K(j\omega)S(j\omega)|}{1 - l_m(\omega)|T(j\omega)|}.$$

Desse modo, uma condição suficiente para garantir a desigualdade 5.19 é

$$\frac{|K(j\omega)S(j\omega)|}{1 - l_m(\omega)|T(j\omega)|} \leq \delta_u(\omega) \qquad (\omega \in \Omega_n).$$

Assim, se[3]

$$|T(j\omega)| \ll \frac{1}{l_m(\omega)} \qquad (\omega \in \Omega_n),$$

[3]Note que essa condição é atendida quando se requer também a rejeição do erro de medida:

$$|T(j\omega)| \leq \frac{\delta_n(\omega)}{1 + l_m(\omega)} \qquad (\omega \in \Omega_n)$$

no caso comum em que

$$\delta_n(\omega) \ll 1 \qquad (\omega \in \Omega_n)$$

e se

$$l_m(\omega) \gg 1 \qquad (\omega \in \Omega_n).$$

resulta por fim a aproximação para a **condição de robustez da limitação do esforço de controle**:

$$\boxed{|K(j\omega)S(j\omega)| \leq \delta_u(\omega) \qquad (\omega \in \Omega_n).} \quad (H_\infty) \tag{5.20}$$

Note que, como era de se esperar para $\omega \in \Omega_n$, esta condição resultou idêntica àquela do caso nominal (equação 2.61).

A partir dela, é simples obter outra condição expressa em termos do ganho de malha. Para isso, note-se que

$$S(j\omega) \simeq 1 \qquad (\omega \in \Omega_n),$$

visto que

$$|G(j\omega)K(j\omega)| \ll 1 \qquad (\omega \in \Omega_n)$$

e, portanto, de 5.20, tem-se

$$|K(j\omega)| \leq \delta_u(\omega) \qquad (\omega \in \Omega_n).$$

Note-se que essa condição impõe uma restrição sobre a largura de banda do controlador.

Multiplicando ambos os membros por $|G(j\omega)|$, resulta por fim a **condição de robustez da limitação do esforço de controle** expressa como uma restrição sobre o ganho de malha:

$$\boxed{|G(j\omega)K(j\omega)| \leq \delta_u(\omega)\ |G(j\omega)| \qquad (\omega \in \Omega_n).} \quad (\textit{Loop shaping}) \tag{5.21}$$

Note que tanto a condição 5.20 quanto a 5.21 resultaram independentes da incerteza no modelo e, portanto, idênticas às condições obtidas para o caso nominal, a saber, 2.62 e 2.66. Esse fato é compreensível, uma vez que S_R na equação 5.18 é tal que

$$S_R(j\omega) \simeq 1 \qquad (\omega \in \Omega_n)$$

para *todas* as G_R admissíveis pelo modelo do erro.

5.4.2 Incerteza representada por *templates*

Considerando que, para atender à especificação de rejeição do erro de medida, usualmente

$$|G_R(j\omega)K(j\omega)| \ll 1$$

para $\omega \in \Omega_n$ e, portanto,

$$S_R(j\omega) \simeq 1,$$

da condição 5.18 resulta a forma aproximada

$$|K(j\omega)| \leq \delta_u(\omega) \qquad (\omega \in \Omega_n),$$

a qual, como se pode notar, representa uma restrição sobre a largura de banda do controlador.

Portanto, em termos do ganho de malha $|GK|$, tem-se a **condição de robustez da limitação do esforço de controle** para o caso em que a incerteza é representada por *templates*:

$$\boxed{|G(j\omega)K(j\omega)| \leq \delta_u(\omega)|G(j\omega)| \qquad (\omega \in \Omega_n).} \tag{5.22}$$

Dado que essa condição não depende de G_R, mas apenas de G, então é o ponto GK que, no caso geral, deve se situar abaixo da restrição $\delta_u|G|$, e não o *template* (figura 5.8).

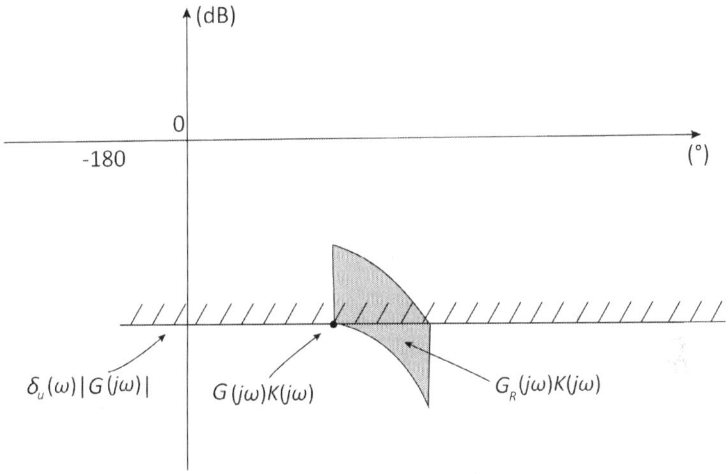

Figura 5.8 – Visualização da condição de robustez da limitação do esforço de controle no plano de Nichols para $\omega \in \Omega_n$.

5.5 Sistemas com dois graus de liberdade

Da mesma forma que foi feito para o caso nominal na seção 2.7, aqui, em um contexto de incertezas de modelagem, serão discutidas as duas situações mais comuns de interesse prático, a saber:

- A primeira é aquela em que o controlador K é suposto dado. O problema então é obter uma condição que permita estabelecer se um determinado pré-filtro F é compatível com a malha fechada. Neste caso, mais comum na prática, o controlador K é projetado de maneira que a malha fechada atenda a especificações de robustez da estabilidade e do desempenho – tais como, rejeição de perturbação, rejeição do erro de medida e limitação do esforço de controle –, mas a resposta temporal para um determinado sinal de referência não é satisfatória.

- Na segunda situação, admite-se que o pré-filtro F tenha sido dado. O problema consiste então em projetar o controlador K de maneira que tanto o pré-filtro seja compatível com a malha fechada quanto esta atenda a especificações de projeto dadas – tipicamente, robustez da estabilidade e do desempenho.

5.5.1 Escolha do pré-filtro para compatibilidade com a malha fechada

Nesta seção, admita que o controlador K seja dado e o objetivo seja encontrar uma condição que assegure a robustez da compatibilidade entre o pré-filtro e a malha fechada.

Analogamente ao que foi feito na subseção 2.7.2, a condição a ser satisfeita neste caso é

$$|F(j\omega)[T_R(j\omega) - 1]| \leq \delta_F(\omega) \qquad (\omega \in \Omega_F),$$

em que ω_F e a função $\delta_F(\omega)$, $(\omega \in \Omega_F)$, são dadas e

$$T_R(j\omega) = \frac{G_R(j\omega)K(j\omega)}{1 + G_R(j\omega)K(j\omega)}.$$

Ou seja,

$$\frac{|F(j\omega)|}{|1 + G_R(j\omega)K(j\omega)|} \leq \delta_F(\omega) \qquad (\omega \in \Omega_F). \tag{5.23}$$

- <u>**Incerteza multiplicativa**</u>

Neste caso, como

$$G_R(j\omega) = [1 + \Delta_m(j\omega)]G(j\omega),$$

tem-se

$$\begin{aligned} |1 + G_R(j\omega)K(j\omega)| &= |1 + G(j\omega)K(j\omega) + \Delta_m G(j\omega)K(j\omega)| \\ &= |1 + G(j\omega)K(j\omega)|\,|1 + \Delta_m(j\omega)T(j\omega)| \\ &\geq |1 + G(j\omega)K(j\omega)|\,[1 - l_m(\omega)|T(j\omega)|], \end{aligned}$$

onde a desigualdade decorre do fato de que

$$|1 + \Delta_m(j\omega)T(j\omega)| \geq 1 - l_m(\omega)|T(j\omega)|,$$

dado que

$$|\Delta_m(\omega)| \leq l_m(\omega).$$

Note que

$$|1 + G(j\omega)K(j\omega)|\,[1 - l_m(\omega)|T(j\omega)|] > 0$$

quando a condição de robustez da estabilidade

$$l_m(\omega)|T(j\omega)| < 1$$

é satisfeita.

Em resumo,

$$|1 + G_R(j\omega)K(j\omega)| \geq |1 + G(j\omega)K(j\omega)|\,[1 - l_m(\omega)|T(j\omega)|] > 0.$$

Sendo assim,

$$\frac{|F(j\omega)|}{|1 + G_R(j\omega)K(j\omega)|} \leq \frac{|F(j\omega)|}{|1 + G(j\omega)K(j\omega)|\,[1 - l_m(\omega)|T(j\omega)|]}.$$

Consequentemente, para garantir que a desigualdade 5.23 seja respeitada, basta que

$$\frac{|F(j\omega)|}{|1 + G(j\omega)K(j\omega)|\,[1 - l_m(\omega)|T(j\omega)|]} \leq \delta_F(\omega) \qquad (\omega \in \Omega_F),$$

que pode ser reescrita como

$$\boxed{\frac{|F(j\omega)\,[T(j\omega) - 1]|}{1 - l_m(\omega)|T(j\omega)|} \leq \delta_F(\omega) \qquad (\omega \in \Omega_F).} \tag{5.24}$$

Esta é a **condição de robustez da compatibilidade entre o pré-filtro e a malha fechada** procurada. Note que, como K foi suposto conhecido, o mesmo ocorre com T, e, portanto, neste contexto a condição 5.24 representa efetivamente uma restrição sobre F.

- **Incerteza representada por *templates***

Da equação 5.23, tem-se

$$|1 + G_R(j\omega)K(j\omega)| \geq \frac{|F(j\omega)|}{\delta_F(\omega)} \qquad (\omega \in \Omega_F). \tag{5.25}$$

No entanto,

$$|1 + G_R(j\omega)K(j\omega)| \geq |G_R(j\omega)K(j\omega)| - 1 > 0,$$

em que a última desigualdade é uma decorrência de

$$|G_R(j\omega)K(j\omega)| \gg 1 \qquad (\omega \in \Omega_F).$$

Sendo assim, para que valha a desigualdade da equação 5.25, é suficiente que

$$|G_R(j\omega)K(j\omega)| \geq 1 + \frac{|F(j\omega)|}{\delta_F(\omega)} \qquad (\omega \in \Omega_F),$$

ou seja,

$$\boxed{|F(j\omega)| \leq \delta_F(\omega)[|G_R(j\omega)K(j\omega)| - 1] \qquad (\omega \in \Omega_F).} \tag{5.26}$$

Uma vez que a malha fechada foi suposta projetada previamente e, portanto, K foi admitido conhecido, essa é a **condição de robustez da compatibilidade entre o pré-filtro e a malha fechada** a ser satisfeita por F para o caso em que a incerteza de modelagem é expressa por meio de *templates*.

5.5.2 Projeto do controlador para compatibilidade entre a malha fechada e o pré-filtro

Nesta seção, é tratado o problema em que o pré-filtro é dado *a priori* e o objetivo é projetar o controlador K de maneira a garantir a robustez da compatibilidade entre o pré-filtro e a malha fechada.

Definindo

$$T_R(j\omega) = \frac{G_R(j\omega)K(j\omega)}{1 + G_R(j\omega)K(j\omega)}$$

e tendo em vista a desigualdade 2.68, estabelecida no caso nominal para a condição de compatibilidade entre o pré-filtro e a malha fechada, é imediato que, quando há incertezas na dinâmica da planta, a robustez da compatibilidade exija, para todas as G_R possíveis, que

$$|F(j\omega)[T_R(j\omega) - 1]| \leq \delta_F(\omega) \qquad (\omega \leq \omega_b).$$

Ou seja,

$$\left|\frac{G_R(j\omega)K(j\omega)}{1 + G_R(j\omega)K(j\omega)} - 1\right| \leq \frac{\delta_F(\omega)}{|F(j\omega)|} \qquad (\omega \in \Omega_F),$$

que é o mesmo que

$$|1 + G_R(j\omega)K(j\omega)| \geq \frac{|F(j\omega)|}{\delta_F(\omega)} \qquad (\omega \in \Omega_F). \tag{5.27}$$

- **Incerteza multiplicativa**

▶ **Condição para o projeto via H_∞**

Partindo do lado esquerdo da desigualdade 5.27 e considerando que

$$G_R(j\omega) = [1 + \Delta_m(j\omega)]G(j\omega),$$

tem-se

$$|1 + G_R(j\omega)K(j\omega)| = |1 + [1 + \Delta_m(j\omega)]G(j\omega)K(j\omega)|,$$

ou seja,

$$|1 + G_R(j\omega)K(j\omega)| = |[1 + G(j\omega)K(j\omega)][1 + \Delta_m(j\omega)T(j\omega)]|. \tag{5.28}$$

No entanto, está suposto que

$$T(j\omega) \simeq 1 \qquad (\omega \leq \omega_r)$$

e que

$$\omega_F \leq \omega_r.$$

Consequentemente, pode-se aproximar a equação 5.28 por

$$|1 + G_R(j\omega)K(j\omega)| \simeq |[1 + G(j\omega)K(j\omega)][1 + \Delta_m(j\omega)]| \qquad (\omega \in \Omega_F).$$

Contudo, supondo que

$$l_m(j\omega) < 1 \qquad (\omega \in \Omega_F)$$

tem-se

$$|1 + \Delta_m(j\omega)| \geq 1 - |\Delta_m(j\omega)| \geq 1 - l_m(\omega) > 0$$

e, portanto,

$$|1 + G_R(j\omega)K(j\omega)| \geq |1 + G(j\omega)K(j\omega)|[1 - l_m(\omega)] \qquad (\omega \in \Omega_F).$$

Então, para garantir que a desigualdade 5.27 esteja satisfeita, é suficiente impor que

$$|1 + G(j\omega)K(j\omega)|[1 - l_m(\omega)] \geq \frac{|F(j\omega)|}{\delta_F(\omega)} \qquad (\omega \in \Omega_F),$$

ou seja,

$$\boxed{|S(j\omega)| \leq \frac{[1 - l_m(\omega)]\delta_F(\omega)}{|F(j\omega)|} \qquad (\omega \in \Omega_F).} \qquad (H_\infty) \tag{5.29}$$

Esta é a **condição de robustez da compatibilidade entre o pré-filtro e a malha fechada** apropriada para o projeto utilizando a técnica H_∞. Como F foi suposta dada, essa condição impõe, de fato, uma restrição sobre K por meio de S.

► **Condição para o projeto via *loop shaping***

Considerando novamente o lado esquerdo da desigualdade 5.27, tem-se

$$|1 + G_R(j\omega)K(j\omega)| = |1 + [1 + \Delta_m(j\omega)]G(j\omega)K(j\omega)|.$$

Mas

$$|1 + [1 + \Delta_m(j\omega)]G(j\omega)K(j\omega)| \geq |[1 + \Delta_m(j\omega)]G(j\omega)K(j\omega)| - 1$$

e, portanto,

$$|1 + G_R(j\omega)K(j\omega)| \geq |[1 + \Delta_m(j\omega)]G(j\omega)K(j\omega)| - 1.$$

Ou seja,

$$|1 + G_R(j\omega)K(j\omega)| \geq |[1 + \Delta_m(j\omega)]|\ |G(j\omega)K(j\omega)| - 1.$$

Por outro lado, supondo novamente que

$$l_m(j\omega) < 1 \qquad (\omega \in \Omega_F)$$

tem-se

$$|1 + \Delta_m(j\omega)| \geq 1 - l_m(\omega) > 0,$$

conforme já visto. Consequentemente,

$$|1 + G_R(j\omega)K(j\omega)| \geq [[1 - l_m(\omega)]\ |G(j\omega)K(j\omega)| - 1$$

e, portanto, para que a condição 5.27 seja obedecida, é suficiente que[4]

$$[[1 - l_m(\omega)]\ |G(j\omega)K(j\omega)| - 1 \geq \frac{|F(j\omega)|}{\delta_F(\omega)} \qquad (\omega \in \Omega_F).$$

[4]Note que, para $\omega \in \Omega_F$,

$$[[1 - l_m(\omega)]\ |G(j\omega)K(j\omega)| - 1 > 0,$$

uma vez que $|G(j\omega)K(j\omega)| \gg 1$ (pois $T(j\omega) \simeq 1$) e, normalmente, $l_m(\omega) < 1$, mas não próximo de 1.

Ou seja,

$$\boxed{|G(j\omega)K(j\omega)| \geq \frac{1 + \frac{|F(j\omega)|}{\delta_F(\omega)}}{1 - l_m(\omega)} \qquad (\omega \in \Omega_F),} \quad (\textit{Loop shaping}) \tag{5.30}$$

que é a **condição de robustez da compatibilidade entre o pré-filtro e a malha fechada** apropriada para o projeto utilizando a técnica de *loop shaping*. Assim como no caso anterior, essa condição impõe efetivamente uma restrição sobre K, uma vez que F foi aqui suposta dada.

- **Incerteza representada por *templates***

O desenvolvimento aqui é *exatamente* o mesmo que levou à equação 5.26, razão pela qual a **condição de robustez da compatibilidade entre o pré-filtro e a malha fechada** que se obtém é a mesma, a saber,

$$\boxed{|G_R(j\omega)K(j\omega)| \geq 1 + \frac{|F(j\omega)|}{\delta_F(\omega)} \qquad (\omega \in \Omega_F).} \tag{5.31}$$

Neste caso, entretanto, admite-se que F seja dado e a condição representa uma restrição para o projeto de K.

Para qualquer valor de $\omega \in \Omega_F$, graficamente ela significa que todos os pontos do *template* de $|G_R(j\omega)K(j\omega)|$ devem se situar acima da reta correspondente ao ganho $1 + |F(j\omega)|/\delta_F$, podendo ser visualizada na forma ilustrada pela figura 5.9.

5.6 Erro estacionário

Considere o sistema representado na figura 5.10, com a perturbação representada na saída da planta. Nesta seção, serão apresentadas as condições de robustez do erro estacionário para sinais de referência $r(s)$ degrau e rampa unitários.

Por ser praticamente idêntica, em vista das semelhanças já observadas no caso nominal (veja seção 2.9), não será feita a análise para perturbações agindo na malha.

É evidente que se trata aqui apenas do caso em que o erro estacionário é não nulo, uma vez que a presença em número apropriado de polos na origem da função de transferência de malha garante que o erro estacionário seja nulo não apenas para a planta nominal, mas também para as plantas "reais".

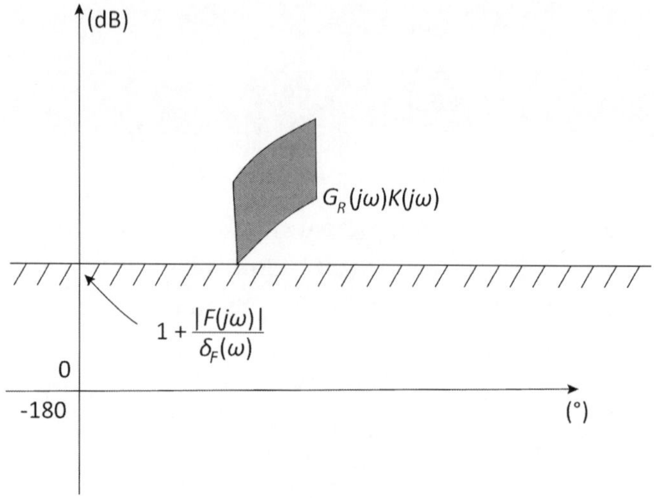

Figura 5.9 – Visualização no plano de Nichols da condição de robustez da compatibilidade entre o pré-filtro e a malha fechada.

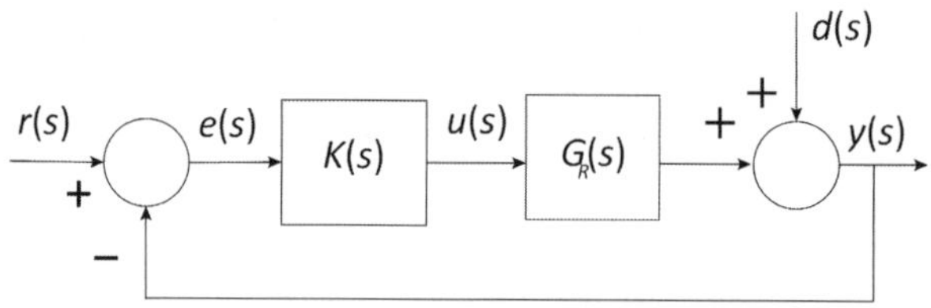

Figura 5.10 – Sistema em malha fechada para estudo do erro estacionário.

5.6.1 Incerteza multiplicativa

- **Entrada degrau unitário**

Admitindo que $G_R(s)K(s)$ seja do Tipo 0, da equação 2.76 é imediato que o erro estacionário para entrada degrau unitário seja dado por

$$e_{ss} = \frac{1}{1 + G_R(j0)K(j0)}.$$

Assim, se δ_{ss} representa o valor especificado para o erro máximo, isto é,

$$|e_{ss}| \leq \delta_{ss},$$

então a condição que deve ser respeitada é

$$\frac{1}{|1 + G_R(j0)K(j0)|} \leq \delta_{ss}$$

para todas os possíveis valores de $G_R(j0)$ associados a $l_m(0)$.

Observando a semelhança desta condição com a equação 5.2 e admitindo que

$$l_m(0) < 1,$$

a mesma argumentação apresentada na subseção 5.1.1 conduz a

$$|1 + G(j0)K(j0)| \geq \frac{1}{[1 - l_m(0)]\delta_{ss}}, \tag{5.32}$$

ou seja,

$$\boxed{|S(j0)| \leq [1 - l_m(0)]\delta_{ss}.} \quad (H_\infty) \tag{5.33}$$

Esta é a **condição de robustez do erro estacionário para entrada degrau unitário**, expressa em termos da sensibilidade, quando a incerteza de modelagem é dada na forma multiplicativa.

Supondo, como é usual, que

$$\delta_{ss} \ll 1,$$

a condição 5.32 pode ser expressa de forma aproximada com base no ganho de malha como

$$\boxed{|G(j0)K(j0)| \geq \frac{1}{[1 - l_m(0)]\delta_{ss}}.} \quad (\textit{Loop shaping}) \tag{5.34}$$

Esta é a **condição de robustez do erro estacionário para entrada degrau unitário** expressa em termos do ganho de malha para a incerteza de modelagem na forma multiplicativa.

Como era de se esperar, as equações 5.33 e 5.34 têm a mesma forma de 5.8 e 5.7, respectivamente.

Note que, quando $G(s)K(s)$ é da forma

$$G(s)K(s) = K_0 \frac{(\tau_1 s + 1)(\tau_2 s + 1) \ldots (\tau_m s + 1)}{(T_1 s + 1)(T_2 s + 1) \ldots (T_n s + 1)},$$

a condição 5.34 se reduz a

$$\boxed{K_0 \geq \frac{1}{[1 - l_m(0)]\delta_{ss}}.} \tag{5.35}$$

- **Entrada rampa unitária**

Admita que $G_R(s)K(s)$ no sistema da figura 5.10 seja do Tipo 1. Considerando uma rampa unitária como sinal de referência,

$$r(s) = \frac{1}{s^2},$$

o Teorema do Valor Final fornece o valor do erro estacionário:

$$e_{ss} = \lim_{s \to 0} \frac{1}{sG_R(s)K(s)}. \tag{5.36}$$

Para simplificar a apresentação a seguir, admita que o polo na origem da função de transferência de malha seja de $G_R(s)$. Neste caso, pode-se escrever $G_R(s)$ como

$$G_R(s) = \frac{G'_R(s)}{s}, \tag{5.37}$$

em que $G'_R(s)$ não tem polos na origem. De maneira análoga,

$$G(s) = \frac{G'(s)}{s}.$$

Com isso, a equação 5.36 pode ser reescrita como

$$e_{ss} = \frac{1}{G'_R(j0)K(j0)}$$

e, portanto, se δ_{ss} representa o valor máximo admissível para $|e_{ss}|$, então é necessário que

$$|G'_R(j0)K(j0)| \geq \frac{1}{\delta_{ss}}. \tag{5.38}$$

Mas como

$$G'_R(j0) = [1 + \Delta_m(j0)]G'(j0),$$

então a equação 5.38 pode ser reescrita como

$$|1 + \Delta_m(j0)|\,|G'(j0)K(j0)| \geq \frac{1}{\delta_{ss}}. \tag{5.39}$$

Por outro lado,

$$|1 + \Delta_m(j0)| \geq 1 - |\Delta_m(j0)| \geq 1 - l_m(0)$$

e, supondo que

$$l_m(0) < 1,$$

para que a desigualdade 5.39 se verifique, basta impor que

$$[1 - l_m(0)]|G'(j0)K(j0)| \geq \frac{1}{\delta_{ss}}.$$

Por fim, obtém-se a **condição de robustez do erro estacionário para entrada rampa unitária** para o caso em que a incerteza é expressa na forma multiplicativa:

$$\boxed{|G'(j0)K(j0)| \geq \frac{1}{[1 - l_m(0)]\delta_{ss}}.} \tag{5.40}$$

Da mesma forma que no caso da resposta a degrau, também aqui a equação 5.40 tem a mesma forma de 5.8.

Note que, quando $G(s)K(s)$ é da forma

$$G(s)K(s) = K_0 \frac{(\tau_1 s + 1)(\tau_2 s + 1)\ldots(\tau_m s + 1)}{s(T_1 s + 1)(T_2 s + 1)\ldots(T_n s + 1)},$$

a condição 5.40 se reduz a

$$\boxed{K_0 \geq \frac{1}{[1 - l_m(0)]\delta_{ss}}.} \tag{5.41}$$

5.6.2 Incerteza representada por *templates*

- **Entrada degrau unitário**

Supondo que $G_R(s)K(s)$ seja do Tipo 0, da equação 2.76 resulta que o erro estacionário para entrada degrau unitário é dado por

$$e_{ss} = \frac{1}{1 + G_R(j0)K(j0)}.$$

Portanto, se δ_{ss} é o valor especificado para o erro máximo, isto é,

$$|e_{ss}| \leq \delta_{ss},$$

então a condição que deve ser satisfeita é

$$\frac{1}{|1 + G_R(j0)K(j0)|} \leq \delta_{ss}$$

para todas os possíveis valores de $G_R(j0)$ associados ao *template*.

Normalmente,

$$\delta_{ss} \ll 1,$$

de maneira que a condição anterior pode ser aproximada por

$$\boxed{|G_R(j0)K(j0)| \geq \frac{1}{\delta_{ss}}.} \qquad (5.42)$$

Isso significa que, no plano de Nichols, todo o *template* de $G_R(j0)K(j0)$ deve se localizar acima da reta $1/\delta_{ss}$, conforme ilustra a figura 5.11.

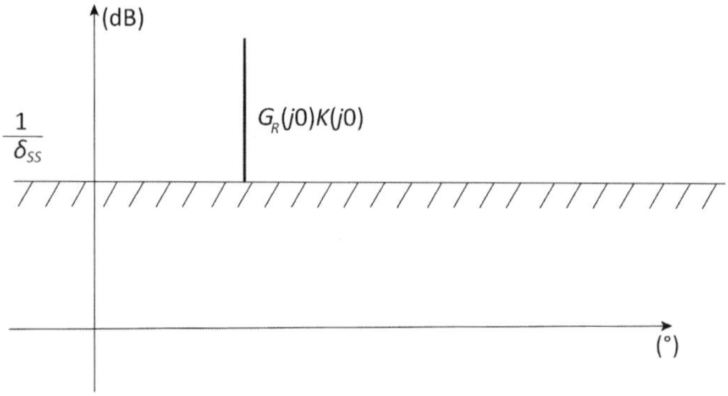

Figura 5.11 – Visualização da condição de robustez do erro estacionário para entrada degrau no plano de Nichols.

Note que $G_R(j0)K(j0)$ é um número real (em geral positivo) e, portanto, o *template* correspondente é um segmento de reta vertical (em geral localizado na fase 0°).

- **Entrada rampa unitária**

Supondo agora que o sistema seja do Tipo 1, a condição para que o erro estacionário para entrada rampa unitária seja limitado por δ_{ss} é dada pela desigualdade 5.38, a saber,

$$\boxed{|G'_R(j0)K(j0)| \geq \frac{1}{\delta_{ss}},} \qquad (5.43)$$

em que, conforme a equação 5.37,

$$G'_R(s) = sG_R(s).$$

Considerando o *template* de $G'_R(j0)K(j0)$, a condição 5.43 pode ser visualizada no plano de Nichols conforme ilustra a figura 5.12.

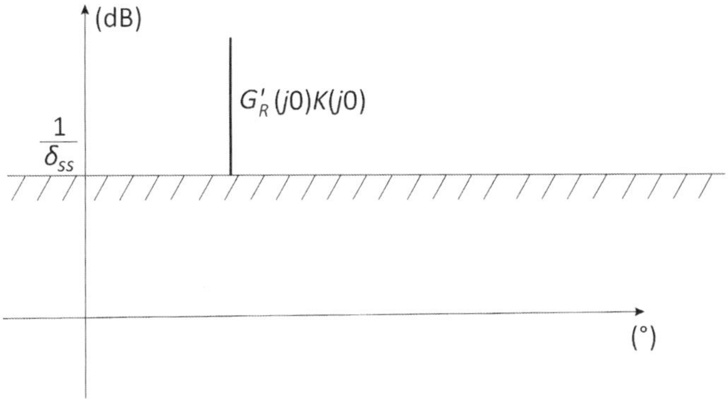

Figura 5.12 – Visualização da condição de robustez do erro estacionário para entrada rampa no plano de Nichols.

Note que, também neste caso, $G'_R(j0)K(j0)$ é um número real (em geral positivo) e o *template* associado é um segmento de reta vertical (em geral localizado na fase 0°).

5.7 Conclusão

Neste Capítulo foram estabelecidas as condições para o desempenho robusto do sistema em malha fechada considerando os erros de modelagem representados tanto pela função l_m como pelos *templates*. Em alguns casos, foram incluídos desenvolvimentos baseados em argumentos geométricos por serem mais simples e intuitivos quando comparados com os puramente algébricos.

Como se mostrou, essas condições generalizaram aquelas correspondentes ao caso nominal apresentadas no Capítulo 2.

É oportuno mencionar ainda que tais condições mantêm essencialmente a mesma forma quando generalizadas para o caso multivariável ao expressar-se o ganho de uma matriz por meio de valores singulares [Cruz, 1996].

Neste ponto do texto, final da sua primeira parte, está definido o que se requer do sistema de controle para garantir a sua robustez tanto da estabilidade quanto do desempenho. Em outras palavras, até aqui dispõe-se de ferramentas de *análise* de um projeto no sentido de que, sendo dado o compensador $K(s)$, é possível verificar se as condições de robustez da estabilidade e do desempenho estão satisfeitas.

Assim, está claro o que *é preciso fazer* para resolver o problema de projeto, isto é, para determinar o compensador $K(s)$, mas *não* há qualquer indicação de *como* obter $K(s)$.

O objetivo daqui em diante, na segunda parte deste texto, é apresentar algumas formas de resolver o problema de projeto robusto.

Em princípio, pode-se utilizar a técnica ou a ferramenta que se julgue mais adequada ou aquela com a qual o projetista tenha maior desenvoltura. Assim, alguns exemplos simples de *loop shaping* usando recursos de controle clássico são apresentados no Capítulo 6.

Além disso, são também discutidas duas técnicas bastante conhecidas que podem ser utilizadas para resolver o problema de projeto robusto colocado, a saber, QFT, no Capítulo 7 – quando as incertezas são representadas por meio de *templates* – , e H_∞, no Capítulo 8 – para o caso em que as incertezas são consideradas como não estruturadas.

Parte II

TÉCNICAS DE PROJETO

Capítulo 6

Loop shaping utilizando controle clássico

Por meio de alguns exemplos simples, o objetivo deste capítulo é ilustrar o projeto via *loop shaping* de um sistema de controle utilizando as ferramentas tradicionais de controle clássico, como os diagramas de Bode, o Método do Lugar das Raízes etc.

6.1 A planta

O sistema a ser considerado neste capítulo será aquele já introduzido na seção 3.2, em que um motor CC aciona uma carga inercial por meio de um sistema de transmissão constituído por um redutor de velocidade e um eixo longo, conforme ilustra a Figura 3.2, aqui reproduzida novamente na Figura 6.1 para facilitar a referência.

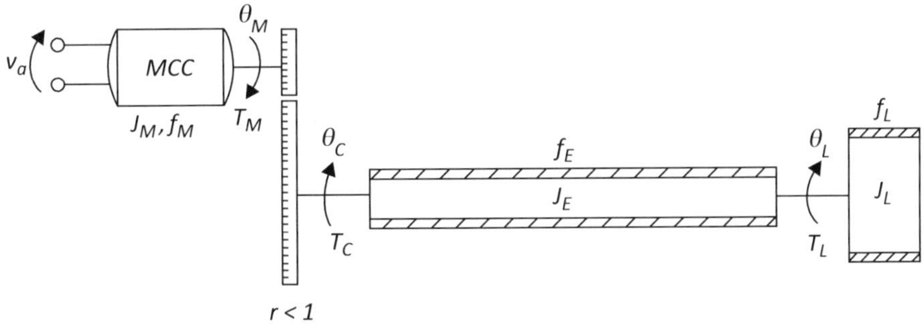

Figura 6.1 – Ilustração esquemática da carga inercial acionada por motor CC.

O modelo nominal da planta, supondo o eixo infinitamente rígido, é dado por

$$G(s) = \frac{0.1333}{s(s + 0.3067)}.$$

Conforme visto no Capítulo 3, as incertezas de altas frequências do modelo estão associadas à dinâmica não modelada proveniente da flexibilidade do eixo. Além disso, há também uma incerteza paramétrica no valor do momento de inércia da carga. O gráfico da função $l_m(\omega)$, apresentado na Figura 3.4, também é reproduzido novamente aqui (Figura 6.2) por facilidade.

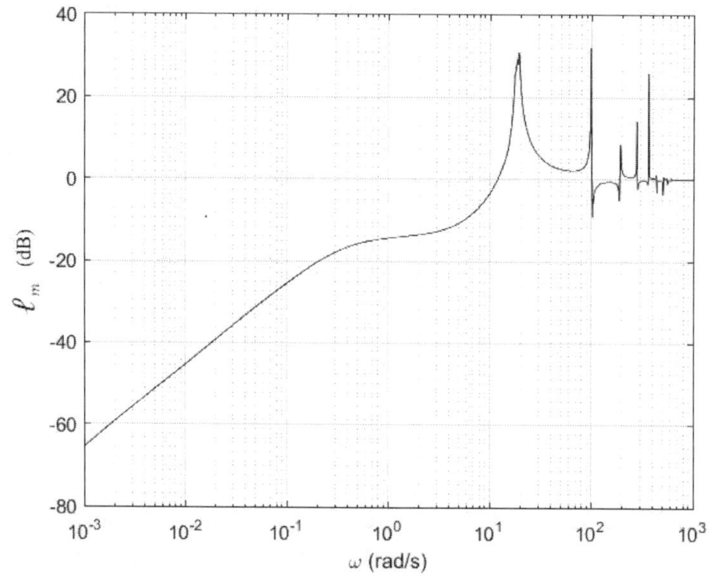

Figura 6.2 – Gráfico do erro multiplicativo.

6.2 Exemplo - Sistema de controle com 1 grau de liberdade

Este caso ilustra o projeto do controlador para um sistema de controle com 1 grau de liberdade.

Exemplo 6.1 *As especificações de desempenho são as seguintes:*

- *rejeição de perturbação com erro máximo de 1% para* $\omega \leq 0.01$ *rad/s e*
- *rejeição do erro de medida com erro máximo de 1% para* $\omega \geq 10$ *rad/s.*

O problema é definir uma função de transferência $K(s)$ para o controlador, de maneira que sejam satisfeitas as restrições de projeto impostas sobre o ganho de malha $|G(j\omega)K(j\omega)|$.

- **1ª Tentativa**

Como primeira tentativa de projeto, escolhe-se o compensador

$$K(s) = 1.$$

Evidentemente, a condição mais fundamental que deve ser garantida é a estabilidade nominal do sistema em malha fechada.

Verifica-se de imediato que os polos de malha fechada do sistema são $-0.1533 \pm j0.3314$ e, como não há cancelamento entre polos e zeros da planta e do compensador no semiplano direito, tem-se a estabilidade interna nominal em malha fechada assegurada.

A Figura 6.3 mostra o diagrama de Bode de $|G(j\omega)K(j\omega)|$, juntamente às barreiras de robustez da estabilidade (1/lm), de robustez da rejeição de perturbação (BF) e de robustez da rejeição do erro de medida(AF), além dos Ganhos de Malhas Aberta (|GK|) Fechada $|T|$.

Nota-se claramente que, embora a condição de robustez da estabilidade tenha sido respeitada, as restrições de projeto resultaram violadas tanto em baixas como em altas frequências e, portanto, o compensador $K(s) = 1$ não resolve o problema. Mais do que isso, é evidente que um simples aumento de ganho seria satisfatório para fazer com que a barreira de robustez do desempenho em baixas frequências fosse respeitada, mas isso faria com que em altas frequências a situação se tornasse ainda pior.

- **2ª Tentativa**

Como segunda tentativa, considera-se um compensador que forneça um aumento de ganho em baixas frequências e produza uma atenuação em altas frequências.

A Figura 6.3 mostra que, na frequência $\omega = 0.01$ rad/s, um aumento de ganho de aproximadamente 7.2 dB (ou seja, por um fator de 2.3) é necessário. Em favor da segurança, é escolhido então um compensador que tenha um ganho de 2.5 em baixas frequências.

Para reduzir o ganho em altas frequências e evitar a violação da barreira de desempenho, é considerado de início um compensador simples com um polo real.

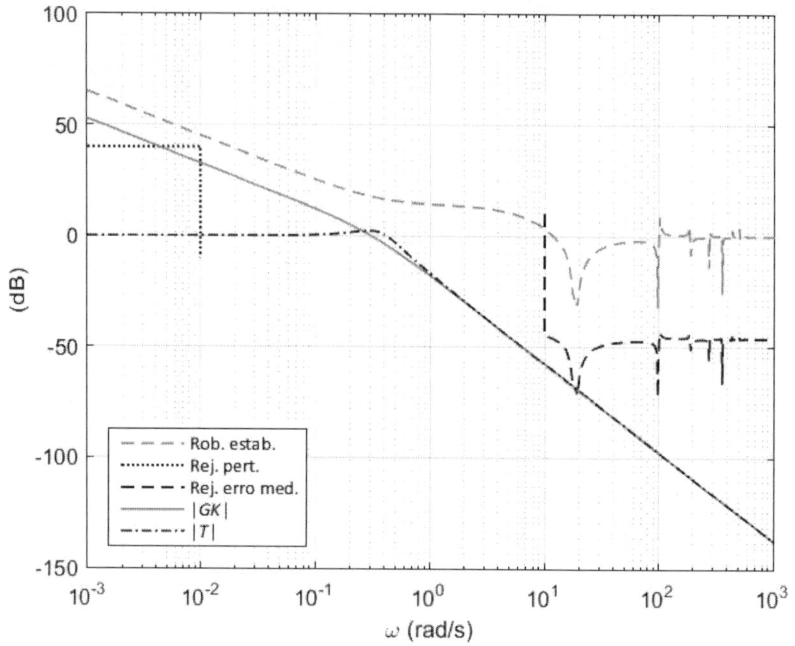

Figura 6.3 – Diagrama de Bode de $|G(j\omega)K(j\omega)|$ com as restrições de projeto para o compensador $K(s) = 1$.

Observando novamente a mesma Figura, escolhe-se um polo ao qual corresponda a uma frequência de canto situada entre a frequência de cruzamento de 0dB de $|G|$ *(isto é, aproximadamente 0.3 rad/s) e a frequência a partir da qual se localiza a barreira de desempenho em altas frequências (isto é, 10 rad/s).*

Após umas poucas tentativas, verifica-se que uma frequência de canto de 6 rad/s e, portanto, um polo de valor -6 *é adequado.*

Em resumo, propõe-se o compensador

$$K(s) = \frac{2.5}{s/6 + 1}.$$

Neste caso, os polos de malha fechada do sistema nominal são -6.0574 *e* $-0.1246 \pm j0.5609$ *e, portanto, está garantida a estabilidade nominal.*

A Figura 6.4 mostra o resultado neste caso.

O Lugar Geométrico das Raízes (LGR) é apresentado na Figura 6.5. Os polos de malha fechada se localizam nas extremidades dos ramos do LGR. Note que as escalas dos eixos real e imaginário são diferentes, e, portanto, os polos dominantes não são tão subamortecidos como o gráfico pode dar a impressão à

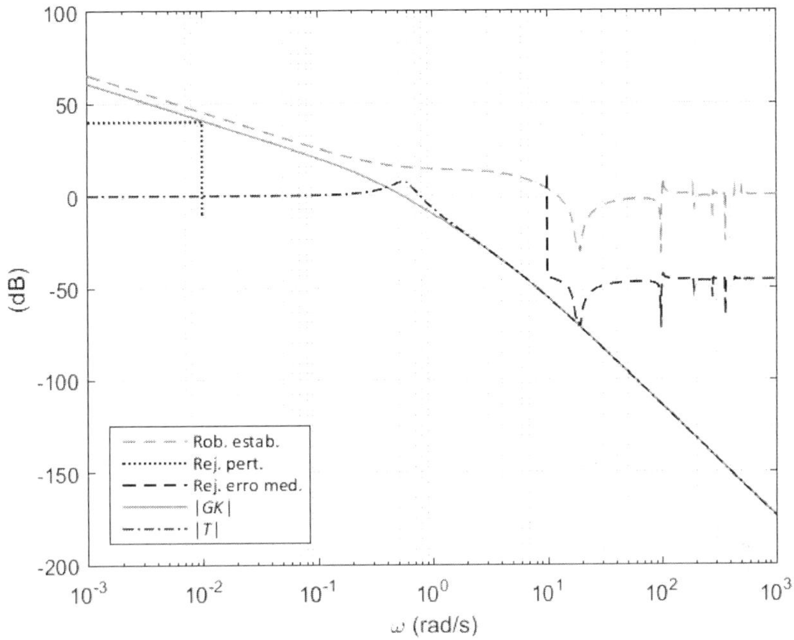

Figura 6.4 – Diagrama de Bode de $|G(j\omega)K(j\omega)|$ com as restrições de projeto para o compensador $K(s) = 2.5/(s/6 + 1)$.

primeira vista – o valor do coeficiente de amortecimento é

$$\xi = 0.2239.$$

- **Validação do projeto**

Com o propósito de validar o projeto, foram realizadas algumas simulações. Para isso, utilizou-se o modelo "real" do sistema, contendo tanto a dinâmica torcional do eixo, como a incerteza no parâmetro J_L *– neste último caso, foram utilizados os valores mínimo, médio e máximo do parâmetro.*

De início foram realizadas simulações considerando uma perturbação senoidal de amplitude unitária e frequência igual a ω_d*, isto é,* 0.01 *rad/s. Os resultados se encontram na Figura 6.6. As linhas de cor cinza representam as respostas do sistema "real" para os três valores considerados do parâmetro* J_L*; a linha preta corresponde à saida do sistema nominal; e a linha pontilhada é o gráfico de 1% da perturbação (para facilitar a comparação na escala da saída do sistema).*

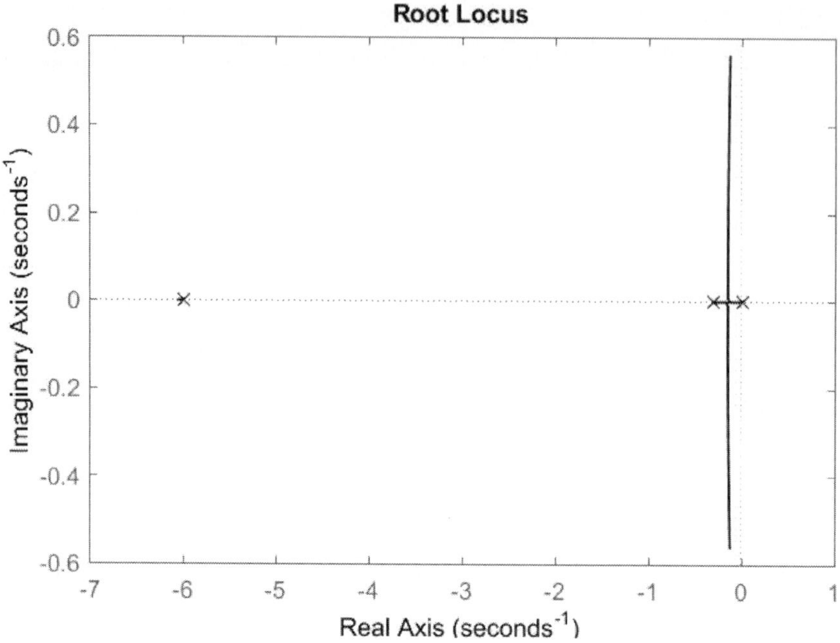

Figura 6.5 – Lugar das Raízes para o sistema nominal com o compensador $K(s) = 2.5/(s/6+1)$.

É possível notar que, conforme a especificação de rejeição de perturbação, as saídas "reais" têm, em regime estacionário, amplitudes ligeiramente inferiores a 1% da amplitude da perturbação. Além disso, as respostas "reais" da nominal são visualmente quase indistinguíveis.

Como segunda verificação, foram realizadas simulações do sistema "real" nas mesmas condições anteriores para um erro de medida senoidal de amplitude unitária e frequência ω_n*, a saber,* 10 *rad/s. Os resultados são apresentados na Figura 6.7, na qual em cinza são desenhados os gráficos das saídas do sistema "real" e em preto, do sistema nominal; a linha pontilhada é o gráfico de 1% do erro de medida.*

Observe que os resultados estão de acordo com a especificação de rejeição do erro de medida, pois as saídas "reais" em regime estacionário têm amplitudes inferiores a 1% da amplitude do erro de medida. A folga obtida deve-se ao fato de que, na frequência de 10 *rad/s, o Ganho de Malha resultou aproximadamente* 11 *dB abaixo da barreira de robustez da rejeição do erro de medida, o que corresponde a uma atenuação adicional por um fator de aproximadamente* 0.28*, conforme mostra a Figura.*

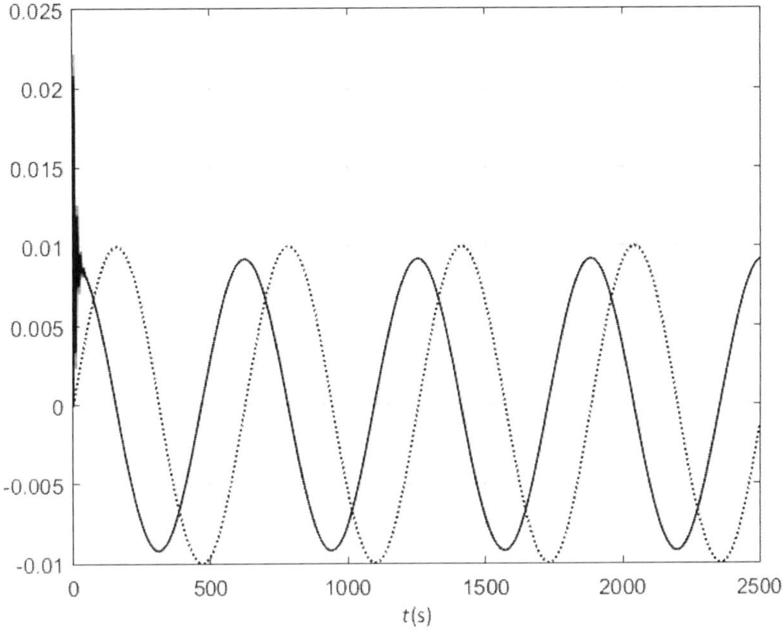

Figura 6.6 – Saída do sistema "real" para perturbação senoidal.

6.3 Exemplo – Escolha do pré-filtro para compatibilidade com a malha fechada

O exemplo a seguir procura ilustrar a escolha do pré-filtro em um sistema de controle com dois graus de liberdade, em que o controlador $K(s)$ foi projetado previamente com vistas a atender requisitos de robustez da estabilidade e do desempenho da malha fechada.

Exemplo 6.2 *Considere novamente o Exemplo 6.1, em que o controlador $K(s)$ da malha fechada foi aquele projetado com vistas a atender a condições de robustez da estabilidade, da rejeição de perturbação e da rejeição do erro de medida. Com esse controlador na malha fechada, a aplicação de um degrau unitário na entrada do comparador produziu na saída a resposta temporal nominal apresentada na Figura 6.8. Admita que o sobressinal resultante de 50% seja excessivo e que se deseje reduzi-lo para no máximo 5%.*

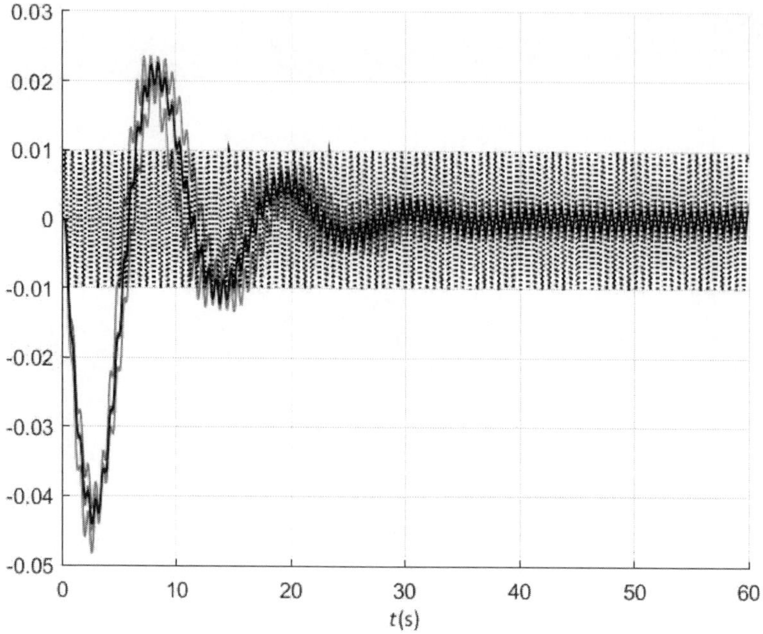

Figura 6.7 – Saída do sistema “real” para erro de medida senoidal.

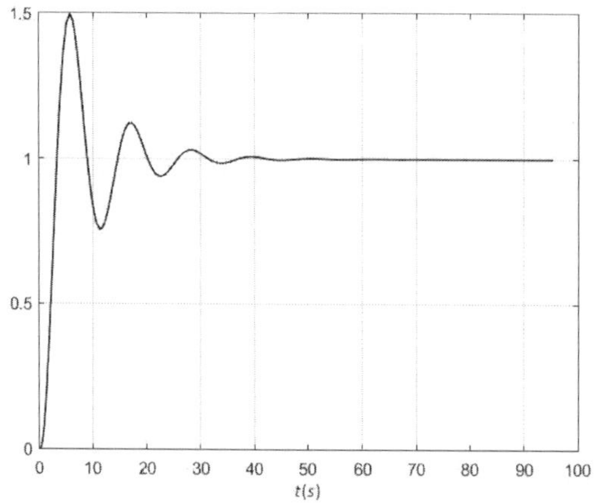

Figura 6.8 – Resposta do sistema nominal em malha fechada a degrau unitário aplicado no comparador.

- **Definição do pré-filtro**

Para reduzir o sobressinal, decide-se introduzir um pré-filtro no sistema com uma função de transferência de 2ª ordem na forma normalizada

$$F(s) = \frac{\omega_N^2}{s^2 + 2\xi\omega_N s + \omega_N^2}$$

com

$$\xi = 0.7,$$

o que resulta um sobressinal de aproximadamente 4.3% e, portanto, de acordo com o desejado.

Resta então escolher o valor do parâmetro ω_N *para definir o pré-filtro.*

Considerando que o valor do tempo de acomodação para uma faixa de 2% em torno do valor estacionário é dado por

$$t_s(2\%) = \frac{4}{\xi\omega_N}$$

e que, normalmente, é desejável que esse valor seja o menor possível, deve-se escolher o maior valor de ω_N *permitido*[1].

Como se supõe que a malha fechada tenha sido projetada adequadamente para atender a outros requisitos de projeto (no caso presente, robustez da estabilidade, da rejeição de perturbação e do erro de medida), trata-se então de escolher o valor do parâmetro de maneira a garantir a robustez da compatibilidade entre o pré-filtro e a malha fechada (equação 5.24).

Para isso, inicialmente é necessário definir ω_F *e* $\delta_F(\omega)$.

Escolhe-se em princípio

$$\delta_F(\omega) = 0.1 \qquad (\omega \in \Omega_F),$$

valor este sujeito a eventual ajuste posterior, caso a resposta temporal seja julgada insatisfatória.

Quanto à escolha do valor de ω_F*, considere que o pré-filtro deixe passar com distorção aceitável frequências até aquela em que o ganho de* F *seja maior do que -20 dB. Ou, em outras palavras, para efeitos práticos, considera-se que o pré-filtro corte as frequências acima daquela correspondente ao ganho de -20 dB. Ou seja,* ω_F *é tal que*

$$|F(j\omega_F)| = -20\text{dB}.$$

[1] O tempo de subida e o instante de pico também são mínimos nesse caso.

Por outro lado, deve-se notar que, para um sistema de 2ª ordem na forma normalizada com $\xi = 0.7$, *o ganho é menor do que -20 dB para frequências acima de aproximadamente* $3\omega_N$, *de maneira que*

$$\omega_F = 3\omega_N$$

e, portanto, o problema se reduz a definir o valor de ω_N.

A Figura 6.9 contém os gráficos de

$$\frac{|F(j\omega)|\,|T(j\omega) - 1|}{1 - l_m(\omega)|T(j\omega)|}$$

em função de ω *(veja a equação 5.24) para 5 valores de* ω_N, *igualmente espaçados em escala logarítmica entre 0.10 e 0.12 rad/s, a saber*[2],

$$\omega_N \in \{0.1000\ 0.1047\ 0.1095\ 0.1147\ 0.1200\}.$$

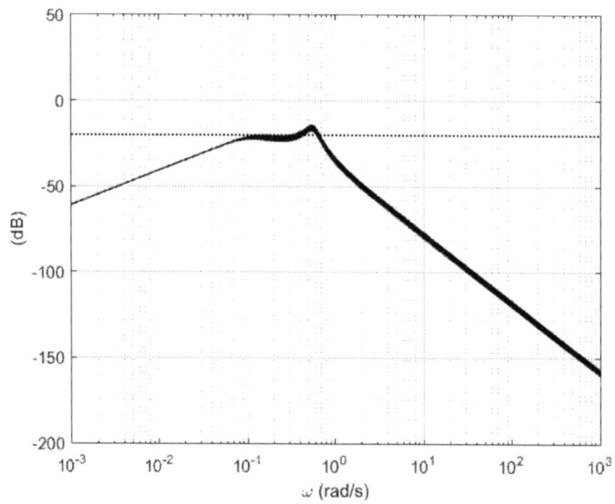

Figura 6.9 – Robustez da compatibilidade entre o pré-filtro e a malha fechada.

A Figura 6.10 mostra um zoom dos gráficos anteriores para frequências entre 0.1 e 0.45 rad/s e ganhos ligeiramente inferiores a -20 dB. Os gráficos apresentam-se ordenados de baixo para cima, de acordo com os valores crescentes de ω_N.

Observe que a curva associada ao valor de $\omega_N = 0.12$ *rad/s é a que se encontra mais próxima da linha correspondente ao valor de -20 dB, mas ainda abaixo dela, sendo por isso a mais apropriada. Assim,*

$$\omega_N = 0.12 \text{ rad/s}$$

[2]Estes valores foram obtidos após algumas tentativas.

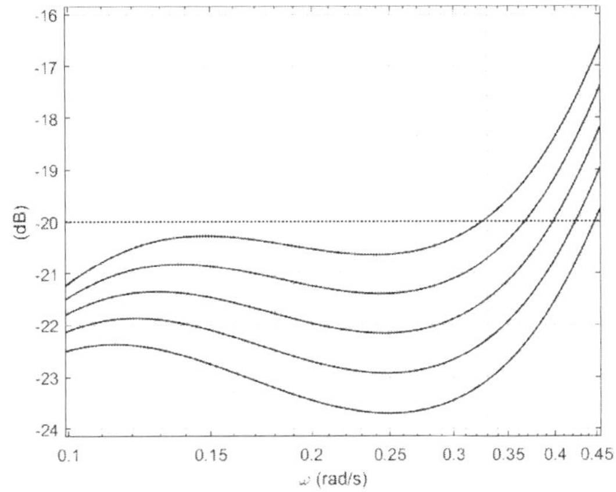

Figura 6.10 – Zoom da Figura 6.9.

e, portanto,

$$\omega_F = 0.36 \text{ rad/s}.$$

- **Validação do projeto**

Uma vez definido o pré-filtro, são realizadas simulações para fins de validação do projeto. Utiliza-se para isso o modelo "real", que inclui a flexibilidade do eixo e a incerteza nos valores do parâmetros J_L.

Para um degrau unitário aplicado no pré-filtro, a Figura 6.11 contém as saídas do sistema "real" (linhas cinzas) e nominal (linha cheia preta), assim como do pré-filtro (linha pontilhada preta).

Observe que as respostas do sistema "real" são visivelmente próximas tanto da resposta do sistema nominal como da saída do pré-filtro. Considera-se assim que não seja necessário refinar o projeto, ajustando os parâmetros escolhidos para realizá-lo.

A validação do projeto poderia terminar aqui, uma vez que as respostas a degrau do sistema "real" mostraram-se satisfatórias. No entanto, para complementar o processo de validação, os resultados a seguir são apresentados.

Para isso, é simulado o sistema "real" aplicando-se um sinal senoidal de amplitude unitária e frequência igual a $\omega_F = 0.36$ rad/s. Os erros na saída do comparador são mostrados na Figura 6.12 – em cinza, os erros do sistema "real"; em linha cheia preta, o erro para o sistema nominal; e em linha pontilhada, a senoide aplicada multiplicada por um fator de 0.1 para facilitar a comparação.

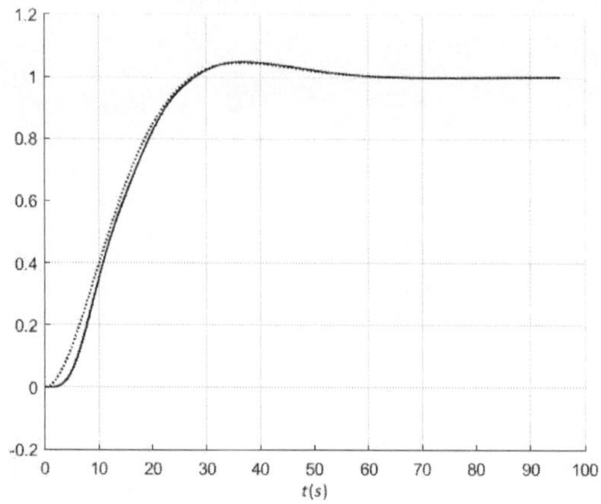

Figura 6.11 – Respostas do sistema "real", nominal e do pré-filtro para degrau aplicado no pré-filtro.

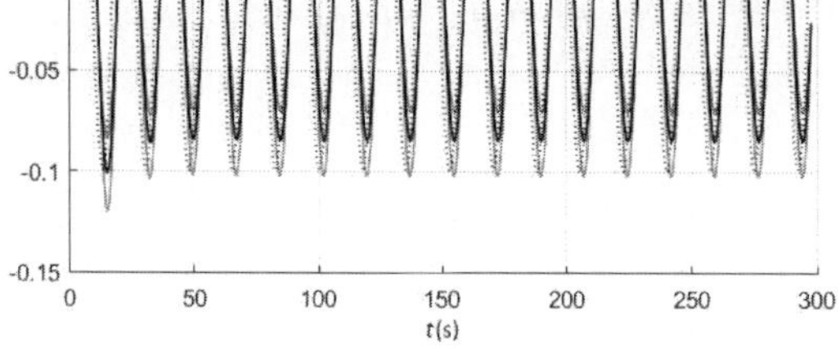

Figura 6.12 – Erros para sistemas "real" e nominal para sinal senoidal aplicado na entrada do pré-filtro.

Pode-se notar que, em regime estacionário, a amplitude do erro para o sistema "real" no pior caso é de praticamente 10%, o que está em conformidade com o valor escolhido de $\delta_F(\omega) = 0.1$.

6.4 Exemplo - Projeto da malha fechada para compatibilidade com o pré-filtro

O terceiro exemplo deste capítulo tem por objetivo ilustrar o projeto do controlador $K(s)$ de um sistema de controle com dois graus de liberdade em que o pré-filtro é dado previamente.

Exemplo 6.3 *Considere a planta da Seção 6.1. Deseja-se projetar um sistema de controle com dois graus de liberdade para o qual o pré-filtro é dado por*

$$F(s) = \frac{\omega_N^2}{s^2 + 2\xi\omega_N s + \omega_N^2},$$

em que

$$\omega_N = 0.12 \text{ rad/s}$$

e

$$\xi = 0.7.$$

As especificações de projeto são as seguintes:

- *rejeição de perturbação com erro máximo de 1% para* $\omega \leq 0.01$ *rad/s,*
- *rejeição do erro de medida com erro máximo de 1% para* $\omega \geq 10$ *rad/s e*
- *compatibilidade entre o pré-filtro e a malha fechada com tolerância de 10% para* $\omega \leq 0.36$ *rad/s.*

Observando os dois exemplos anteriores, nota-se de imediato que o controlador projetado no primeiro exemplo, a saber,

$$K(s) = \frac{2.5}{s/6 + 1},$$

resolve o problema aqui proposto.

Para mostrar que, de fato, isso é verdade, são apresentados na Figura 6.13 os diagramas de Bode relevantes para o projeto.

Obviamente as barreiras de robustez da estabilidade, da rejeição de perturbação e da rejeição do erro de medida são respeitadas, porque o compensador foi projetado para isso no primeiro exemplo.

Além disso, no segundo exemplo, o pré-filtro obtido é exatamente o mesmo dado aqui, com valores idênticos para $\delta_F(\omega)$ *e* ω_F*, e, por essa razão, era de se esperar que a especificação de compatibilidade entre o pré-filtro e a malha fechada*

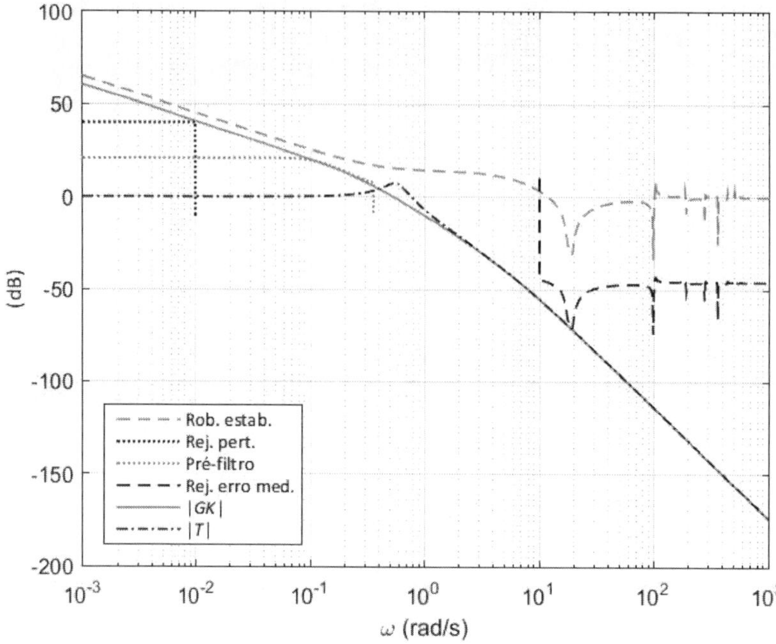

Figura 6.13 – Diagrama de Bode de $|G(j\omega)K(j\omega)|$ com as restrições de projeto para o compensador $K(s) = 2.5/(s/6+1)$.

também resultasse atendida. É interessante observar na figura que a restrição associada a essa especificação – curva pontilhada cinza – é, de fato, respeitada pelo Ganho de Malha $|GK|$ na região apropriada de frequências.

Para completar, a Figura 6.14 contém os gráficos de Bode relativos à compatibilidade entre o pré-filtro e a malha fechada.

6.5 Exemplo - Limitação do esforço de controle

O exemplo desta seção destina-se a ilustrar o projeto de um sistema de controle com uma especificação de limitação do esforço de controle.

Exemplo 6.4 *Considere novamente o Exemplo 6.1. As especificações de projeto nesse exemplo são reproduzidas a seguir:*

- *rejeição de perturbação com erro máximo de 1% para* $\omega \leq 0.01$ *rad/s e*
- *rejeição do erro de medida com erro máximo de 1% para* $\omega \geq 10$ *rad/s.*

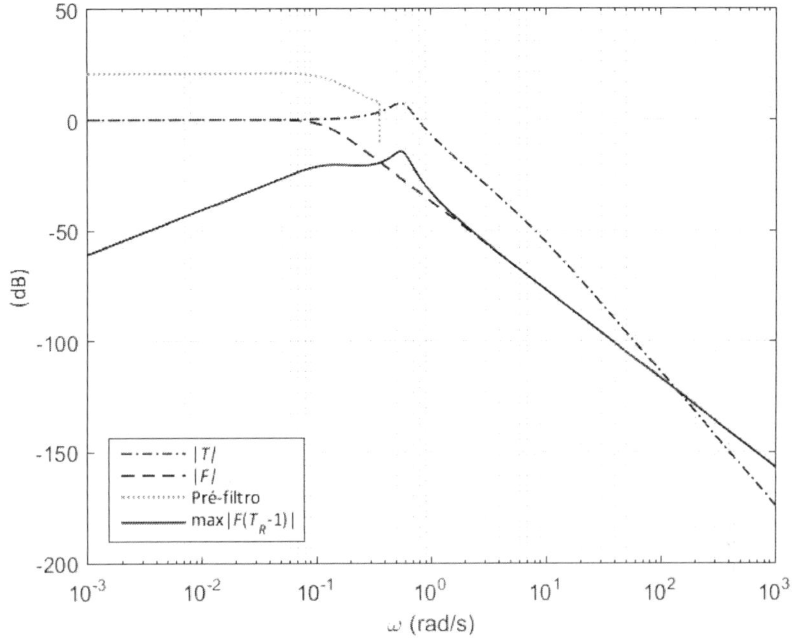

Figura 6.14 – Diagramas de Bode referentes à compatibilidade entre o pré-filtro e a malha fechada.

A Figura 6.15 mostra o esforço de controle para o sistema projetado no Exemplo 6.1, no caso em que o erro de medida é um sinal senoidal de amplitude unitária e frequência 10 rad/s. Escolheu-se o intervalo de tempo entre 50 e 60 s, quando o regime estacionário já foi atingido.

Em cinza, têm-se os sinais de controle para os sistemas "reais"; em linha preta cheia, para o nominal; e, em linha preta pontilhada, o erro de medida. Os gráficos para os sistemas "reais"e para o nominal são praticamente indistinguíveis.

Note que os sinais de controle têm amplitudes em torno de 1.25, o que significa que o erro de medida afeta o sinal de controle com uma amplificação de aproximadamente 25%.

Normalmente, tal característica não é desejável. Inclui-se então uma nova especificação de projeto para que o efeito do erro de medida sobre o sinal de controle seja de no máximo 10%, isto é,

- *limitação do esforço de controle por um fator de pelo menos 10% para* $\omega \geq 10$ *rad/s.*

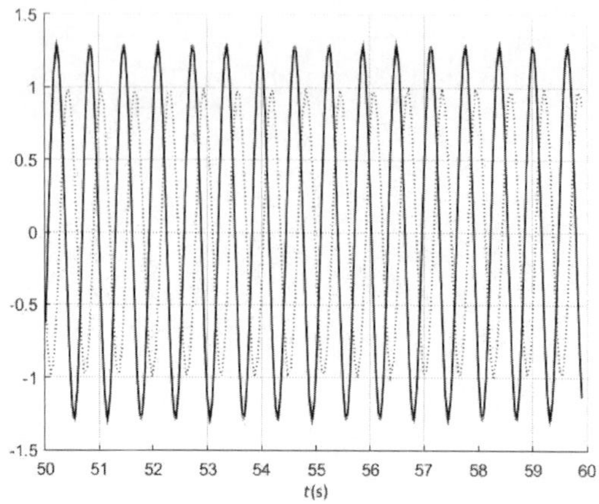

Figura 6.15 – Esforço de controle para o sistema do Exemplo 6.1.

Sendo assim,

$$\delta_u(\omega) = 0.1 \;\; para\, \omega \geq 10\, rad/s.$$

- **1ª Tentativa**

Inicia-se o procedimento de projeto considerando o mesmo compensador obtido no Exemplo 6.1, a saber, $K(s) = 2.5/(s/6+1)$. A Figura 6.16 mostra o Ganho de Malha $|G(j\omega)K(j\omega)|$ para esse caso.

Como se pode observar, obviamente as especificações referentes às rejeições de perturbação e do erro de medida são atendidas; no entanto, aquela relativa à limitação do esforço de controle não é. É necessária uma atenuação adicional de aproximadamente 22dB na frequência de 10 rad/s.

- **2ª Tentativa**

Uma primeira ideia para aumentar a atenuação em altas frequências poderia ser introduzir um polo real adicional com frequência de canto semelhante ao da 1ª tentativa. No entanto, é simples verificar que a estabilidade do sistema em malha fechada ficaria comprometida nesse caso.

Uma outra possibilidade para reduzir o ganho em altas frequência seria incluir um atrasador de fase no controlador, pois este tem uma característica de filtro

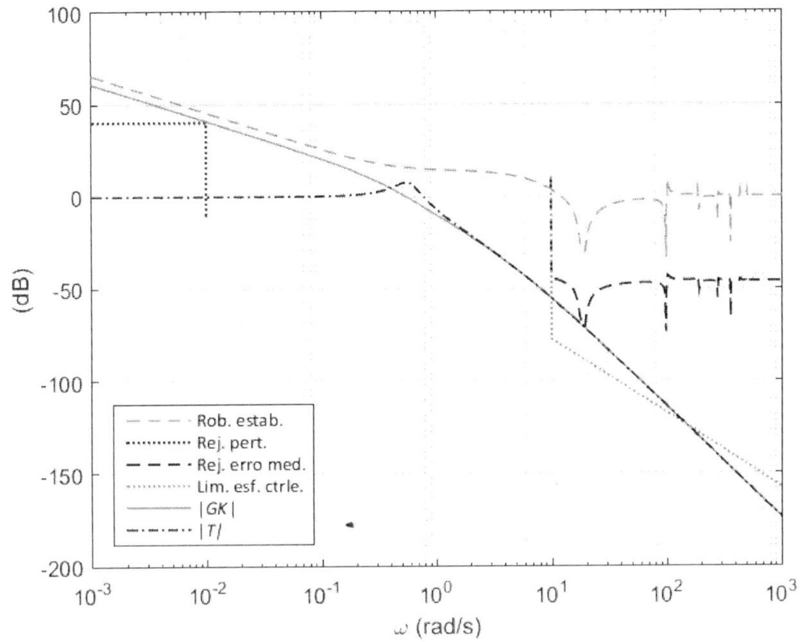

Figura 6.16 – Diagrama de Bode de $|G(j\omega)K(j\omega)|$ com as restrições de projeto para $K(s) = 2.5/(s/6 + 1)$.

passa-baixas. Assim, o controlador ficaria

$$K(s) = \frac{2.5}{s/6+1}\,0.1\frac{s+0.1}{s+0.01},$$

em que o fator 0.1 tem o propósito de manter inalterado o ganho de $K(s)$ *em baixas frequências para tentar fazer com que a barreira de rejeição de perturbação continue sendo respeitada.*

Contudo, como o polo do elemento atrasador se localiza exatamente na frequência ω_d, *ocorre uma redução de ganho de aproximadamente 3 dB, que fará com que a barreira de robustez da rejeição de perturbação seja violada. Para compensar este efeito, aumenta-se ligeiramente o ganho de* $K(s)$, *resultando então*

$$K(s) = \frac{3.5}{s/6+1}\,0.1\frac{s+0.1}{s+0.01}.$$

Outro aspecto a se considerar é que esse atrasador de fase provê uma atenuação de 20 dB em altas frequências, valor que é muito próximo dos -22 dB requeridos para que a barreira de robustez da limitação do esforço de controle seja respeitada.

Caso essa pequena diferença seja aceitável, o projeto pode ser concluído, mas admita que este não seja o caso.

Uma forma de aumentar a atenuação em altas frequências poderia ser deslocar ligeiramente para a esquerda a frequência de canto associada ao polo real do compensador – digamos, de 6 rad/s para 3 rad/s. Com isso, o compensador seria dado por

$$K(s) = \frac{0.35}{s/3+1}\,\frac{s+0.1}{s+0.01}.$$

Com esta proposta de controlador, a primeira providência é verificar se o sistema nominal é estável em malha fechada.

O Lugar Geométrico das Raízes é apresentado na Figura 6.17.

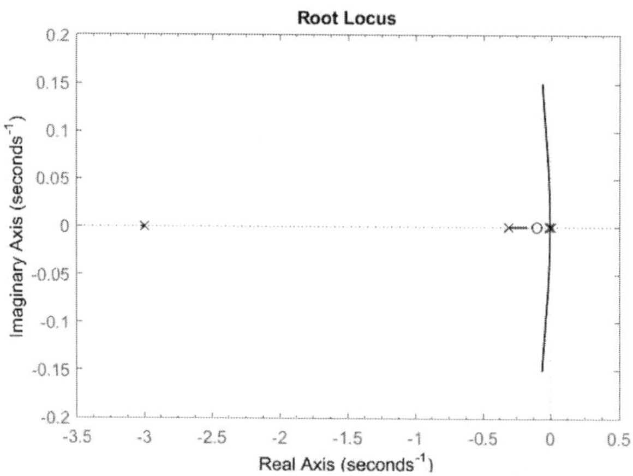

Figura 6.17 – Lugar das Raízes para o sistema com o compensador $K(s) = 0.35(s + 0.1)/[(s/3+1)(s+0.01)]$.

Os polos de malha fechada do sistema são:

$$-3.0166$$
$$-0.1774$$
$$-0.0613 \pm j0.1497$$

e, como não há cancelamentos entre polos e zeros do compensador e da planta, é assegurada a estabilidade nominal.

Constrói-se em seguida o diagrama de Bode do Ganho de Malha para esse caso (Figura 6.18).

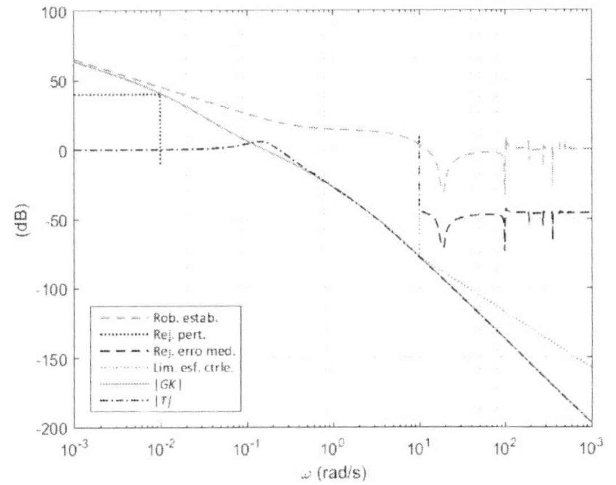

Figura 6.18 – Diagrama de Bode de $|G(j\omega)K(j\omega)|$ com as restrições de projeto para $K(s) = 0.35(s + 0.1)/[(s/3 + 1)(s + 0.01)]$.

Observe que tanto a restrição de robustez da estabilidade quanto todas as restrições de robustez do desempenho resultaram respeitadas. Com isso, o projeto está concluído.

- **Validação**

A validação do projeto no que tange às rejeições da perturbação e do erro de medida não será apresentada aqui por ser análoga à do Exemplo 6.1.

Quanto à limitação do esforço de controle, utiliza-se um sinal senoidal de frequência 10 rad/s e amplitude unitária. Os resultados das simulações com o modelo "real" e nominal são apresentados para a situação de regime estacionário na Figura 6.19. As linhas cinzas correspondem aos modelos "reais"; a preta, ao nominal; e a pontilhada preta a 10% do erro de medida.

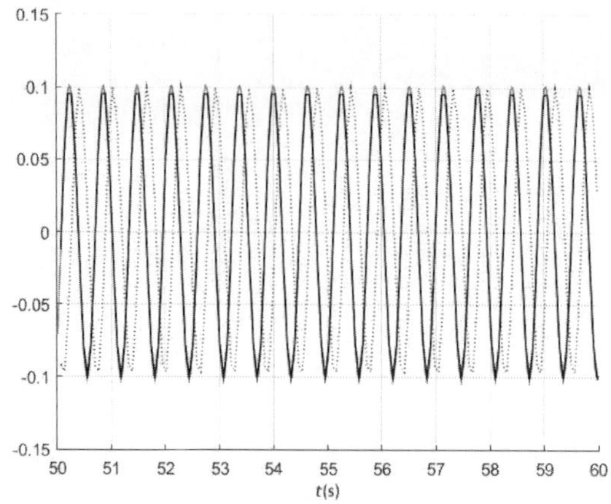

Figura 6.19 – Esforço de controle para o sistema.

Como se pode observar, as simulações estão em conformidade com a especificação de limitação do esforço de controle imposta para o regime estacionário.

6.6 Conclusão

Utilizando como exemplo um sistema eletromecânico – no qual um motor CC aciona uma carga inercial por meio de uma transmissão que inclui um eixo não totalmente rígido à torção – neste Capítulo foram elaborados diversos exemplos de projeto robusto por meio da técnica de *loop shaping*. As validações dos projetos foram realizadas por meio de simulações temporais.

O objetivo do Capítulo foi ilustrar de que forma o projeto pode ser executado, tipicamente por meio de ajustes sucessivos do compensador utilizando conceitos e ferramentas de controle clássico, de maneira a atender às restrições de robustez da estabilidade e do desempenho.

É oportuno notar que as incertezas de modelagem foram utilizadas apenas para construir as barreiras de robustez da estabilidade e do desempenho. Todo o procedimento de projeto restante foi realizado utilizando essas barreiras e o *modelo nominal*. Dessa maneira, a malha nominal é projetada para respeitar restrições previamente "deformadas" pelas incertezas de modelagem.

Também é oportuno mencionar que um instrumento que pode ser bastante útil na realização de um projeto é a Carta de Nichols. No entanto, ela não foi utilizada neste Capítulo porque uma maior desenvoltura no seu uso só deverá ser adquirida adiante, no Capítulo 7, com o estudo da técnica QFT.

Capítulo 7

Projeto via QFT

7.1 Introdução

A técnica denominada QFT (*Quantitative Feedback Theory*) é bastante simples sob o ponto de vista conceitual e também se aplica a projetos realizados no domínio da frequência, desenvolvendo-se no plano de Nichols.

Os erros do modelo são considerados por meio dos seus *templates*. Os controladores obtidos, se bem projetados, em geral costumam ter banda mais estreita do que aqueles produzidos por outras técnicas baseadas na representação não estruturada das incertezas de modelagem.

Uma característica particular desta técnica é que ela não requer identificação de um modelo nominal para a planta na forma de função de transferência. O modelo dinâmico da planta utilizado no projeto é a própria resposta em frequência desta, conhecida apenas para um conjunto discreto e finito de frequências.

Isto, aliado ao fato de que os erros de modelagem são representados na forma de *templates* – o que faz com que o projeto seja realizado na medida exata das incertezas paramétricas do modelo – é que torna a técnica QFT tão interessante na prática.

A referência [Houpis and Rasmussen, 1999] afirma que a técnica "QFT é boa para tratar de incertezas estruturadas (paramétricas), a saber, incertezas de baixas frequências e dentro da largura de banda de interesse do controlador – em oposição a outros métodos de projeto de controle robusto que se destinam a incertezas não estruturadas, isto é, dinâmicas não modeladas (por exemplo, de altas frequências)". Uma eventual inconveniência de considerar incertezas não estruturadas em QFT é que os *templates* podem resultar não conexos.[1]

Um caso particular simples de considerar incertezas estruturadas e não estruturadas simultaneamente é aquele em que a função de transferência real pode ser escrita como um produto de duas outras: i) a primeira em que se localizam apenas as incertezas paramétricas; ii) a segunda que contém as incertezas não paramétricas (dinâmicas não modeladas) [Chait et al., 1995].

Os objetivos de projeto aqui são:

- Estabilidade robusta:

  – normalmente este objetivo é imposto por meio da limitação do valor de pico de $|T(j\omega)|$, o que pode ser conseguido por meio de leitura direta na Carta de Nichols;

- Desempenho robusto:

  – acompanhamento do sinal de referência e rejeição de perturbação, o que se traduz por um alto Ganho de Malha Aberta na região de frequências de interesse;

  – compatibilidade robusta entre o pré-filtro e a malha fechada, o que também usualmente se caracteriza por um alto Ganho de Malha Aberta na região de frequências correspondente;

  – rejeição do erro de medida, o que se traduz por um baixo Ganho de Malha Aberta (ou, equivalentemente, de Malha Fechada) na região de frequências de interesse, e

  – limitação do esforço de controle.

As especificações de desempenho serão consideradas na forma de restrições sobre o Ganho de Malha Aberta para cada frequência de interesse, o que carateriza esse enfoque como sendo de *loop shaping*.

Assim como no caso da técnica H_∞, aqui também será escolhida uma planta nominal. A ideia fundamental para se garantir o atendimento da robustez da estabilidade e das especificações de robustez do desempenho é definir restrições (barreiras) no plano de Nichols, que, quando são respeitadas pelo ponto representativo da planta nominal, também são respeitadas por *todos* os pontos do

[1] A *toolbox* do Matlab [Borghesani et al., 2003] – que permite trabalhar com incertezas não estruturadas –, neste caso, preenche automaticamente os "vazios" entre os componentes dos *templates* e define um conjunto conexo que recobre estes, o que introduz um conservadorismo no projeto.

template. As restrições são construídas com base no modelo nominal e nos *templates*, e, depois disso, os *templates* não são mais utilizados. Estas questões serão discutidas mais detalhadamente adiante.

7.2 Porque o nome "*templates*"

Na Seção 3.3, discutiu-se a representação das incertezas estruturadas no plano de Nichols por meio de *templates*. O projeto por meio da técnica QFT é realizado com base nos *templates* de $G_R(j\omega_i)$ para um conjunto de n_T frequências ω_i, $1 \leq i \leq n_T$, adequadamente escolhidas pelo projetista na região de interesse para o projeto.

Note que se $K(s)$ é a função de transferência do controlador, então

$$G_R(j\omega_i)\,K(j\omega_i) = |G_R(j\omega_i)\,K(j\omega_i)| \; \underline{/G_R(j\omega_i)\,K(j\omega_i)}$$

e, portanto,

$$20\log_{10}|G_R(j\omega_i)\,K(j\omega_i)| = 20\log_{10}|G_R(j\omega_i)| + 20\log_{10}|K(j\omega_i)|, \tag{7.1}$$

Sewr

$$\underline{/G_R(j\omega_i)\,K(j\omega_i)} = \underline{/G_R(j\omega_i))} + \underline{/K(j\omega_i)}. \tag{7.2}$$

No plano de Nichols, isto significa que, para cada frequência ω_i, o controlador K apenas translada em ganho (verticalmente) e em fase (horizontalmente) o *template* de $G_R(j\omega_i)$, *sem deformá-lo*. Assim, pode-se imaginar o *template* como sendo uma *figura rígida* que se desloca no plano de Nichols por meio da ação do controlador de acordo com o valor de $K(j\omega_i)$. Esta é a razão da denominação *template* para a figura que representa todos os possíveis valores de $G_R(j\omega_i)$.

Para a aplicação da técnica QFT, escolhe-se *arbitrariamente* um ponto da fronteira[2] como sendo o da planta nominal. Apesar de a escolha ser arbitrária, é comum (embora não seja obrigatório!) escolher o ponto mais baixo à esquerda do *template*, conforme ilustrado pela Figura 7.1.

---

[2]Para *templates* simplesmente conexos – isto é, "sem buracos" –, é *necessário* e *suficiente* trabalhar apenas com um ponto da fronteira do *template* como sendo aquele que representa a função de transferência nominal da planta [Chait et al., 1995] apud [Borghesani et al., 2003]

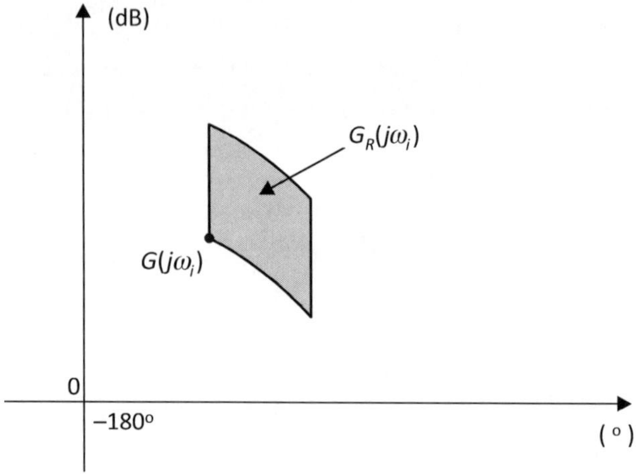

Figura 7.1 – Ilustração do *template* de $G_R(j\omega_i)$ e do ponto escolhido para representar $G(j\omega_i)$.

7.3 Estabilidade robusta

Conforme visto na seção 4.1, no caso geral[3] a robustez da estabilidade está assegurada se o sistema nominal é estável em malha fechada e se, além disso, o ponto $(-180^\circ,\ 0\,\mathrm{dB})$ não está entre os possíveis valores de $G_R(j\omega)K(j\omega)$ no plano de Nichols para todos os G_R possíveis e $\omega \in \mathbb{R}$ (Figura 7.2).

Essa forma de visualizar a questão da robustez da estabilidade, embora fundamental, na prática não é utilizada diretamente, conforme se discute a seguir. O projeto pela técnica QFT garante a robustez da estabilidade por meio de restrições sobre o ganho da sensibilidade complementar.

De início, é possível notar que a condição de estabilidade apresentada no primeiro parágrafo desta seção estará garantida se a malha fechada nominal for estável e se

$$G_R(j\omega)K(j\omega) \neq -1 \qquad (\omega \in \mathbb{R}) \tag{7.3}$$

para todas as possíveis G_R. Ou, em outras palavras, se

$$|T_R(j\omega)| = \left| \frac{G_R(j\omega)K(j\omega)}{1 + G_R(j\omega)K(j\omega)} \right| < \infty \tag{7.4}$$

[3]Para *sistemas de fase mínima*, conforme também já mencionado na mesma seção, a estabilidade em malha fechada é garantida se as margens de ganho e fase são ambas positivas. No plano de Nichols, isto significa que as curvas de resposta em frequência de $G_R(j\omega)K(j\omega)$ devem cruzar os eixos vertical e horizontal *abaixo* de 0dB e *à direita* de -180°, respectivamente.

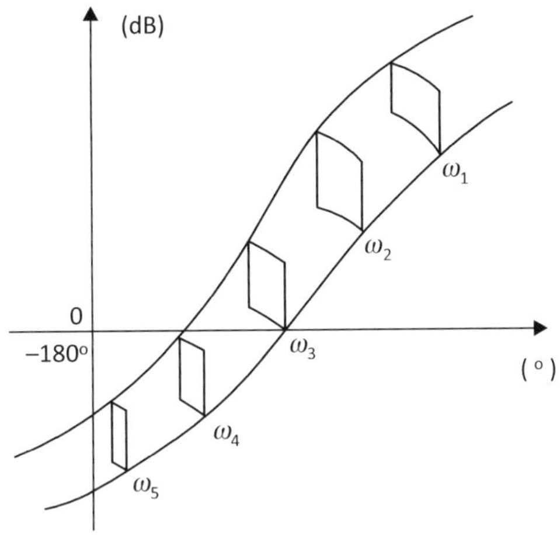

Figura 7.2 – Ilustração da condição de robustez da estabilidade.

para todos os valores de $\omega \in \mathbb{R}$.

Na prática, é necessário considerar um conjunto discreto finito de frequências $\omega_i \in \mathbb{R}$, $1 \leq i \leq n_T$. Por causa da discretização, pode então ocorrer que a condição 7.4 não seja assegurada para todos os valores de $\omega \in \mathbb{R}$, apesar de ela ser garantida para esses valores discretos de ω_i.

Assim, por segurança, em lugar da condição 7.4, impõe-se

$$\boxed{|T_R(j\omega)| \leq M \qquad (\omega \in \mathbb{R}),} \tag{7.5}$$

em que $M > 0$ é um valor fixado. Em geral, é de se esperar que, para um valor escolhido de M pequeno (isto é, para a curva de resposta em frequência distante do ponto crítico), a discretização possa ser mais grosseira e, inversamente, a discretização das frequências deva ser mais fina para um valor de M grande (isto é, para a curva de resposta em frequência próxima do ponto crítico) [Borghesani et al., 2003].

Em outras palavras, na prática não basta garantir que a condição 7.3 seja satisfeita, porque poderia haver pontos de $G_R K$ arbitrariamente próximos do ponto crítico – $(-1 + j0)$ no plano de Nyquist ou $(-180°, 0 \text{ dB})$ no plano de Nichols –, o que causaria a ocorrência de ressonâncias acentuadas no sistema de malha fechada. Conforme discussão anterior (veja a Seção 1.3.2), ressonâncias em malha fechada correspondem a polos complexos conjugados pouco amortecidos (próximos do eixo imaginário). Assim, entre as especificações de projeto, é relativamente comum ter uma que limita superiormente o pico de $|T_R(j\omega)|$ na forma da condição 7.5 [Horowitz, 1993].

Na Carta de Nichols da Figura 7.3, as curvas de nível de ganho são representadas em linha contínua, e as de fase, em linha tracejada. O lugar geométrico dos pontos de M constante ($M > 0$ dB) são curvas fechadas em torno do ponto $(-180^o, 0\,\text{dB})$.

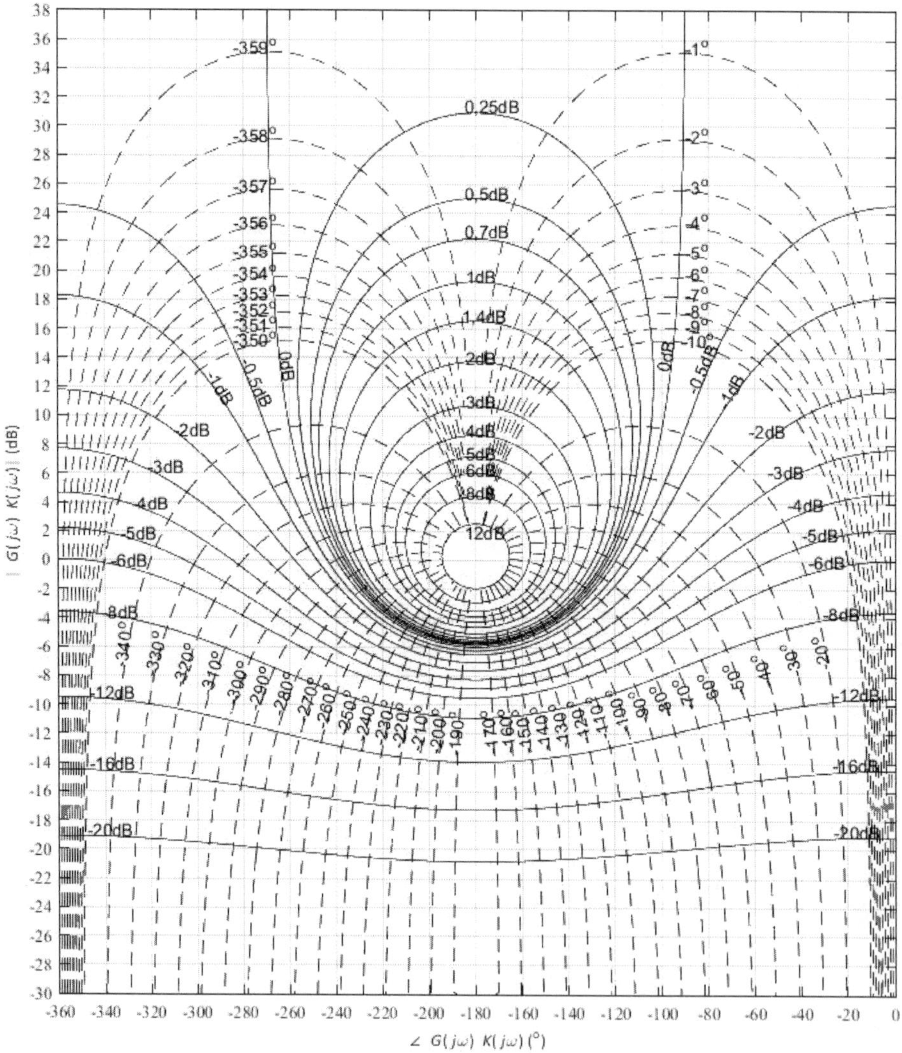

Figura 7.3 – Carta de Nichols (cortesia do prof. dr. Anselmo Bittar).

Considere uma frequência particular ω_i e o *template* correspondente a $G_R(j\omega_i)$. Lembrando que o efeito de $K(j\omega_i)$ é apenas o de transladar o *template* de $G_R(j\omega_i)$ no plano de Nichols, para garantir que o ganho de malha fechada seja menor ou igual a M para todas as possíveis plantas reais, basta que o *template* de $G_R(j\omega_i)$ não penetre no interior da curva fechada correspondente a M. Note que, desta maneira, garante-se que as malhas fechadas não apenas são estáveis para todos os valores de $G_R(j\omega_i)$ possíveis, como também que as margens de ganho e fase não assumam valores inferiores a limites mínimos.

As diversas técnicas de projeto robusto operam sempre sobre o modelo nominal, levando em conta a incerteza de modelagem associada a esse modelo. Com a técnica QFT, não é diferente: o problema que se coloca neste ponto é então determinar a restrição que deva ser obedecida pelo ponto *nominal* $G(j\omega_i)$ para que o *template* de $G_R(j\omega_i)$ permaneça no *exterior* da curva fechada associada a M.

A solução é imediata ao se imaginar o *template* como uma Figura rígida que pode se deslocar no plano de Nichols: basta transladar o *template* ao longo de todo o contorno da curva fechada correspondente a M, tangenciando-o durante o percurso, e registrar o caminho fechado percorrido pelo ponto nominal $G(j\omega_i)$. Na Figura 7.4, a curva interna, de formato semelhante ao de uma elipse, é a correspondente a M constante, enquanto que a curva externa, que a envolve, é a curva que garante que a condição $|T_R| \leq M$ seja satisfeita por todas as plantas reais associadas ao *template* de $G_R(j\omega_i)$.

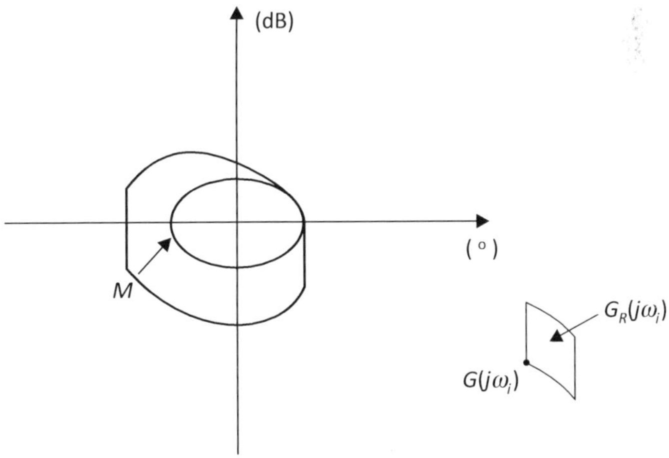

Figura 7.4 – Restrição sobre o ganho de malha fechada $|T_R| \leq M$.

Dessa maneira, a restrição original representada pela curva de M constante transforma-se em outra curva fechada "deformada" pelo *template*. É importante observar que, uma vez construída a curva "deformada", o *template* passa a não ser mais necessário, bastando considerar para o projeto apenas esta curva e o ponto nominal – por construção, se o ponto $G(j\omega_i)$ permanecer no exterior da curva "deformada", então todos os possíveis $G_R(j\omega_i)$ do *template* estarão fora da curva fechada de M.

7.4 Acompanhamento do sinal de referência

Conforme foi visto na Seção 5.1.2, se $\delta_r(\omega) \ll 1$, a condição aproximada[4] para o acompanhamento robusto do sinal de referência é dada pela equação 5.10, a saber,

$$\boxed{|G_R(j\omega)K(j\omega)| \geq \frac{1}{\delta_r(\omega)} \qquad (\omega \in \Omega_r).}$$

Ainda com respeito àquela seção, considere uma frequência qualquer ω_i de Ω_r e o correspondente *template* de $G_R(j\omega_i)K(j\omega_i)$. Ora, como a desigualdade anterior deve ser satisfeita por *todas* as funções de transferência G_RK permitidas pelo modelo de erro, isso significa que o *template* para ω_i deva se localizar *acima* da barreira $20\log_{10}[1/\delta_r(\omega_i)]$ no plano de Nichols (Figura 5.4).

Como o projeto deve ser realizado com base no modelo nominal, escolhe-se um ponto *arbitrário* da fronteira do *template* como sendo o nominal. Na Figura 7.5, o ponto escolhido foi o ponto A. Então, desloca-se a barreira para a posição da linha tracejada. Com isso, se o ponto A se localiza *acima* da barreira deslocada, então todo o *template* respeita a barreira original, e, portanto, o acompanhamento do sinal de referência é garantido com a precisão estabelecida por δ_r para *todas* as possíveis plantas reais.

Dessa maneira, em QFT utiliza-se o *template* apenas para deslocar a barreira de acompanhamento do sinal de referência. Depois disso, deixa-se de lado o *template* e passa-se a trabalhar *apenas* com o ponto que representa a planta nominal. É claro que, no caso geral, o deslocamento da barreira pode ser diferente conforme a frequência, já que o *template* varia com esta.

Neste ponto, observando a Figura 7.5, é possível que o leitor mais crítico esteja pensando que teria sido mais simples escolher o vértice mais baixo do *template*

[4]Veja o Apêndice D para o caso mais geral, em que a condição de robustez do acompanhamento do sinal de referência é expressa pela equação 5.9, a saber,

$$|1 + G_R(j\omega)K(j\omega)| \geq 1/\delta_r(\omega).$$

Na prática, contudo, em geral isto é desnecessário, porque tipicamente $\delta_r(\omega) \ll 1$.

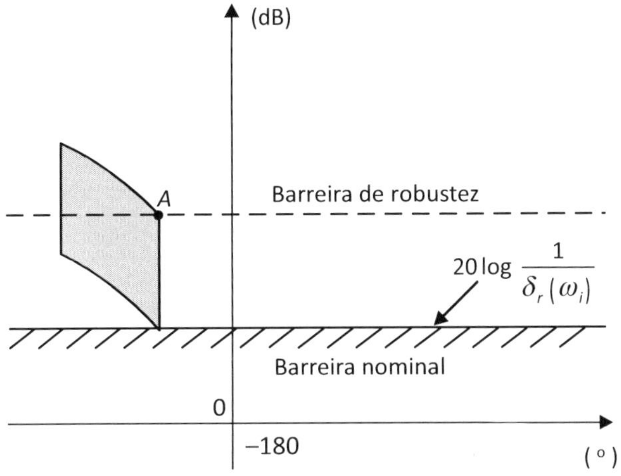

Figura 7.5 – Visualização da condição de robustez do acompanhamento do sinal de referência no plano de Nichols.

como o nominal, porque, com isso, a barreira $20\log_{10}[1/\delta_r(\omega_i)]$ não necessitaria ter sido deslocada. Isto, de fato, é verdade. Contudo, cabe lembrar que há outras restrições de projeto, por exemplo aquela referente à robustez da estabilidade (Figura 7.4) – e, para esta, a escolha de tal ponto não teria essa vantagem.

7.5 Rejeição de perturbação

Na Seção 5.2, viu-se a condição de robustez da rejeição de perturbação 5.11, a saber,

$$\frac{1}{|1 + G_R(j\omega)K(j\omega)|} \leq \delta_d(\omega) \qquad (\omega \in \Omega_d),$$

que pode ser aproximada por

$$|G_R(j\omega)K(j\omega)| \geq \frac{1}{\delta_d(\omega)} \qquad (\omega \in \Omega_d)$$

sempre que

$$\delta_d(\omega) \ll 1.$$

Esta condição deve ser satisfeita para todas as funções de transferência G_R admitidas pelo modelo de erro.

Ora, esta condição é *exatamente* a mesma que aquela referente ao acompanhamento do sinal de referência (equação 5.9) e, portanto, todos os resultados e conclusões da seção 7.4 se aplicam aqui, bastando apenas substituir Ω_r e δ_r por Ω_d e δ_d, respectivamente.

7.6 Rejeição do erro de medida

Na Seção 5.3.2, viu-se que, para uma frequência qualquer $\omega_i \in \Omega_n$, a condição de robustez da rejeição do erro de medida é expressa de forma aproximada pela equação 5.17, a saber,

$$\boxed{|G_R(j\omega_i)K(j\omega_i)| \leq \delta_n(\omega_i).}$$

Viu-se também que, como esta desigualdade deve ser satisfeita por *todas* as funções de transferência G_RK permitidas pelo modelo de erro, no plano de Nichols isso significa que o *template* para ω_i deve se localizar *abaixo* da barreira $20\log_{10}[\delta_n(\omega_i)]$ (Figura 5.7).

Considerando um ponto arbitrário da fronteira do *template* como nominal (o ponto A, por exemplo, na Figura 7.6), a barreira se desloca conforme indicado na figura. Dessa maneira, garante que, se o ponto nominal se localiza abaixo da barreira deslocada, *todos* os pontos do template de $G_R(j\omega_i)K(j\omega_i)$ respeitam a barreira $20\log_{10}[\delta_n(\omega_i)]$.

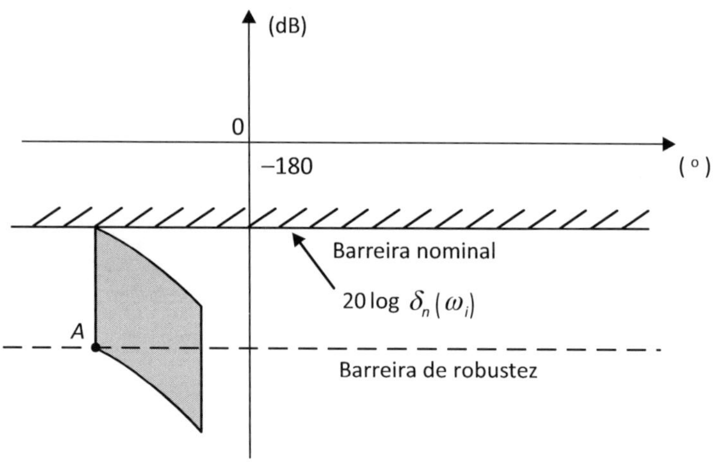

Figura 7.6 – Visualização da condição de robustez da rejeição do erro de medida no plano de Nichols.

Como anteriormente, o *template* é utilizado apenas para obter a barreira deslocada; depois disso, o projeto é realizado utilizando o ponto nominal e a barreira deslocada, podendo, a partir daí, deixar de lado o *template.*

É claro que o deslocamento da barreira pode variar com a frequência, porque, no caso geral, o *template* muda de tamanho (e de forma) com ela.

7.7 Limitação do esforço de controle

Conforme já mencionado na Seção 1.2, um dos pontos importantes a considerar no projeto de sistemas de controle diz respeito à amplificação do erro de medida. Essa amplificação pode se fazer sentir tanto sobre a saída como sobre o sinal de controle. O primeiro caso já foi considerado no estudo da rejeição do erro de medida; o efeito sobre o sinal de controle será tratado nesta seção.

A condição aproximada de limitação do esforço de controle 5.22 foi obtida na Subseção 5.4.2, a saber,

$$|K(j\omega)| \leq \delta_u(\omega) \qquad (\omega \in \Omega_n). \tag{7.6}$$

Já que o projeto é realizado com base no ponto nominal $G(j\omega_i)$ para um conjunto discreto de frequências ω_i, é conveniente multiplicar ambos os membros da última desigualdade por $|G(j\omega_i)|$ para expressá-la com base no Ganho de Malha. Com isso, obtém-se

$$\boxed{|G(j\omega_i)K(j\omega_i)| \leq \delta'_u(\omega_i) \qquad (\omega_i \in \Omega_n),} \tag{7.7}$$

em que

$$\boxed{\delta'_u(\omega_i) = \delta_u(\omega_i)|G(j\omega_i)|}$$

é, obviamente, um valor conhecido.

A desigualdade 7.7 é a condição utilizada para limitar o esforço de controle decorrente da ação do erro (ruído) de medida. No plano de Nichols da Figura 7.7, em que A representa o ponto nominal, os valores permitidos para $G(j\omega_i)K(j\omega_i)$ são aqueles localizados abaixo da reta de ordenada $20\log_{10}[\delta'_u(\omega_i)]$.

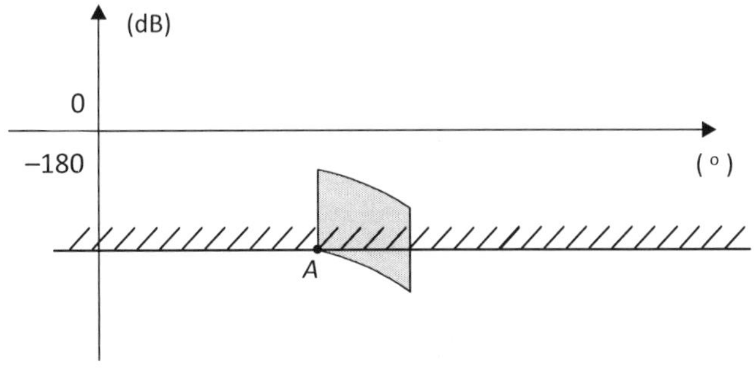

Figura 7.7 – Visualização da condição de robustez da limitação do esforço de controle no plano de Nichols.

O fato de haver pontos do *template* tanto acima quanto abaixo da barreira pode parecer um pouco estranho à primeira vista. No entanto, é óbvio que não há nada errado com isto, uma vez que a condição 7.6 *não* depende de G_R.

7.8 Sistemas com dois graus de liberdade

Nesta seção, são abordados os dois problemas referentes ao projeto de sistemas com dois graus de liberdade no que se refere ao pré-filtro.

7.8.1 Escolha do pré-filtro para compatibilidade com a malha fechada

Neste caso, a equação 5.26, aqui reproduzida para facilidade de referência:

$$|F(j\omega)| \leq \delta_F(\omega)[|G_R(j\omega)K(j\omega)| - 1] \qquad (\omega \in \Omega_F),$$

pode ser reescrita na forma

$$\frac{|F(j\omega)|}{\delta_F(\omega)} \leq |G_R(j\omega)K(j\omega)| - 1 \qquad (\omega \in \Omega_F).$$

Considerando que, para $\omega \in \Omega_F$, em geral

$$|G_R(j\omega)K(j\omega)| \gg 1,$$

então tem-se, em forma aproximada[5], a condição de projeto:

$$\boxed{\frac{|F(j\omega)|}{\delta_F(\omega)} \leq |G_R(j\omega)K(j\omega)| \qquad (\omega \in \Omega_F).} \tag{7.8}$$

É fundamental notar que esta condição tem natureza diferente das demais condições de projeto já estabelecidas, uma vez que ela representa uma *restrição sobre* F, dado que K e, portanto, G_RK são conhecidos.

Para uma dada frequência ω, a Figura 7.8 ilustra a região permitida para

$$\frac{|F(j\omega)|}{\delta_F(\omega)}.$$

[5]Optou-se por desprezar a parcela "1" nesta forma simplificada, para que a condição resultasse expressa diretamente em função de $|G_RK|$.

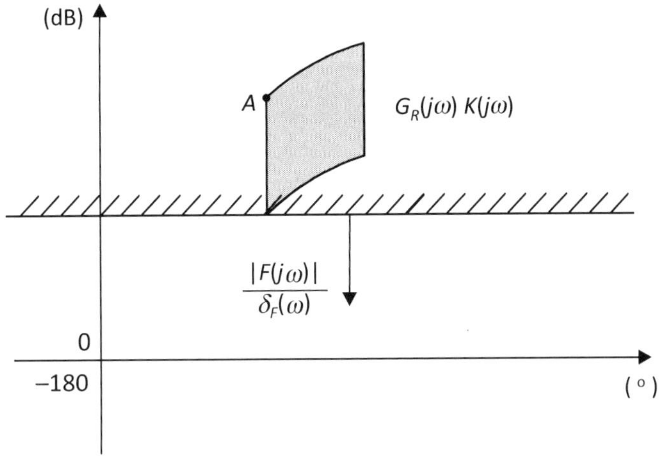

Figura 7.8 – Visualização da condição sobre F para a compatibilidade entre o pré-filtro e a malha fechada.

7.8.2 Projeto do controlador para compatibilidade entre a malha fechada e o pré-filtro

Neste caso, a condição de projeto é dada pela equação 5.31, a saber,

$$\boxed{|G_R(j\omega)K(j\omega)| \geq 1 + \frac{|F(j\omega)|}{\delta_F(\omega)} \qquad (\omega \in \Omega_F),}$$

a qual pode ser visualizada graficamente conforme ilustrado pela Figura 7.9, em que o ponto A corresponde à planta nominal.

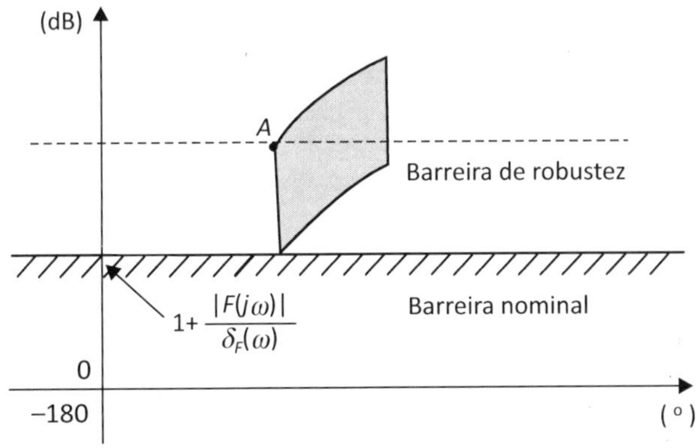

Figura 7.9 – Visualização da condição sobre GK para a compatibilidade entre o pré-filtro e a malha fechada.

7.9 Construção do controlador

O problema de projeto consiste em definir uma função de transferência $K(s)$, de maneira que sejam satisfeitas as restrições de robustez da estabilidade e de robustez do desempenho, estabelecidas sobre $G(j\omega_i)K(j\omega_i)$ para um conjunto discreto de frequências ω_i escolhidas *a priori*.

Em um processo de *loop shaping*, a definição de $K(s)$ é realizada construtivamente por meio do uso de elementos básicos:

- ganhos simples,
- polos/zeros reais simples,
- avançadores/atrasadores de fase,
- pares de polos/zeros conjugados,
- entre outros.

A partir do gráfico da resposta em frequência da planta nominal no plano de Nichols, por meio da escolha criteriosa desses elementos, passo a passo procura-se construir um compensador de maneira que as restrições mencionadas sejam satisfeitas – no caso mais comum, o compensador resultante é composto por um conjunto desses elementos básicos em cascata.

A escolha dos elementos começa com a seleção de uma das estruturas (ganho simples, avançador de fase etc.), seguida pela atribuição de valores numéricos aos parâmetros do elemento – tanto a seleção de uma das estruturas quanto a sintonia dos seus parâmetros são normalmente feitas com base no aspecto geral da sua resposta em frequência.

Nas Subseções 7.9.2 a 7.9.5 a seguir, será feita uma apresentação breve das respostas em frequência de alguns tipos de elementos usuais que podem ser úteis na construção do compensador.

Conforme será visto, excetuando o caso trivial de ganho simples, os demais elementos básicos que serão apresentados foram parametrizados de maneira que, para frequências suficientemente baixas, seus ganhos são unitários (0 dB) e suas defasagens, nulas. Sendo assim, nessas frequências, eles não têm influência sobre a resposta em frequência de malha aberta. Uma implicação *importantíssima* é que a construção do compensador pode ser realizada de baixas para altas frequências, isto é, procurando elementos que vão dando forma à resposta em frequência de malha aberta das baixas para as altas frequências. Em outras palavras, admita-se que, num certo ponto do procedimento de projeto, a resposta em frequência de malha já tenha sido ajustada adequadamente num determinado intervalo $[0\ \bar{\omega}]$; se for incluído no compensador um elemento adicional sintonizado em frequências superiores a $\bar{\omega}$, ele praticamente não alterará a resposta em frequência de malha no intervalo $[0\ \bar{\omega}]$.

7.9.1 Integradores

Como primeiro passo, naturalmente deve-se considerar a necessidade da inclusão ou não de integradores na malha. Isto precisa ser feito com base nas especificações de erros em regime estacionário para os sinais usuais (degraus, rampas e parábolas).

É interessante lembrar que os integradores têm um efeito desestabilizante sobre o sistema de malha fechada, porque deslocam no plano de Nichols a resposta em frequência de malha aberta de -90°, isto é, de 90° para a esquerda. Outra forma de visualizar essa característica é notando que o integrador acrescenta um polo na origem na função de transferência de malha aberta, o que tem claramente um efeito desestabilizante.

No caso de acompanhamento de sinais de referência, o número necessário de polos na origem é obtido somando o número daqueles já presentes no modelo da planta com o do compensador.

No caso de rejeição de perturbação, há duas situações a considerar:

- quando a perturbação é representada na saída planta, o número de polos na origem necessários é obtido exatamente como no caso do acompanhamento de sinais de referência;
- quando a perturbação é representada na entrada da planta, o número de polos na origem a considerar é apenas o do compensador.

7.9.2 Ganho simples

Neste caso,

$$K(s) = k \qquad (k \in \mathbb{R}), \tag{7.9}$$

em que, normalmente, $k > 0$.

O efeito de um ganho simples sobre o gráfico de GK no plano de Nichols é apenas transladá-lo para cima (quando $k > 1$) ou para baixo (quando $0 < k < 1$), sem introduzir qualquer alteração na fase.

7.9.3 Polos e zeros reais simples

Para polos reais simples, tem-se

$$K(s) = \frac{p}{s+p}, \tag{7.10}$$

ao passo que, para zeros reais simples,

$$K(s) = \frac{s+z}{z}, \tag{7.11}$$

sendo $p, z > 0$.

Note que, com essas parametrizações, foram consideradas funções de transferência $K(s)$ com ganho unitário em baixas frequências, de maneira que os seus efeitos se localizam apenas em médias e em altas frequências – para o caso de polo real simples, há reduções de ganho e de fase, enquanto que, para o caso de zero real simples, em médias e em altas frequências há aumentos de ganho e de fase (veja Figuras 7.10 e 7.11, respectivamente).

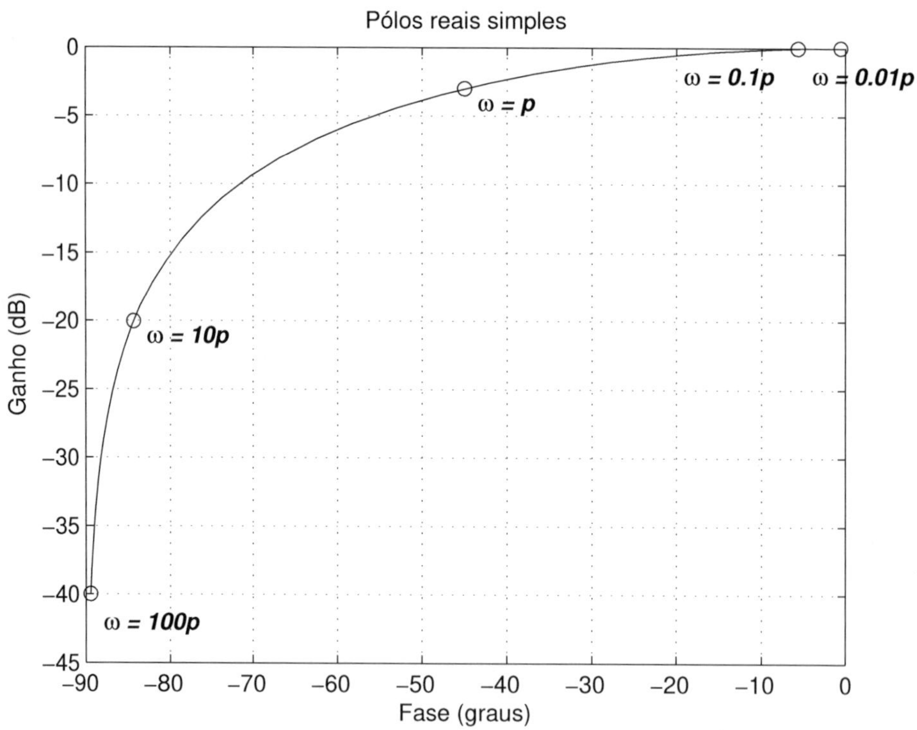

Figura 7.10 – Resposta em frequência de $K(s) = p/(s+p)$ no plano de Nichols.

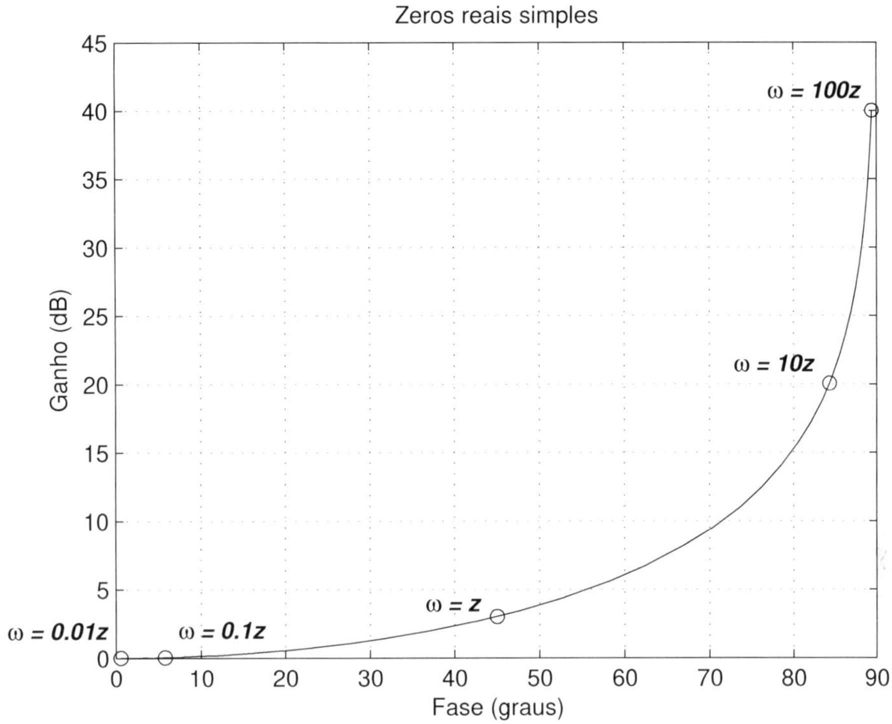

Figura 7.11 – Resposta em frequência de $K(s) = (s + z)/z$ no plano de Nichols.

7.9.4 Avançadores e atrasadores de fase

Para os avançadores de fase, considere $K(s)$ parametrizada na forma

$$K(s) = \frac{1 + sT}{1 + s\alpha T}, \tag{7.12}$$

sendo $0.1 \leq \alpha < 1$ e $T > 0$. Já para os atrasadores de fase, considere a seguinte parametrização:

$$K(s) = \frac{1 + sT}{1 + s\beta T}, \tag{7.13}$$

em que $1 < \beta \leq 10$ e $T > 0$.

Como se pode observar na Figura 7.12, em frequências suficientemente baixas os avançadores de fase têm ganho unitário (0 dB) e defasagem nula; para frequências intermediárias, tanto o ganho quanto a defasagem são positivos; para frequências suficientemente altas, o ganho tende a um valor constante positivo (que depende de α) e a defasagem tende a zero. Os avançadores de fase têm, portanto, características de filtros passa-altas.

Analogamente, os atrasadores de fase têm ganho unitário (0 dB) e defasagem nula em frequências suficientemente baixas; para frequências intermediárias, tanto o ganho quanto a defasagem são negativos; para frequências suficientemente altas, o ganho tende a um valor constante negativo (que depende de β) e a defasagem tende a zero. Os atrasadores de fase apresentam assim características de filtros passa-baixas.

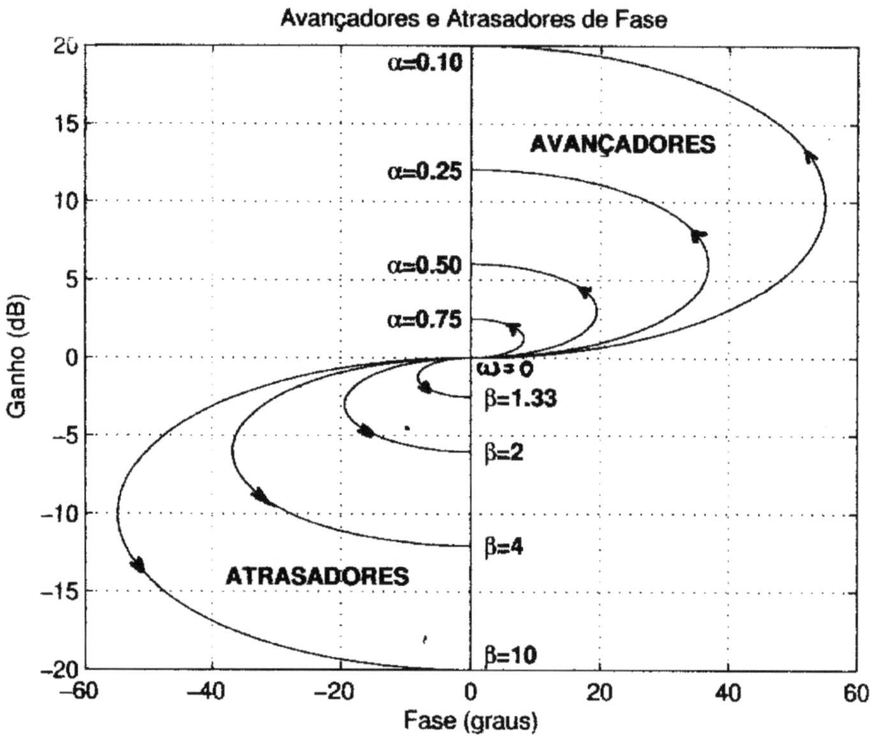

Figura 7.12 – Resposta em frequência dos avançadores e atrasadores de fase no plano de Nichols.

Comparando as respostas em frequência dos avançadores e dos atrasadores de fase, verifica-se que as curvas correspondentes a um certo valor de α e a $\beta = 1/\alpha$ são simétricas em relação ao ponto (0°, 0 dB).

7.9.5 Polos e zeros complexos conjugados

Para pares de polos complexos conjugados, foi adotada a parametrização padrão, a saber,

$$K(s) = \frac{\omega_N^2}{s^2 + 2\xi\omega_N s + \omega_N^2}. \tag{7.14}$$

De maneira análoga, para pares de zeros complexos conjugados, adotou-se

$$K(s) = \frac{s^2 + 2\xi\omega_N s + \omega_N^2}{\omega_N^2}. \tag{7.15}$$

Em ambos os casos, $0 < \xi < 1$ e $\omega_N > 0$.

A Figura 7.13 mostra, à esquerda da abscissa correspondente à fase 0°, as curvas de resposta em frequência para o caso dos polos complexos conjugados e, à direita daquela abscissa, as curvas associadas aos zeros. Em ambos os casos, o ganho tende ao valor unitário (0 dB) e a defasagem tende a 0° em baixas frequências; em altas frequências, a defasagem tende a $-180°$ e o ganho tende a zero ($-\infty$ dB) para pares de polos complexos conjugados; ao passo que, para zeros, a defasagem tende a $+180°$ e o ganho, a $+\infty$ ($+\infty$ dB). O valor de ω_N define a escala de frequências que parametriza cada curva.

Aqui também se observa a simetria das curvas em relação à origem (0°, 0 dB).

7.10 Exemplo

Exemplo 7.1

Considere-se o sistema do tipo tanque duplo esquematizado na figura 7.14.

Admita-se que o sistema esteja em regime estacionário, de maneira que a vazão de líquido que entra no Tanque 1 é igual às vazões que saem dele e do Tanque 2, permanecendo, portanto, os níveis inalterados em ambos os tanques.

Supondo que $q(t)$ *e* $h(t)$ *representem, respectivamente, pequenas variações em torno do valor estacionário da vazão de entrada do primeiro tanque e da altura de líquido no segundo tanque, o problema considerado aqui consiste em utilizar* $q(t)$ *como variável de controle para manter o nível do segundo tanque em seu valor estacionário ou, o que é o mesmo, regular* $h(t)$ *em torno de zero. Trata-se, portanto, de um problema típico de rejeição de perturbações.*

Designando por $H(s)$ *e* $Q(s)$ *as transformadas de Laplace de* $h(t)$ *e* $q(t)$*, respectivamente, sob certas condições pode-se mostrar que a função de transferência* $H(s)/Q(s)$ *do modelo linearizado "real" pode ser escrita na forma (veja*

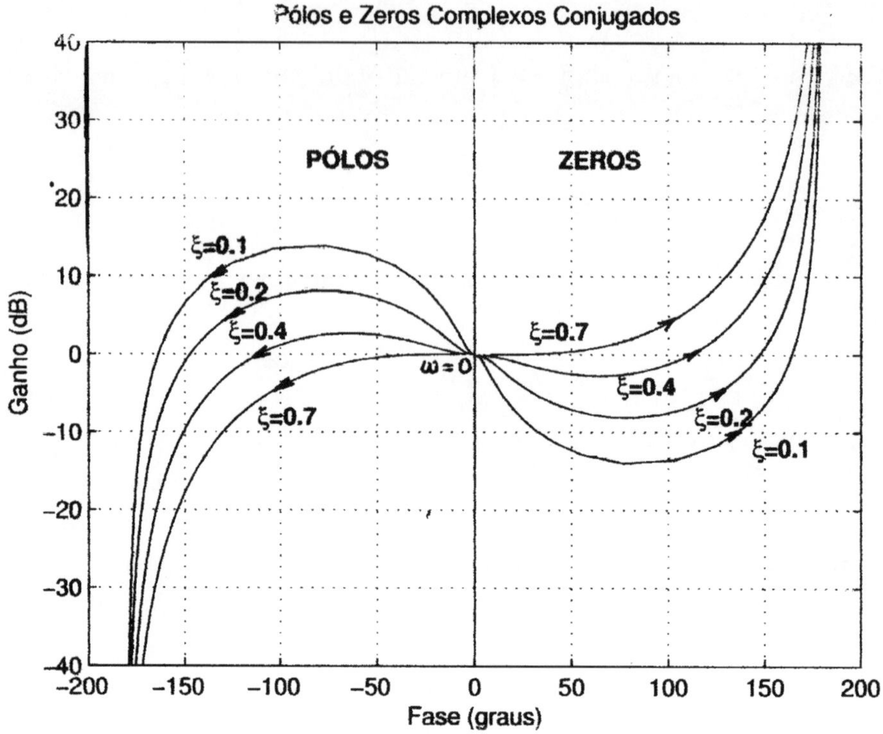

Figura 7.13 – Respostas em frequência de pares de polos e zeros complexos conjugados no plano de Nichols.

[Garcia, 2017] para maiores detalhes)

$$G_R(s) = \frac{k}{(s+p_1)(s+p_2)}. \tag{7.16}$$

Neste caso, supõe-se que a unidade em que estão expressos os polos seja min^{-1}.

Admita-se que a única incerteza relevante nos parâmetros do modelo localize-se no valor do coeficiente de vazão da válvula de saída do Tanque 1. Nesse caso, por consequência, resulta que os valores dos parâmetros k *e* p_1 *também serão incertos. Assim, suponha-se que*

$$1 \leq k \leq 2$$

e

$$1 \leq p_1 \leq 5.$$

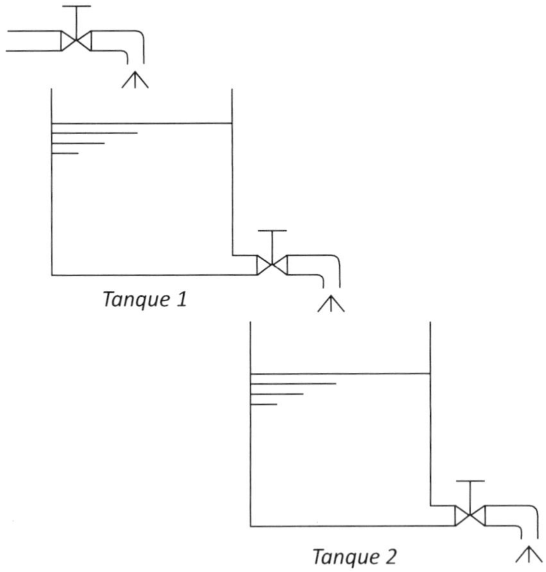

Figura 7.14 – Esquema do tanque duplo.

O valor do parâmetro p_2*, considerado isento de incertezas, é*

$$p_2 = 10.$$

Admita-se que o modelo nominal seja aquele associado aos valores extremos inferiores de k *e de* p_1*, isto é,* $k = 1$ *e* $p_1 = 1$*, ou seja,*

$$G(s) = \frac{1}{(s+1)(s+10)}.$$

Como especificações de projeto, a rejeição de perturbação deve se dar com atenuação de pelo menos 10%, isto é,

$$\delta_d(\omega) = 0.1$$

para

$$\omega \leq 10 \text{ rad/min},$$

e a rejeição do erro de medida com a atenuação de no mínimo 2%, ou seja,

$$\delta_n(\omega) = 0.02$$

para

$$\omega \geq 1000 \text{ rad/min}.$$

Adota-se $n_T = 6$ e o vetor de frequências conforme a Tabela 7.1.[6]

i	ω_i (rad/min)
1	0.1
2	1
3	10
4	35
5	100
6	1000

Tabela 7.1 – Valores adotados para as frequências.

O extremo inferior do intervalo de frequências foi escolhido igual a uma década abaixo da menor frequência de canto da planta no pior caso, ou seja, 1 rad/min; o extremo superior foi escolhido igual ao valor da frequência inferior associada à especificação de rejeição do erro de medida, isto é, 1000 rad/min. Entre os extremos, foram escolhidos valores de frequências separados entre si por uma década, exceto o valor de 35 rad/min – a razão da inclusão deste ponto deverá ficar clara adiante.

Como primeiro passo do procedimento de projeto, são construídos os templates para as frequências escolhidas (Figura 7.15).

Para a condição de robustez da estabilidade da desigualdade 7.5, o valor adotado de M foi[7]

$$M = 1.2 = 1.58 \text{ dB}$$

para ω_i, $(1 \leq i \leq 5)$, de maneira que as curvas de robustez da estabilidade deformadas pela presença do erro de modelagem são as apresentadas na Figura 7.16.

---

[6] O projeto foi realizado com o auxílio do *software* SISO-QFTIT, disponível em http://www.uned.es/itfe/QFTIT/, de autoria dos profs. Jose Manuel Díaz, Sebastian Dormido e Joaquin Aranda, da Universidad Nacional de Educación a Distancia (UNED), Espanha.

[7] Para sistemas de segunda ordem subamortecidos, o valor do pico de ressonância M_r é dado como função do coeficiente de amortecimento ξ por

$$M_r = \frac{1}{2\xi\sqrt{1-\xi^2}}.$$

Assim, para um sistema de segunda ordem (ou com polos dominantes de segunda ordem), este valor de $M = 1.2$ corresponde a um valor de $\xi = 0.475$, ou seja, a uma Margem de Fase de aproximadamente 50° – bastante razoável, portanto.

Note que, para $\omega > 100$ *rad/min,*

$$G_R(j\omega) \simeq \frac{k}{(j\omega)^2},$$

e, por consequência, os templates se reduzem praticamente ao mesmo segmento vertical que representa aquele associado a $\omega = 100$ *rad/min, apresentando-se apenas deslocados verticalmente e com fase aproximada de* -180°*. Em virtude disto, as curvas de robustez da estabilidade são quase indistinguíveis para* $\omega \geq 100$ *rad/min, portanto elas foram desenhadas apenas para* $\omega \leq 100$ *rad/min.*

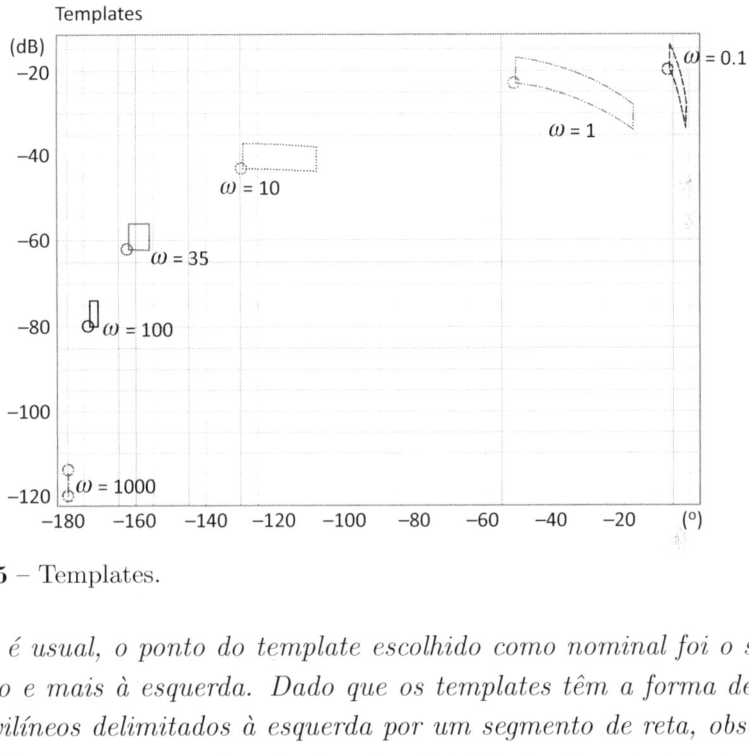

Figura 7.15 – Templates.

Como é usual, o ponto do template escolhido como nominal foi o seu vértice mais baixo e mais à esquerda. Dado que os templates têm a forma de quadriláteros curvilíneos delimitados à esquerda por um segmento de reta, observa-se na Figura 7.16 que as curvas de robustez da estabilidade são coincidentes no trecho vertical situado aproximadamente na fase de -125°*. Neste exemplo, a escolha é conveniente e simplifica o projeto do compensador, porque, na região em que as curvas coincidem, na prática tudo se passa como se houvesse uma única restrição para as diversas frequências consideradas. Note também que, do lado esquerdo, há um segmento vertical para cada frequência considerada e, se isso tivesse ocorrido do lado direito, o projeto do controlador requereria um pouco mais de atenção, pois haveria uma barreira distinta para cada frequência.*

A barreira nominal de rejeição da perturbação é aproximadamente uma reta horizontal localizada na ordenada de 20 dB, enquanto a barreira nominal de rejei-

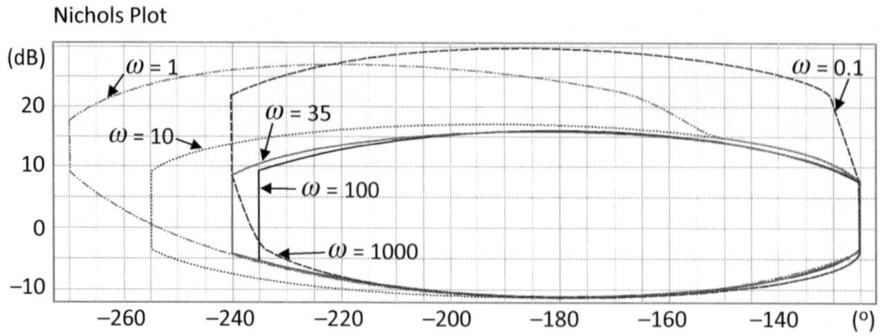

Figura 7.16 – Barreiras de robustez da estabilidade.

ção do erro de medida também é aproximadamente uma reta horizontal, porém situada na abscissa -34 dB. Essas barreiras são deslocadas pelos erros de modelagem associados aos templates, resultando então as barreiras de robustez da rejeição de perturbação e do erro de medida, mostradas na Figura 7.17 [8]. *Além disso, essa figura mostra também a resposta em frequência nominal de malha aberta. É oportuno observar que, para cada frequência, apenas as restrições mais severas estão desenhadas na figura; as demais, por estarem contidas nelas, não são obviamente restritivas para a realização do projeto.*

Como se vê, as especificações de rejeição de perturbação não são satisfeitas, porque os ganhos da malha nominal para as frequências $\omega_1 = 0.1$, $\omega_2 = 1$ *e* $\omega_3 = 10$ *rad/min são inferiores aos definidos pelas barreiras.*

Supondo que seja possível realizar fisicamente, faz-se

$$K(s) = k = 450 = 53 \text{ dB}$$

de maneira que, para as frequências $\omega_1 = 0.1$ *rad/min e* $\omega_2 = 1$ *rad/min, as especificações sejam atendidas. Veja a Figura 7.18.*

Observe, contudo, que, para $\omega_3 = 10$ *rad/min, a especificação de rejeição de perturbação não é atendida. Para satisfazê-la, é necessário aumentar o ganho de aproximadamente 11 dB. Relembrando a característica de ganho de um avançador de fase com função de transferência*

$$\frac{1 + sT}{1 + s\alpha T},$$

[8] A ligeira curvatura visível nas barreiras de robustez do desempenho é devida ao fato de que o programa *não* despreza o valor 1 perante $G_R K$ em $|1 + G_R K|$. Veja o Apêndice D para mais detalhes.

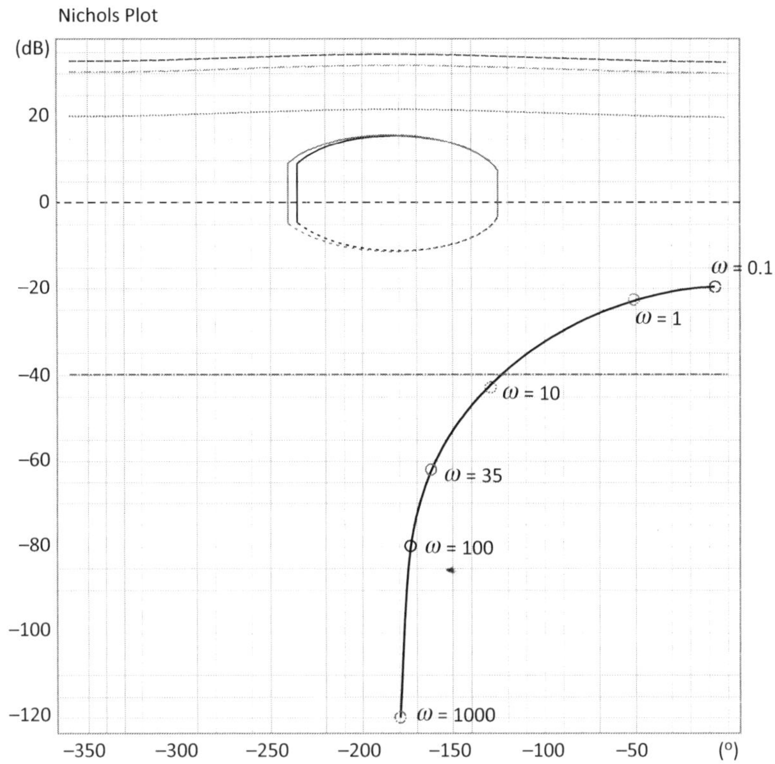

Figura 7.17 – Barreiras de robustez e resposta em frequência da planta nominal.

cuja aproximação assintótica é apresentada na Figura 7.19 e considerando que na frequência de canto há um erro de 3 dB, escolhe-se

$$20\log_{10}\frac{1}{\alpha} = 14,$$

da qual resulta

$$\alpha \simeq 0.2.$$

É escolhido o valor de 10 rad/min para a frequência de canto, ou seja,

$$\frac{1}{\alpha T} = 10$$

e, portanto,

$$T = 0.5 \text{ min}.$$

Dessa maneira, neste ponto, o compensador em construção $K(s)$ é dado por

$$K(s) = 450\,\frac{1+0.5s}{1+0.1s},$$

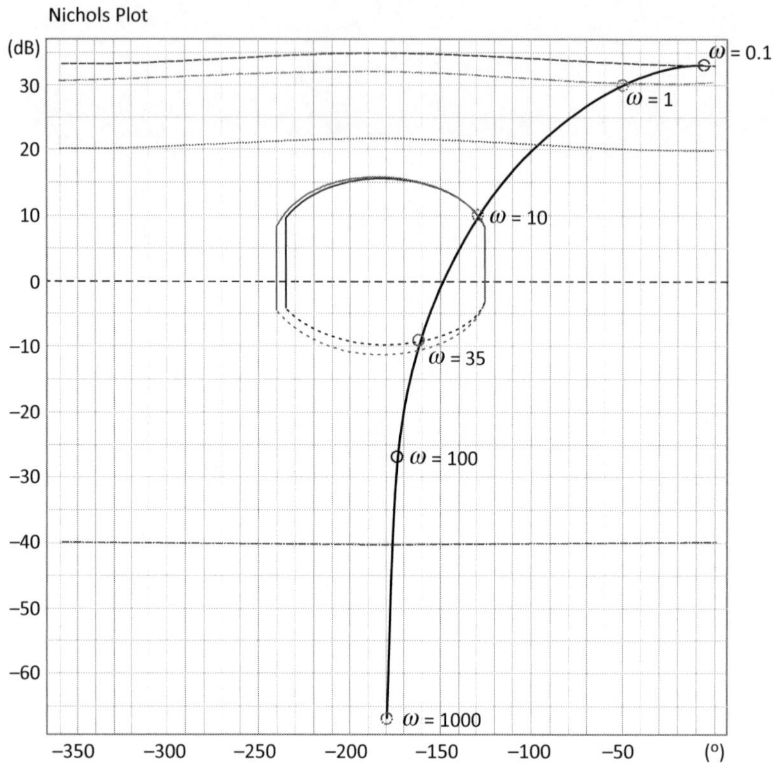

Figura 7.18 – Resposta em frequência de malha apenas com o ajuste do ganho do controlador.

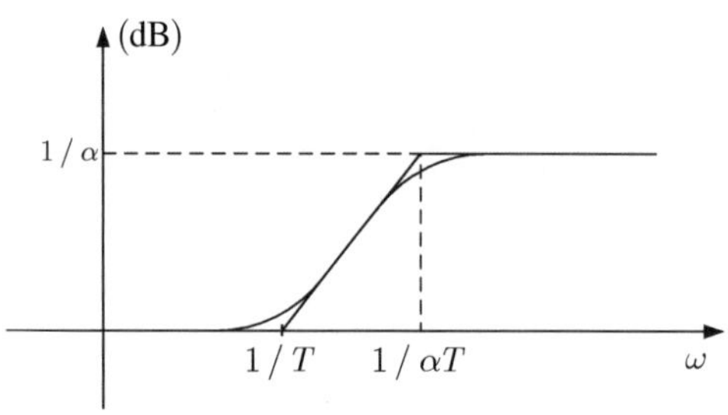

Figura 7.19 – Característica de ganho de avançador de fase.

o mesmo que

$$K(s) = 2250\,\frac{s+2}{s+10}.$$

A Figura 7.20 mostra a resposta em frequência de malha aberta nesse ponto do projeto. Como esperado, nota-se que praticamente não houve alteração no ganho de malha para frequências situadas uma década ou mais abaixo da frequência de canto do zero do avançador de fase.

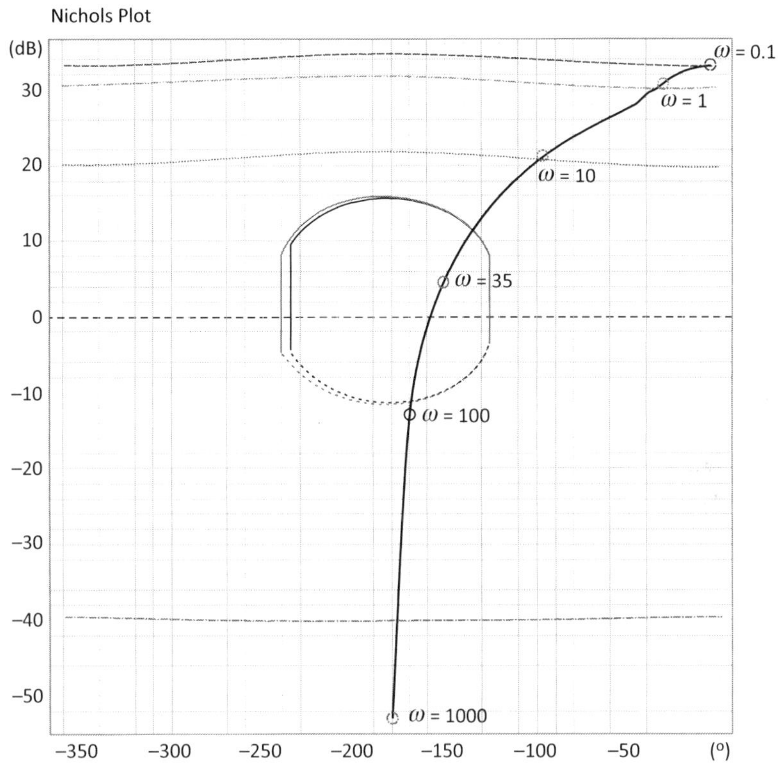

Figura 7.20 – Resposta em frequência de malha com ajuste da ganho e avançador de fase.

Observe, contudo, que a barreira de robustez da estabilidade para $\omega_4 = 35$ *rad/min não é respeitada*[9]. *É necessário deslocá-la para a direita de um valor em torno de* 25°. *Como primeira tentativa, adiciona-se a* $K(s)$ *um avançador de fase com a frequência central*

$$\omega_m = 100 \text{ rad/min}$$

e com

$$\alpha = 0.1.$$

Este elemento provê um avanço de fase de aproximadamente 55° *na frequência central e em torno de* 42° *na frequência de 35 rad/min.*

Tendo em vista que

$$\omega_m = \frac{1}{\sqrt{\alpha}T},$$

[9]Aqui, percebe-se a razão da inclusão dessa frequência intermediária entre 10 e 100 rad/min.

resulta de imediato

$$T \simeq 0.032 \text{ min.}$$

Ou seja, o avançador de fase é dado por

$$\frac{1 + 0.032s}{1 + 0.0032s},$$

de maneira que

$$K(s) = 22500 \, \frac{s + 2}{s + 10} \, \frac{s + 31.6}{s + 316.2}.$$

Verifica-se que agora a barreira de robustez da estabilidade é respeitada com uma certa folga, conforme mostra a Figura 7.21. Note novamente que a inclusão de um novo elemento avançador de fase no controlador praticamente não produziu alterações no ganho da função de transferência de malha para frequências abaixo de uma década da frequência de canto do zero do avançador.

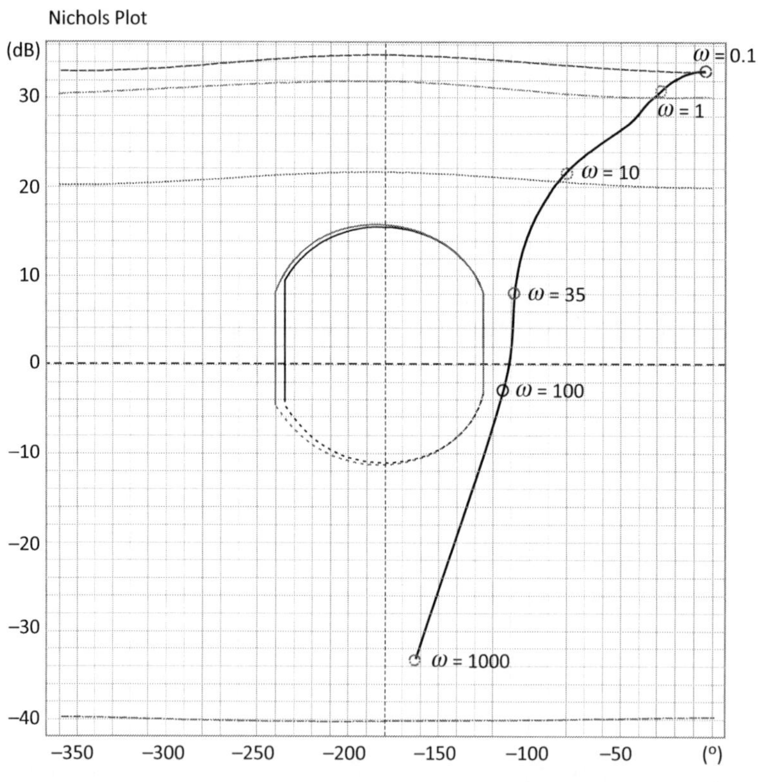

Figura 7.21 – Resposta em frequência de malha com ajuste da ganho e dois avançadores de fase.

Observe, contudo, que a especificação de rejeição do erro de medida não foi atendida, uma vez que o ganho de malha nominal para $\omega_6 = 1000$ *rad/min é superior ao estabelecido pela barreira.*

A inclusão de um polo real no compensador, na forma

$$\frac{p}{s+p},$$

pode ser suficiente para atender a essa especificação, uma vez que este elemento produz uma redução de ganho para frequências superiores à frequência de canto $\omega = p$ *associada ao polo.*

Para definir o valor de p*, é necessária uma redução de ganho de pouco mais de 6 dB na frequência de* 1000 *rad/min na Figura 7.21.*

Para frequências acima de $\omega = p$*, a assíntota do elemento tem uma declividade de* -20 *dB/déc, o mesmo que* -6 *dB/oitava. Portanto, basta escolher o polo* p *uma oitava abaixo de* 1000 *rad/min, ou seja,* $p = 500$*.*

Assim, o elemento a incluir em $K(s)$ *é*

$$\frac{500}{s+500},$$

de maneira que o compensador resulta

$$K(s) = 11250000\,\frac{s+2}{s+10}\,\frac{s+31.6}{s+316.2}\,\frac{1}{s+500}.$$

A Figura 7.22 mostra que a especificação de rejeição do erro de medida foi atendida.

Observa-se que, como o polo em -500 *não está suficientemente distante do polo em* -316.2 *do avançador de fase anterior, são introduzidas uma pequena redução de ganho e um pequeno atraso de fase nas proximidades da barreira de robustez da estabilidade correspondente à frequência* $\omega = 100$ *rad/min. No entanto, a mesma figura mostra que a barreira continua respeitada e, portanto, o projeto está finalizado.*

- **Validação**

A validação do projeto quanto às rejeições da perturbação e do erro de medida é apresentada a seguir por meio de simulações no domínio do tempo.

Para isso, foram considerados 3 valores de k*, a saber, máximo, mínimo e médio; da mesma forma, foram considerados analogamente 3 valores de* p_1*. Com isso, foram definidas, portanto, 9 plantas "reais".*

Para a rejeição de perturbação foi aplicado na saída da planta um sinal senoidal de amplitude unitária e frequência de 10 rad/min.

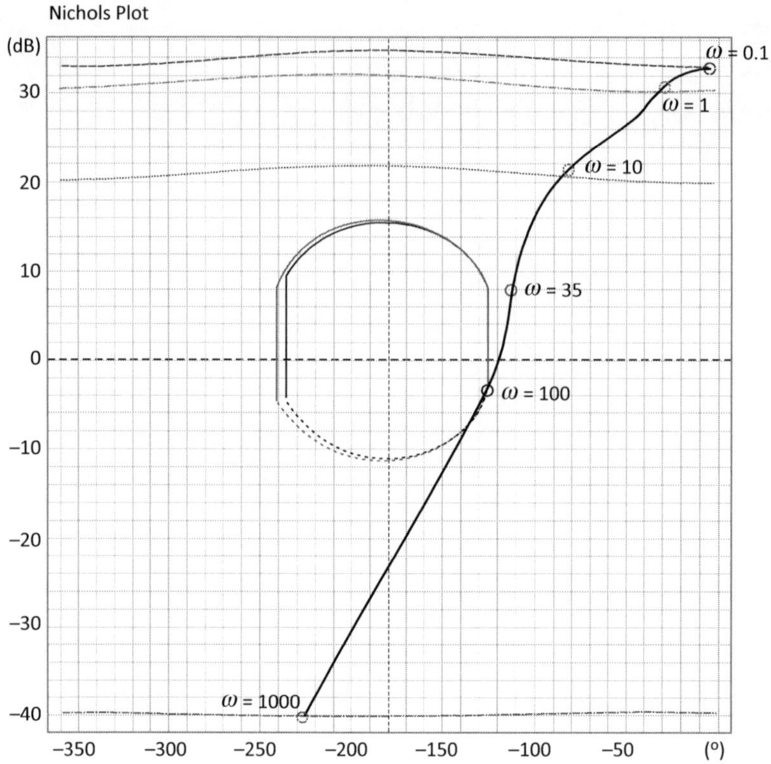

Figura 7.22 – Resposta em frequência de malha com ajuste da ganho, dois avançadores de fase e polo real.

Na Figura 7.23, são apresentados os sinais de saída para as 9 plantas "reais" (cinza) e para a planta nominal (preta). A linha pontilhada representa 10% da perturbação senoidal aplicada.

Como se observa, depois de estabelecido o regime estacionário, os resultados estão de acordo com a especificação.

Para a rejeição do erro de medida, um sinal senoidal de amplitude unitária e frequência de 1000 rad/min foi adicionado à saída da planta antes de ser realimentado.

A Figura 7.24 contém, após atingido o regime estacionário, os sinais de saída para as 9 plantas "reais" (cinza) e para a planta nominal (preta), além de 2% do erro de medida senoidal considerado (pontilhada).

Novamente se observa que os resultados estão de acordo com o especificado.

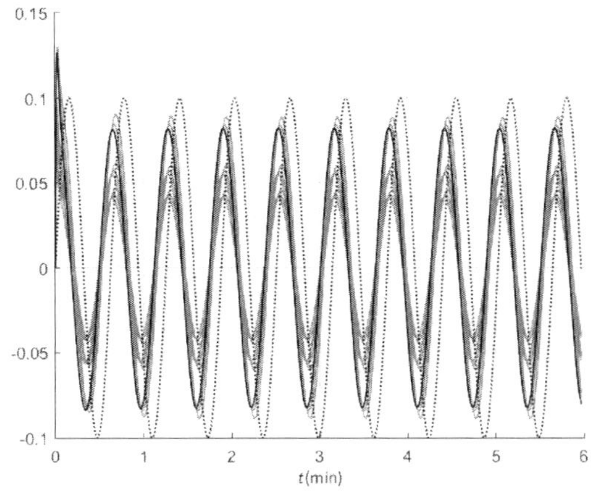

Figura 7.23 – Ilustração da capacidade de rejeição de perturbação.

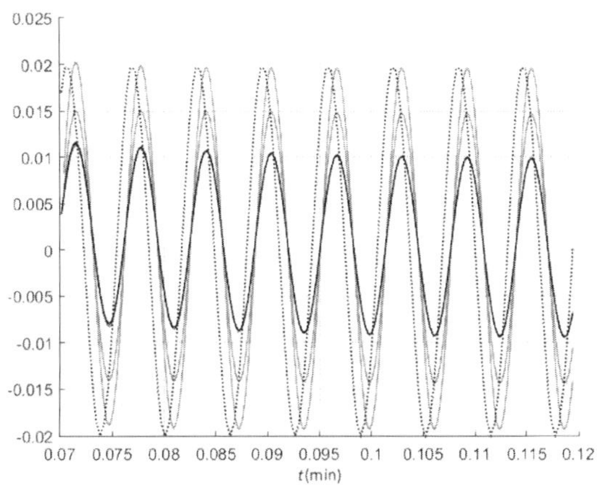

Figura 7.24 – Ilustração da capacidade de rejeição do erro de medida.

7.11 Conclusão

O objetivo deste Capítulo foi introduzir a técnica de projeto QFT.

Para isso foram consideradas em detalhes as representações das condições de projeto robusto no plano de Nichols – tanto no que se refere à estabilidade, como ao desempenho – para as incertezas de modelagem descritas por meio de *templates*.

Foi discutido também o mecanismo usual de construção do controlador, que consiste tipicamente em partir de um simples ajuste de ganho e, passo a passo, adicionar a ele elementos dinâmicos em cascata de forma a progressivamente atender às restrições de projeto no sentido das baixas para as altas frequências.

O Capítulo foi encerrado com a apresentação de um exemplo de projeto de um sistema de controle de um tanque duplo, acompanhado da correspondente validação.

Como se viu no exemplo, os *templates* foram utilizados apenas para desenhar as barreiras de robustez da estabilidade e de desempenho; daí para a frente, trabalhou-se apenas com essas barreiras e com a planta nominal. Nesse aspecto, a técnica QFT não é diferente de *loop shaping* ou de H_∞, por exemplo.

Um aspecto a ser ressaltado desta técnica é que, como modelo da planta nominal, basta ao projetista dispor da sua resposta em frequência, não sendo necessário o conhecimento da função de transferência.

Capítulo 8

Projeto via H_∞

Conforme afirmam os autores em [Skogestad and Postlethwaite, 2005], "os termos norma H_∞ e controle H_∞ são inicialmente intimidatórios e um nome que transmitisse um significado de engenharia a H_∞ teria sido melhor". A mesma referência diz que a ideia central é "pressionar para baixo o(s) pico(s) de uma ou mais funções de transferência. Entretanto, o termo H_∞, que é puramente matemático, se encontra agora estabelecido na comunidade de controle".

A técnica de controle H_∞ pressupõe que as especificações de projeto tenham sido expressas no domínio da frequência por meio de restrições sobre as funções sensibilidade $S(s)$, sensibilidade complementar $T(s)$ e $K(s)S(s)$. Essas restrições são então reescritas na forma de desigualdades envolvendo a norma H_∞ de tais funções.

É importante salientar que a opção pelo uso das funções de transferência $S(s)$, $T(s)$ e $K(s)S(s)$ no contexto do controle H_∞ se baseia exatamente na ideia central de *pressionar para baixo* os picos dessas funções já que os requisitos de projeto – tanto de robustez da estabilidade como de robustez do desempenho – foram colocados na forma de limitantes superiores para $|S(j\omega)|$, $|T(j\omega)|$ e $|K(j\omega)S(j\omega)|$.

O problema de projeto se resume, como já visto anteriormente, em obter uma função de transferência do compensador $K(s)$ de maneira que a malha nominal seja estável e essas restrições sejam obedecidas. Os softwares modernos de auxílio a projeto, como o Matlab e o Scilab, permitem resolver o problema numericamente, calculando $K(s)$.

Os objetivos deste capítulo são:

- reescrever as condições de projeto dos Capítulos 4 e 5 como desigualdades envolvendo a norma H_∞;

- estabelecer um novo paradigma de controle – que envolve a chamada *planta generalizada*, definida adiante –, escrevendo o problema resultante na forma de modelo de estados.

Este segundo objetivo facilita significativamente a obtenção da solução numérica do problema de projeto.

Resumindo, o problema do projetista consiste em definir os objetivos de projeto no domínio da frequência e escrevê-los na forma apropriada para a formulação H_∞. A partir daí, o cálculo do compensador $K(s)$ é realizado usando-se um software de auxílio a projeto. O preço pago pela *automatização* do projeto está na ordem elevada do compensador obtido, o que, em geral, requer que um procedimento de redução de ordem seja aplicado ao $K(s)$ obtido.

Neste capítulo, o erro de modelagem é representado na forma multiplicativa por meio da função l_m.

8.1 Preliminares

Seja $F(s)$ uma função de transferência real, racional, estável[1] e própria.

Definição 8.1 – Norma H_∞ *[Francis, 1987]*

A norma H_∞ de F, denotada por $\|F\|_\infty$, é definida como

$$\|F\|_\infty = \sup_{\omega \in \mathbb{R}} |F(j\omega)|. \tag{8.1}$$

Deve-se observar que, quando a função $|F(j\omega)|$ atinge um valor *máximo* para $\omega \in \mathbb{R}$, então esta definição é a mesma que

$$\|F\|_\infty = \max_{\omega \in \mathbb{R}} |F(j\omega)|.$$

A Figura 8.1 ilustra graficamente o significado de $\|F\|_\infty$ tanto no diagrama de Bode, quanto no diagrama de Nyquist.

Da definição de norma H_∞, note que, se

$$\|F\|_\infty < b$$

para um certo valor de $b \in \mathbb{R}^+$, então

$$|F(j\omega)| < b \qquad (\omega \in \mathbb{R}).$$

[1] Note que, sendo $F(s)$ estável, ela não tem polo no eixo imaginário, e, portanto, o valor de $F(j\omega)$ está bem definido para todo $\omega \in \mathbb{R}$.

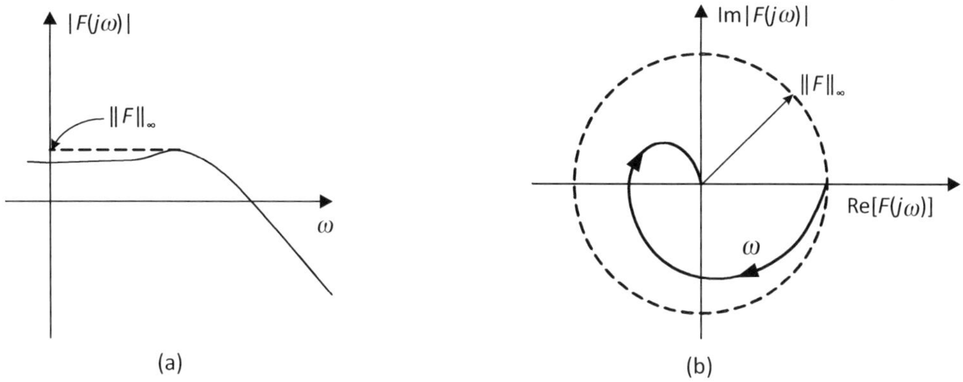

Figura 8.1 – Ilustrações de $\|F(s)\|_\infty$ **(a)** no diagrama de Bode e **(b)** no de Nyquist.

Por outro lado, se

$$|F(j\omega)| < b \qquad (\omega \in \mathbb{R}),$$

então

$$\|F\|_\infty \leq b.$$

Para a norma H_∞ (como, aliás, para *qualquer* norma) vale a *Desigualdade Triangular*.

Propriedade 8.1 – Desigualdade Triangular

$$\|F + G\|_\infty \leq \|F\|_\infty + \|G\|_\infty$$

Uma propriedade importante da norma H_∞ é que vale a *Desigualdade de Schwarz*.

Propriedade 8.2 – Desigualdade de Schwarz

$$\|F\,G\|_\infty \leq \|F\|_\infty\,\|G\|_\infty$$

Para um vetor de funções complexas $F(s) = [f_1(s), f_2(s), \ldots f_n(s)]^T$, define-se $\|F\|_\infty$ da seguinte maneira:

Definição 8.2 – Norma H_∞ de um Vetor de Funções

$$\|F\|_\infty = \sup_\omega \sqrt{\sum_{i=1}^{n} |f_i(j\omega)|^2}. \tag{8.2}$$

Veja o Apêndice E para maiores detalhes.

8.2 Robustez da estabilidade

No caso em que o erro de modelagem é representado na forma multiplicativa por meio da função l_m, a condição de robustez da estabilidade havia sido obtida na seguinte forma (veja a equação 4.3):

$$|T(j\omega)| < \frac{1}{l_m(\omega)} \qquad (\omega \in \mathbb{R}),$$

a qual, tendo em vista que $l_m(\omega) > 0$, pode ser reescrita como

$$|l_m(\omega)\, T(j\omega)| < 1 \qquad (\omega \in \mathbb{R}). \tag{8.3}$$

Seja $W_3(s)$ uma função real, racional, estável e de fase mínima tal que

$$l_m(\omega) \leq |W_3(j\omega)| \qquad (\omega \in \mathbb{R}), \tag{8.4}$$

conforme ilustrado pela Figura 8.2. Então, em vista da definição 8.1, uma condição suficiente para 8.3 é que

$$\boxed{\|W_3\, T\|_\infty < 1.} \tag{8.5}$$

Esta é a condição de robustez da estabilidade expressa na forma requerida pela técnica H_∞.

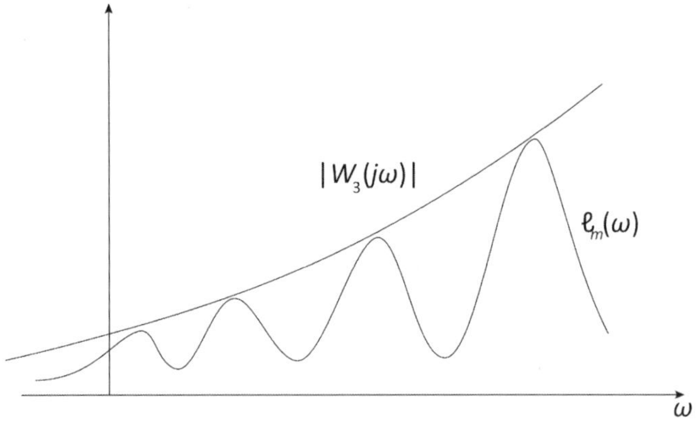

Figura 8.2 – Ilustração de $|W_3|$.

A função W_3 é chamada de *função de ponderação.* Note que, ao escolhê-la satisfazendo 8.4, é interessante que a "folga" existente entre os gráficos de l_m e $|W_3|$ seja o menor possível para que a condição de robustez da estabilidade 8.5 acrescente o mínimo de conservadorismo ao projeto.

8.3 Robustez do desempenho em baixas frequências

Conforme visto, o desempenho em baixas frequências engloba, no caso mais geral, o acompanhamento do sinal de referência, a rejeição de perturbação e a compatibilidade entre o pré-filtro – suposto dado – e a malha fechada.

No Capítulo 5, sob a hipótese de que

$$l_m(\omega) < 1 \qquad (\omega \in (\Omega_r \cup \Omega_d \cup \Omega_F)),$$

foram obtidas as condições de robustez do desempenho em baixas frequências expressas em termos da sensibilidade, a saber,

- Acompanhamento do sinal de referência (equação 5.8):

$$|S(j\omega)| \leq [1 - l_m(\omega)]\delta_r(\omega) \qquad (\omega \in \Omega_r), \tag{8.6}$$

- Rejeição de perturbação (seção 5.2):

$$|S(j\omega)| \leq [1 - l_m(\omega)]\delta_d(\omega) \qquad (\omega \in \Omega_d), \tag{8.7}$$

- Compatibilidade entre o Pré-Filtro e a Malha Fechada (equação 5.29):

$$|S(j\omega)| \frac{\leq [1 - l_m(\omega)]\delta_F(\omega)}{|F(j\omega)|} \qquad (\omega \in \Omega_F). \tag{8.8}$$

Seja $W_1(s)$ uma função real, racional, estável e de fase mínima, de forma que

$$\frac{1}{|W_1(j\omega)|} \begin{cases} \leq \; [1 - l_m(\omega)]\delta_r(\omega) & (\omega \in \Omega_r) \\ \leq \; [1 - l_m(\omega)]\delta_d(\omega) & (\omega \in \Omega_d) \\ \leq \; \frac{[1 - l_m(\omega)]\delta_F(\omega)}{|F(j\omega)|} & (\omega \in \Omega_F) \\ \text{suficientemente grande} & (\omega \notin (\Omega_r \cup \Omega_d \cup \Omega_F)) \end{cases} . \tag{8.9}$$

Os gráficos de $1/|W_1(j\omega)|$ e das restrições de desempenho são ilustrados na Figura 8.3.

Sendo assim, para W_1 definida conforme a equação 8.9, uma condição suficiente para a validade das equações 8.6, 8.7 e 8.8 é que

$$|W_1(j\omega)\, S(j\omega)| \leq 1 \qquad (\omega \in \mathbb{R}). \tag{8.10}$$

Ou seja,

$$\boxed{\|W_1\, S\|_\infty \leq 1.} \tag{8.11}$$

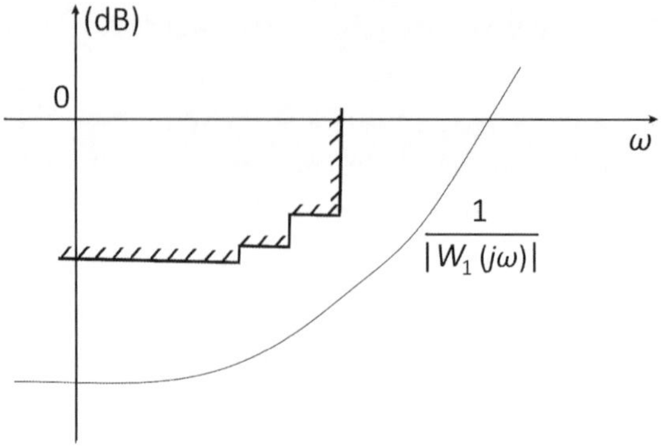

Figura 8.3 – Ilustração de $1/|W_1|$ para desempenho robusto em baixas frequências.

Note que, por $|W_1(j\omega)|$ ser suficientemente pequena para $\omega \notin (\Omega_r \cup \Omega_d \cup \Omega_F)$, a sensibilidade fica "livre" nessa região de frequências, isto é, não há aí uma restrição significativa sobre a sensibilidade[2].

Note também que, para a função $W_1(s)$ referida na equação 8.9, vale

$$|W_1(j\omega)| \begin{cases} \geq \frac{1}{[1-l_m(\omega)]\delta_r(\omega)} & (\omega \in \Omega_r) \\ \geq \frac{1}{[1-l_m(\omega)]\delta_d(\omega)} & (\omega \in \Omega_d) \\ \geq \frac{|F(j\omega)|}{[1-l_m(\omega)]\delta_F(\omega)} & (\omega \in \Omega_F) \\ \text{suficientemente pequena} & (\omega \notin (\Omega_r \cup \Omega_d \cup \Omega_F)) \end{cases}, \quad (8.12)$$

conforme ilustra a Figura 8.4. Assim, $|W_1|$ representa uma restrição inferior para o ganho da função de transferência diferença de retorno $|1+GK|$.

O Apêndice B contém uma discussão complementar a respeito de uma forma alternativa bastante usual de exprimir a condição de robustez do desempenho em baixas frequências, que é encontrada frequentemente na literatura [Skogestad and Postlethwaite, 2005].

8.4 Robustez da rejeição do erro de medida

Na Seção 5.3.1, a condição de robustez da rejeição do erro de medida foi expressa em termos da sensibilidade complementar T pela equação 5.16, a saber,

$$|T(j\omega)| \leq \frac{\delta_n(\omega)}{1+l_m(\omega)} \qquad (\omega \in \Omega_n),$$

[2] A seção 8.10 argumenta que não é conveniente a sensibilidade ser livre a ponto de atingir valores elevados sob pena de ocorrerem ressonâncias e baixos valores das margens de estabilidade e da margem de módulo.

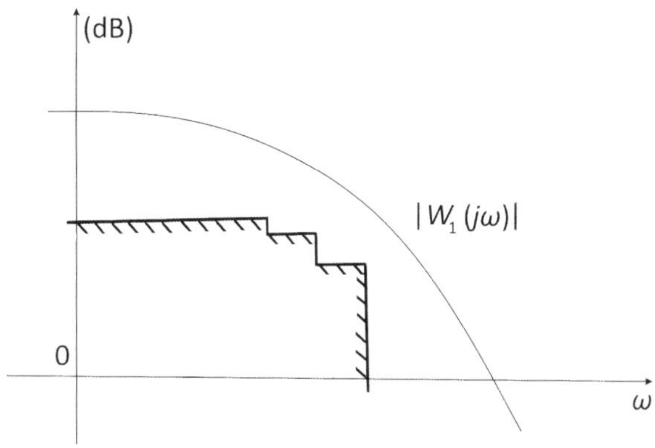

Figura 8.4 – Ilustração de $|W_1|$ para desempenho robusto em baixas frequências.

a qual pode ser reescrita de imediato na forma

$$\left|\frac{1+l_m(\omega)}{\delta_n(\omega)}T(j\omega)\right| \leq 1 \qquad (\omega \in \Omega_n).$$

Tendo em vista que essa condição envolve T e é semelhante à condição de robustez da estabilidade 8.3, percebe-se que basta redefinir a função de ponderação $W_3(s)$ real, racional, estável e de fase mínima, de forma que

$$|W_3(j\omega)| \begin{cases} \geq \; l_m(\omega) & (\omega \notin \Omega_n) \\ \geq \; \frac{1+l_m(\omega)}{\delta_n(\omega)} & (\omega \in \Omega_n), \end{cases} \tag{8.13}$$

para que as condições de robustez da estabilidade e de rejeição do erro de medida (veja a Figura 8.5) sejam consideradas conjuntamente em

$$\boxed{\|W_3 T\|_\infty < 1.} \tag{8.14}$$

8.5 Compromisso entre os requisitos de projeto em baixas e altas frequências

As funções racionais de ponderação $W_1(s)$ e $W_3(s)$ têm alguma arbitrariedade em sua escolha, dado que elas foram introduzidas por meio de desigualdades. Há, contudo, uma restrição a que elas devem obedecer [Chiang and Safonov, 1992].

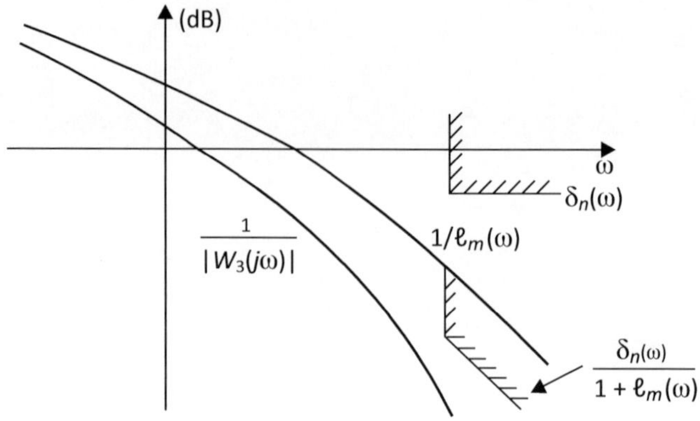

Figura 8.5 – Ilustração das restrições referentes à robustez da estabilidade e à robustez da rejeição do erro de medida.

Para verificar isto, note que a condição de robustez do desempenho em baixas frequências (equação 8.11) pode ser reescrita como

$$|S(j\omega)| \leq \frac{1}{|W_1(j\omega)|} \qquad (\omega \in \mathbb{R}), \tag{8.15}$$

enquanto que a condição de robustez da estabilidade conjuntamente com a da Robustez da Rejeição do Erro de Medida pode ser reescrita na forma (equação 8.14)

$$|T(j\omega)| < \frac{1}{|W_3(j\omega)|} \qquad (\omega \in \mathbb{R}). \tag{8.16}$$

Contudo, conforme a equação 1.23,

$$S(j\omega) + T(j\omega) = 1 \qquad (\omega \in \mathbb{R})$$

e, portanto,

$$|S(j\omega) + T(j\omega)| = 1 \qquad (\omega \in \mathbb{R}). \tag{8.17}$$

Da Desigualdade Triangular, tem-se

$$|S(j\omega) + T(j\omega)| \leq |S(j\omega)| + |T(j\omega)| \qquad (\omega \in \mathbb{R})$$

e, tendo em vista as equações 8.15, 8.16 e 8.17, resulta

$$\boxed{\frac{1}{|W_1(j\omega)|} + \frac{1}{|W_3(j\omega)|} > 1 \qquad (\omega \in \mathbb{R}).} \tag{8.18}$$

Assim, essa desigualdade mostra que as funções $W_1(s)$ e $W_3(s)$ *não* podem ser *arbitrárias* para que o problema de projeto tenha solução. Ela mostra que, para qualquer valor de ω, $W_1(j\omega)$ e $W_3(j\omega)$ não podem ser simultaneamente grandes ($|W_1(j\omega)|$, $|W_3(j\omega)| \gg 1$).

A condição está relacionada com o compromisso que há entre as especificações de desempenho em baixas frequências e as restrições de altas frequências referentes à robustez da estabilidade e à rejeição do erro de medida. Conforme já discutido na Seção 2.8, é necessário que haja espaço suficiente entre a região de baixas frequências – em que o ganho de malha aberta deve ser elevado (sensibilidade baixa) – e a região de altas frequências – em que o ganho deve ser reduzido (sensibilidade complementar baixa).

8.6 Limitação do esforço de controle

Conforme já mencionado na Seção 1.2, um dos pontos importantes a considerar no projeto de sistemas de controle diz respeito à amplificação do erro de medida. Essa amplificação pode se fazer sentir tanto sobre a saída da planta como sobre o sinal de controle. O primeiro caso já foi considerado em detalhes no estudo da rejeição do erro de medida; o efeito do erro de medida sobre o sinal de controle será tratado nesta seção.

Mostrou-se na Seção 5.4.1 que a condição de robustez da limitação do esforço de controle para o caso em que a incerteza de modelagem é expressa por meio da função l_m (veja equação 5.20) é dada por

$$|K(j\omega)S(j\omega)| \leq \delta_u(\omega) \qquad (\omega \in \Omega_n). \tag{8.19}$$

Considerando então uma função $W_2(s)$ real, racional, estável e de fase mínima, de maneira que

$$\frac{1}{|W_2(j\omega)|} \begin{cases} \leq \ \delta_u(\omega) & (\omega \in \Omega_n) \\ \text{suficientemente grande} & (\omega \notin \Omega_n) \end{cases}, \tag{8.20}$$

uma condição que garanta a validade de 8.19 é

$$|K(j\omega)S(j\omega)| \leq \frac{1}{|W_2(j\omega)|} \qquad (\omega \in \mathbb{R}).$$

Ou seja,

$$|W_2(j\omega)K(j\omega)S(j\omega)| \leq 1 \qquad (\omega \in \mathbb{R}),$$

a qual pode ser reescrita de maneira equivalente como

$$\boxed{\|W_2KS\|_\infty \leq 1.} \tag{8.21}$$

Note que, como

$$\frac{1}{|W_2(j\omega)|}$$

é grande para ω fora do conjunto Ω_n, a função de transferência KS fica praticamente livre nessa região de frequências. Assim, a restrição imposta efetivamente sobre KS restringe-se a δ_u no conjunto Ω_n.

8.7 O problema H_∞ sub-ótimo

Considere o diagrama de blocos da malha de controle nominal da Figura 8.6.

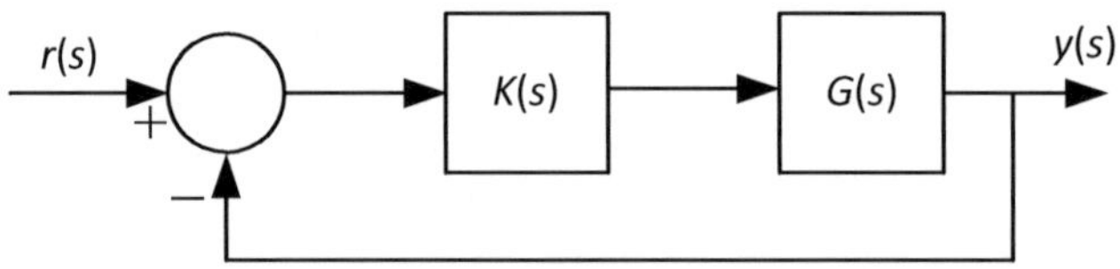

Figura 8.6 – Diagrama de blocos da malha nominal.

As condições de projeto obtidas estão expressas em termos das funções de transferência $S(s)$, $K(s)S(s)$ e $T(s)$. Observando a Figura 8.6, nota de imediato que:

- $S(s)$ é a função de transferência entre os sinais de entrada e de saída do comparador;
- $K(s)S(s)$ é a função de transferência entre o sinal de entrada do comparador e a saída do bloco $K(s)$;
- $T(s)$ é a função de transferência entre o sinal de entrada do comparador e a saída do bloco $G(s)$.

Sendo assim, ao diagrama da Figura 8.6 são acrescentadas três *variáveis fictícias* de saída,

$$y_{1a}(s) = W_1(s)e(s), \tag{8.22}$$

$$y_{1b}(s) = W_2(s)u(s), \tag{8.23}$$

$$y_{1c}(s) = W_3(s)y(s), \tag{8.24}$$

conforme ilustra a Figura 8.7 e considerada como entrada uma *variável fictícia* $u_1(s)$. Com isso,

$$y_{1a}(s) = W_1(s)S(s)u_1(s), \tag{8.25}$$
$$y_{1b}(s) = W_2(s)K(s)S(s)u_1(s), \tag{8.26}$$
$$y_{1c}(s) = W_3(s)T(s)u_1(s). \tag{8.27}$$

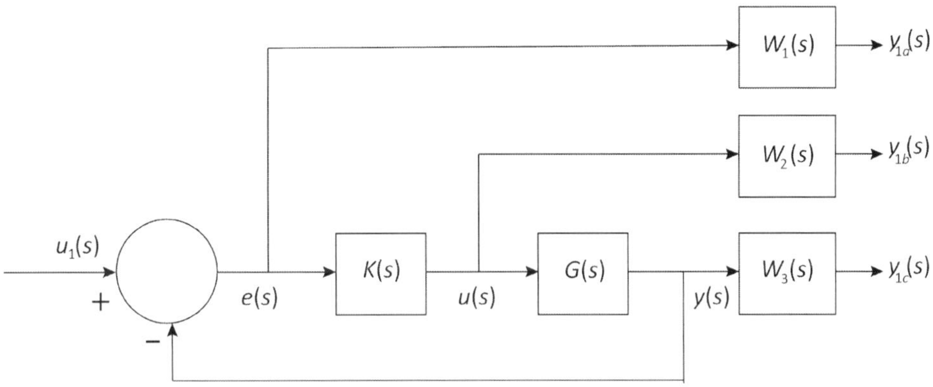

Figura 8.7 – Diagrama de blocos da malha nominal com as variáveis fictícias de saída.

É importante notar que, com a inclusão de três variáveis fictícias de saída, o diagrama de blocos da Figura 8.7 representa um sistema *abstrato*, e não mais o sistema físico de controle.

8.7.1 Robustez do desempenho em baixas frequências

Considerando que

$$y_{1a}(s) = W_1(s)S(s)u_1(s),$$

a condição de robustez do desempenho em baixas frequências

$$\|W_1 S\|_\infty \leq 1$$

pode ser reescrita de forma equivalente como

$$\frac{|y_{1a}(j\omega)|}{|u_1(j\omega)|} \leq 1 \qquad (\omega \in \mathbb{R}). \tag{8.28}$$

Em palavras, o ganho entre a entrada u_1 e a saída y_{1a} não pode ser superior a 1 para qualquer frequência.

8.7.2 Limitação do esforço de controle

Tendo em vista que

$$y_{1b}(s) = W_2(s)K(s)S(s)u_1(s),$$

a condição de limitação do esforço de controle

$$\|W_2KS\|_\infty \leq 1$$

pode ser reescrita equivalentemente na forma

$$\frac{|y_{1b}(j\omega)|}{|u_1(j\omega)|} \leq 1 \qquad (\omega \in \mathbb{R}), \tag{8.29}$$

ou seja, o ganho entre a entrada u_1 e a saída y_{1b} não pode ser superior a 1.

8.7.3 Robustez da estabilidade e rejeição do erro de medida

Por fim, como

$$y_{1c}(s) = W_3(s)T(s)u_1(s)$$

para a condição de robustez da estabilidade e de rejeição do erro de medida

$$\|W_3T\|_\infty < 1,$$

pode ser expressa como

$$\frac{|y_{1c}(j\omega)|}{|u_1(j\omega)|} < 1 \qquad (\omega \in \mathbb{R}). \tag{8.30}$$

Aqui também o ganho entre a entrada u_1 e a saída y_{1c} não pode ser superior a 1.

8.7.4 A formulação da sensibilidade mista

As equações 8.28 a 8.30 sugerem que se considere o sistema com *uma* entrada ($u_1(s)$) e *três* saídas ($y_{1a}(s)$, $y_{1b}(s)$ e $y_{1c}(s)$) ou, o que é o mesmo, *uma* saída *vetorial* $y_1(s)$,

$$y_1(s) = \begin{bmatrix} y_{1a}(s) \\ y_{1b}(s) \\ y_{1c}(s) \end{bmatrix}. \tag{8.31}$$

Com isso, pode-se definir uma *matriz de transferência* (3×1)

$$T_{y_1u_1}(s) = \begin{bmatrix} W_1(s)S(s) \\ W_2(s)K(s)S(s) \\ W_3(s)T(s) \end{bmatrix}, \tag{8.32}$$

de maneira que

$$y_1(s) = T_{y_1u_1}(s)u_1(s), \tag{8.33}$$

conforme ilustra a Figura 8.8.

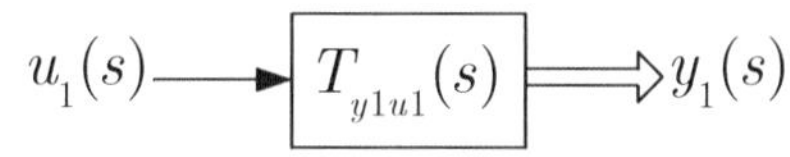

Figura 8.8 – Diagrama de blocos de $T_{y_1u_1}(s)$.

Para um vetor de funções complexas $F(s) = [f_1(s), f_2(s), \ldots f_n(s)]^T$, a definição da equação 8.2, a saber,

$$\|F\|_\infty = \sup_\omega \sqrt{\sum_{i=1}^{n} |f_i(j\omega)|^2},$$

acarreta que se

$$\|F\|_\infty < 1,$$

então

$$|f_i(j\omega)| < 1 \qquad (\omega \in \mathbb{R}).$$

Assim, uma *condição suficiente* para que as condições 8.28 a 8.30 se verifiquem é dada por

$$\|T_{y_1u_1}\|_\infty < 1, \tag{8.34}$$

ou seja,

$$\boxed{\left\| \begin{bmatrix} W_1S \\ W_2KS \\ W_3T \end{bmatrix} \right\|_\infty < 1.} \tag{8.35}$$

Esta forma de escrever o problema de projeto é chamada de *sensibilidade mista* (*mixed sensitivity*, em inglês), pois engloba em uma única desigualdade, por meio de ponderações das funções sensibilidade S, sensibilidade complementar

T e KS, as especificações de desempenho robusto, de robustez da estabilidade e de limitação do esforço de controle.

Em resumo, o problema de projeto consiste em encontrar um controlador $K(s)$ que estabilize a malha nominal e que seja tal que a condição 8.34 (ou, equivalentemente, 8.35) seja satisfeita. Colocado desta forma, esse problema é o caso particular para $\gamma = 1$ do problema H_∞ *sub-ótimo*[3] (também denominado H_∞ *padrão* ou H_∞ *de pequenos ganhos*) em que se busca determinar $K(s)$ de maneira que

$$\|T_{y_1 u_1}\|_\infty < \gamma,$$

em que $\gamma > 0$ é um número real fixado *a priori* [Chiang and Safonov, 1992].

8.8 Um novo paradigma – A planta generalizada

Neste ponto do capítulo, tem-se que o problema de projeto foi reescrito na forma de desigualdades envolvendo a norma H_∞ de funções apropriadas.

Na fase inicial do desenvolvimento da teoria de controle H_∞, a solução do problema era buscada no domínio da frequência, por meio de complicadas fatorações (veja, por exemplo, [Francis, 1987]), o que normalmente representava uma tarefa bastante difícil.

O cálculo numérico da solução do problema só teve um grande avanço quando se passou a buscá-la no domínio do tempo, utilizando uma representação baseada em variáveis de estado [Doyle et al., 1989].

Sendo assim, a seguir será tratada a reformulação do problema de controle H_∞ utilizando variáveis de estado.

O diagrama de blocos da Figura 8.7 pode ser redesenhado conforme a Figura 8.9, em que as variáveis $u_2(s)$ e $y_2(s)$ foram introduzidas como novas designações de $u(s)$ e de $e(s)$, respectivamente.

[3] O problema de controle H_∞ *ótimo* é aquele em que o valor de γ é mínimo. Em poucas palavras, a ideia neste caso é determinar o controlador que produz o "máximo" desempenho e a "máxima" robustez da estabilidade.

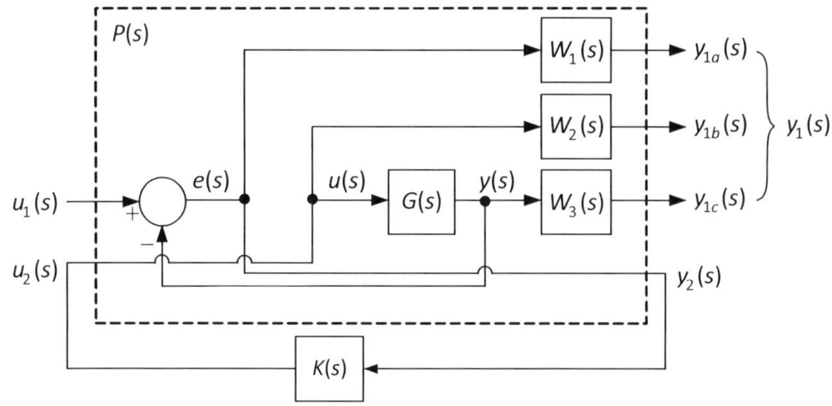

Figura 8.9 – Diagrama de blocos da malha nominal redesenhado com as variáveis fictícias de saída.

Este diagrama sugere que se considere a matriz de transferência $\mathbf{P}(s)$ com duas entradas e quatro saídas,[4] a saber,

- entradas de $\mathbf{P}(s)$

  $u_1(s) = r(s)$ ou $-d(s)$ ou $-n(s)$

  $u_2(s) = u(s)$

- saídas de $\mathbf{P}(s)$

  $$y_1(s) = \begin{bmatrix} y_{1a}(s) \\ y_{1b}(s) \\ y_{1c}(s) \end{bmatrix}$$

  $y_2(s) = e(s)$

como sendo uma *planta generalizada* que, além do modelo original da planta G, contém também as funções de ponderação W_1, W_2 e W_3. Ou seja,

$$\mathbf{y}(s) = \mathbf{P}(s)\mathbf{u}(s), \tag{8.36}$$

em que

$$\mathbf{y}(s) = \begin{bmatrix} y_1(s) \\ y_2(s) \end{bmatrix} \tag{8.37}$$

[4]Como o diagrama da Figura 8.9 é de natureza abstrata e contém variáveis fictícias, a interpretação "física" das entradas não parece ser de grande utilidade, mais confundindo do que esclarecendo. No entanto, ela foi incluída neste texto por ser relativamente comum na literatura.

e

$$\mathbf{u}(s) = \begin{bmatrix} u_1(s) \\ u_2(s) \end{bmatrix}. \tag{8.38}$$

É simples obter a expressão de $\mathbf{P}(s)$ em função de $G(s)$, $W_1(s)$, $W_2(s)$ e $W_3(s)$, notando que

$$\begin{aligned} y_{1a}(s) &= W_1(s)e(s) \\ &= W_1(s)[u_1(s) - y(s)] \\ &= W_1(s)[u_1(s) - G(s)u_2(s)] \\ &= W_1(s)u_1(s) - W_1(s)G(s)u_2(s), && (8.39) \\ y_{1b}(s) &= W_2(s)u_2(s), && (8.40) \\ y_{1c}(s) &= W_3(s)y(s) \\ &= W_3(s)G(s)u_2(s), && (8.41) \\ y_2(s) &= u_1(s) - G(s)u_2(s). && (8.42) \end{aligned}$$

Portanto,

$$\mathbf{P}(s) = \begin{bmatrix} W_1(s) & -W_1(s)G(s) \\ 0 & W_2(s) \\ 0 & W_3(s)G(s) \\ 1 & -G(s). \end{bmatrix} \tag{8.43}$$

Com isso, o diagrama de blocos da Figura 8.9 pode ser redesenhado conforme mostra a Figura 8.10.

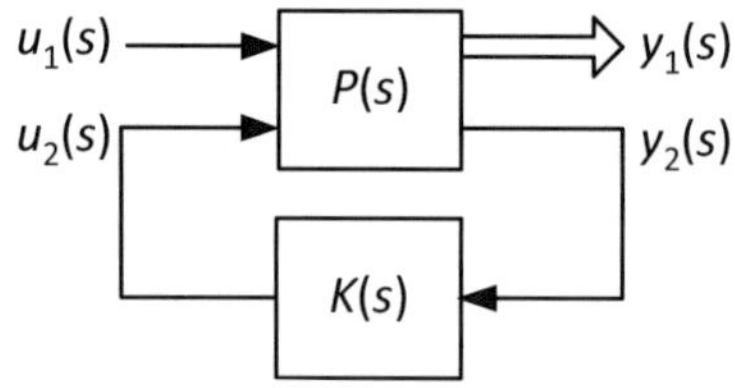

Figura 8.10 – Diagrama de blocos da malha fechada nominal com a planta generalizada $\mathbf{P}(s)$.

A planta generalizada $\mathbf{P}(s)$, linear e invariante no tempo, contém *todas* as informações necessárias para o projeto, a saber, as informações a respeito do modelo nominal da planta, do erro de modelagem e das especificações de desempenho – estas duas últimas, por meio das funções de ponderação $W_1(s)$, $W_2(s)$ e $W_3(s)$.

Observando a Figura 8.9, note que $\mathbf{P}(s)$ tem como dimensão mínima

$$n = n_G + n_{W_1} + n_{W_2} + n_{W_3}, \tag{8.44}$$

em que n_G, n_{W_1}, n_{W_2} e n_{W_3} são as ordens de $G(s)$, $W_1(s)$, $W_2(s)$ e $W_3(s)$, respectivamente. Para perceber isto, basta pensar em um diagrama de simulação analógica de $\mathbf{P}(s)$ – são necessários $n_G + n_{W_1} + n_{W_2} + n_{W_3}$ integradores para realizá-lo.

Considerando que $\mathbf{x}(t) \in \mathbb{R}^n$, $\mathbf{y}(t) \in \mathbb{R}^4$ e $\mathbf{u}(t) \in \mathbb{R}^2$ são, respectivamente, os vetores de estado, de entrada e de saída da planta generalizada $\mathbf{P}(s)$, pode-se obter um modelo de estados[5] para esta:

$$\begin{aligned} \dot{\mathbf{x}}(t) &= \mathbf{A}\mathbf{x}(t) + \mathbf{B}\mathbf{u}(t) \\ \mathbf{y}(t) &= \mathbf{C}\mathbf{x}(t) + \mathbf{D}\mathbf{u}(t), \end{aligned} \tag{8.45}$$

em que as matrizes $\mathbf{B}$, $\mathbf{C}$ e $\mathbf{D}$ têm as seguintes estruturas:

$$\mathbf{B} = \left[\begin{array}{c|c} \mathbf{B_1} & \mathbf{B_2} \end{array}\right], \tag{8.46}$$

$$\mathbf{C} = \left[\begin{array}{c} \mathbf{C_1} \\ \hline \mathbf{C_2} \end{array}\right] \tag{8.47}$$

e

$$\mathbf{D} = \left[\begin{array}{c|c} \mathbf{0} & \mathbf{D_{12}} \\ \hline \mathbf{D_{21}} & \mathbf{0} \end{array}\right]. \tag{8.48}$$

As submatrizes que aparecem nas equações 8.46 a 8.48 têm dimensões compatíveis com o modelo de estados da equação 8.45 reescrito na forma

$$\dot{\mathbf{x}}(t) = \mathbf{A}\mathbf{x}(t) + \mathbf{B_1}u_1(t) + \mathbf{B_2}u_2(t), \tag{8.49}$$

$$y_1(t) = \mathbf{C_1}\mathbf{x}(t) + \mathbf{D_{12}}u_2(t), \tag{8.50}$$

$$y_2(t) = \mathbf{C_2}\mathbf{x}(t) + \mathbf{D_{21}}u_1(t), \tag{8.51}$$

ou seja,

$$\begin{gathered} \mathbf{B}_1, \mathbf{B}_2 \in \mathbb{R}^{n\times 1}, \\ \mathbf{C}_1 \in \mathbb{R}^{3\times n}, \\ \mathbf{C}_2 \in \mathbb{R}^{1\times n}, \\ \mathbf{D}_{12} \in \mathbb{R}^{3\times 1}, \\ \mathbf{D}_{21} \in \mathbb{R}^{1\times 1}. \end{gathered}$$

[5]As funções *augtf* e *augss* do Matlab realizam esta tarefa.

É oportuno mencionar que *sempre* é possível obter uma realização de estados de $\mathbf{P}(s)$ em que a matriz $\mathbf{D}$ tem a estrutura apresentada na equação 8.48, com submatrizes nulas na diagonal [Doyle et al., 1989]. Esta estrutura é conveniente, porque tanto as expressões resultantes para o controlador como as demonstrações são mais simples.

Por fim, cabe notar que, no contexto de controle H_∞, costuma-se denotar o modelo de estados de $\mathbf{P}(s)$ da seguinte forma:

$$\mathbf{P}(s) = \left[\begin{array}{c|c} \mathbf{A} & \mathbf{B} \\ \hline \mathbf{C} & \mathbf{D} \end{array}\right].$$

Esta notação significa que

$$\mathbf{P}(s) = \mathbf{C}(sI - \mathbf{A})^{-1}\mathbf{B} + \mathbf{D},$$

ou seja,

$$\begin{bmatrix} \dot{x}(t) \\ y(t) \end{bmatrix} = \begin{bmatrix} A & B \\ C & D \end{bmatrix} \begin{bmatrix} x(t) \\ u(t) \end{bmatrix}.$$

A forma de estados do modelo da planta generalizada é necessária para o cálculo da solução do problema H_∞ sub-ótimo apresentada a seguir [Doyle et al., 1989]. Conforme foi dito anteriormente, no início do desenvolvimento da teoria de controle H_∞, as soluções, então expressas no domínio da frequência, eram muito difíceis de calcular na prática. A obtenção da solução do problema na forma de estados tornou muito mais simples seu cálculo numérico.

8.9 Uma solução do problema H_∞ sub-ótimo

Satisfeitas algumas hipóteses (veja o Apêndice F), um dos controladores que resolve o problema de sensibilidade mista é dado por

$$K(s) = \mathbf{F}_\infty(s\mathbf{I} - \mathbf{A}_\infty)^{-1}\mathbf{B}_\infty, \tag{8.52}$$

em que

$$\mathbf{F}_\infty = -\mathbf{B_2}^T\mathbf{X}_\infty \tag{8.53}$$

$$\mathbf{A}_\infty = \mathbf{A} + \frac{1}{\gamma^2}\mathbf{B_1}\mathbf{B_1}^T\mathbf{X}_\infty + \mathbf{B_2}\mathbf{F}_\infty + \mathbf{Z}_\infty\mathbf{L}_\infty\mathbf{C_2} \tag{8.54}$$

$$\mathbf{B}_\infty = -\mathbf{Z}_\infty\mathbf{L}_\infty, \tag{8.55}$$

e

$$\mathbf{L}_\infty = -\mathbf{Y}_\infty \mathbf{C_2}^T \tag{8.56}$$

$$\mathbf{Z}_\infty = (\mathbf{I} - \frac{1}{\gamma^2}\mathbf{Y}_\infty \mathbf{X}_\infty)^{-1}. \tag{8.57}$$

$\mathbf{X}_\infty$ e $\mathbf{Y}_\infty$ são matrizes simétricas que resolvem, respectivamente, as seguintes equações matriciais, denominadas Equações Algébricas de Riccati (EAR) (veja o Apêndice F):

$$\mathbf{A}^T\mathbf{X}_\infty + \mathbf{X}_\infty\mathbf{A} + \mathbf{X}_\infty(\frac{1}{\gamma^2}\mathbf{B_1}\mathbf{B_1}^T - \mathbf{B_2}\mathbf{B_2}^T)\mathbf{X}_\infty + \mathbf{C_1}^T\mathbf{C_1} = 0 \tag{8.58}$$

$$\mathbf{A}\mathbf{Y}_\infty + \mathbf{Y}_\infty\mathbf{A}^T + \mathbf{Y}_\infty(\frac{1}{\gamma^2}\mathbf{C_1}^T\mathbf{C_1} - \mathbf{C_2}^T\mathbf{C_2})\mathbf{Y}_\infty + \mathbf{B_1}\mathbf{B_1}^T = 0 \tag{8.59}$$

Observando a equação 8.54, note que a matriz $\mathbf{A}_\infty$ tem a mesma dimensão de $\mathbf{A}$ e, portanto, $\mathbf{A}_\infty$ também é $n \times n$. Isto significa que o controlador $K(s)$ tem a *mesma dimensão da planta generalizada*, que é a soma das dimensões de $G(s)$, $W_1(s)$, $W_2(s)$ e $W_3(s)$ (conforme a equação 8.44). Por isso, é comum que, após a obtenção do controlador $K(s)$, se aplique um procedimento de redução de ordem.

Em vista da complexidade das expressões 8.53 a 8.59 e, em particular, da necessidade da solução das Equações Algébricas de Riccati 8.58 e 8.59, fica evidente que, na prática, o problema só pode ser resolvido numericamente, utilizando-se um computador.

Lembrando que a entrada e a saída do controlador $K(s)$ são, respectivamente, y_2 e u_2, a equação 8.52 indica que um modelo de estados do controlador é

$$\dot{\hat{\mathbf{x}}}(t) = \mathbf{A}_\infty\hat{\mathbf{x}}(t) + \mathbf{B}_\infty y_2(t) \tag{8.60}$$

$$u_2(t) = \mathbf{F}_\infty\hat{\mathbf{x}}(t), \tag{8.61}$$

ou seja,

$$K(s) = \left[\begin{array}{c|c} A_\infty & B_\infty \\ \hline F_\infty & 0 \end{array}\right].$$

Para finalizar esta seção, substituindo as expressões de $\mathbf{A}_\infty$ e $\mathbf{B}_\infty$ dadas pelas equações 8.54 e 8.55 na equação de estados de $K(s)$ (equação 8.60) e definindo

$$v(t) = \frac{1}{\gamma^2}\mathbf{B_1}^T\mathbf{X}_\infty\mathbf{x}(t),$$

resulta

$$\dot{\hat{\mathbf{x}}}(t) = \mathbf{A}\hat{\mathbf{x}}(t) + \mathbf{B_1}v(t) + \mathbf{B_2}u_2(t) + \mathbf{Z}_\infty\mathbf{L}_\infty(\mathbf{C_2}\hat{\mathbf{x}}(t) - y_2(t)).$$

Esta equação mostra que o controlador H_∞ sub-ótimo tem uma estrutura similar à de um observador de estados com matriz de ganhos $\mathbf{Z}_\infty\mathbf{L}_\infty$, no qual, entretanto, "sobra" o termo $\mathbf{B_1}v(t)$. Embora a origem e a interpretação desse termo não sejam evidentes, ele pode ser entendido como resultante de um *problema de estimação de pior-entrada* [Doyle et al., 1989].

8.10 Escolha das funções de ponderação

Não costuma ser trivial a tarefa de escolher funções de ponderação de maneira que as condições de existência da solução do problema de controle H_∞ sub-ótimo do Apêndice F sejam satisfeitas. Essa dificuldade é agravada pelo fato de as matrizes **A**, **B**, **C** e **D** do modelo de estados da planta generalizada não serem, em geral, manipuladas diretamente pelo usuário, mas sim obtidas por meio de software de auxílio a projeto como o Matlab.

O processo de definir essas funções normalmente requer muitas iterações e um ajuste fino no final, além de experiência do projetista.

Apesar disso, são apresentadas a seguir algumas sugestões e cuidados para a escolha das funções de ponderação.

- **Polos sobre o eixo imaginário**

Em primeiro lugar, deve-se ressaltar que *não* é permitido que as funções de ponderação tenham polos sobre o eixo imaginário [Zhou and Doyle, 1998]. Além da restrição de que a definição de norma H_∞ se aplica apenas a funções reais, racionais, *estáveis* e próprias – o que, naturalmente, exclui funções com polos sobre o eixo imaginário –, a técnica de controle H_∞ aqui apresentada pressupõe que *todos* os polos instáveis da planta generalizada sejam estabilizáveis pelo controle e detectáveis a partir da saída medida. Dessa maneira, se alguma das funções de ponderação tiver um polo sobre o eixo imaginário, esse modo não será nem estabilizável, nem detectável a partir da saída e, por consequência, essa função não se qualificará como de ponderação.

- **Condição envolvendo W_1 e W_3**

No que diz respeito às funções de ponderação W_1 e W_3, é oportuno lembrar, como já visto anteriormente, que a sua escolha deve satisfazer à condição expressa pela equação 8.18, a saber,

$$\frac{1}{|W_1(j\omega)|} + \frac{1}{|W_3(j\omega)|} > 1 \qquad (\omega \in \mathbb{R}),$$

de maneira que haja espaço entre as barreiras de baixas e de altas frequências.

- **Condição envolvendo W_2**

A função de ponderação W_2 deve ser própria ou estritamente própria para que a técnica H_∞ aqui apresentada se aplique [Zhou and Doyle, 1998].

- **Condição envolvendo W_1, W_2, W_3 e G.**

De início, note que, no caso SISO tratado neste texto, a condição 3 de existência da solução do problema de controle H_∞ sub-ótimo do Apêndice F, a saber,

$$D_{12}^T[C_1|D_{12}] = [0|I],$$

acarreta que

$$D_{12}^T D_{12} = 1,$$

dado que $D_{12} \in \mathbb{R}^{3\times 1}$. Consequentemente, pelo menos um dos elementos do vetor D_{12} deve ser não nulo ou, o que é o mesmo, D_{12} deve ter posto completo.

Mas, de acordo com 8.43, os elementos de D_{12} são os termos de transmissão direta das funções de transferência $-W_1(s)G(s)$, $W_2(s)$ e $W_3(s)G(s)$

Ora, isto significa que uma condição necessária para a existência da solução é de que *pelo menos* uma dentre as funções de transferência

$$W_1(s)G(s)$$

$$W_2(s)$$

$$W_3(s)G(s)$$

seja *própria*.

- **Nota 8.1 – Ilustração**

Para ilustrar este ponto, considere como exemplo a seguinte função de transferência própria:

$$\frac{y(s)}{u(s)} = \frac{2s^2 + 5s + 1}{s^2 + 2s}.$$

É imediato verificar que ela pode ser reescrita como

$$\frac{y(s)}{u(s)} = \frac{s + 1}{s^2 + 2s} + 2,$$

e, portanto, o valor do termo de transmissão direta D da equação de saída

$$y(t) = Cx(t) + Du(t)$$

de um modelo de estados na forma usual é não nulo:

$$D = 2.$$

- **Sugestão para a seleção de W_1** [Zhou and Doyle, 1998]

Uma parametrização utilizada para W_1 é a seguinte:

$$W_1(s) = \frac{\frac{s}{M_s} + \omega_b}{s + \omega_b \varepsilon}, \tag{8.62}$$

na qual tipicamente $\varepsilon \ll 1$. A Figura 8.11 mostra o gráfico da aproximação assintótica de $1/|W_1(j\omega)|$.

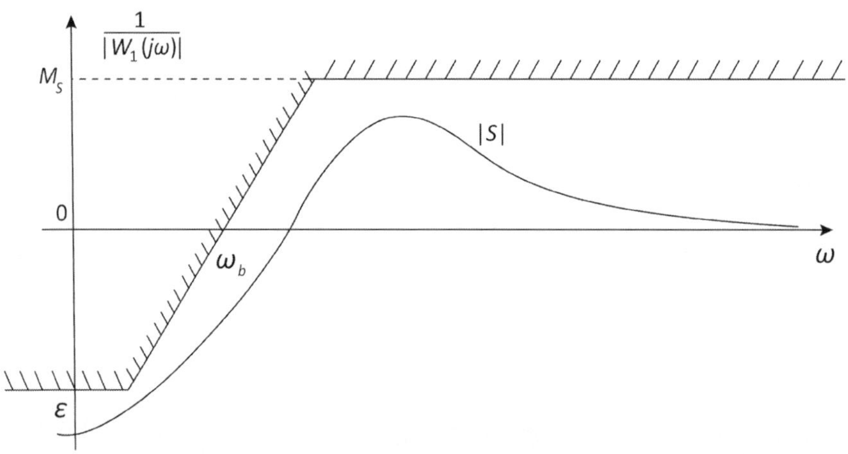

Figura 8.11 – Ilustração da aproximação assintótica de $1/|W_1(j\omega)|$.

Note que o valor de ε está diretamente ligado à precisão com que se deseja acompanhar os sinais de referência, rejeitar perturbações e/ou compatibilizar a malha fechada ao pré-filtro, isto é, aos valores de δ_r, de δ_d e/ou de $\delta_F/|F|$.

Além disso, para uma entrada degrau unitário (veja a Propriedade 1.1, equação 1.22), o erro estacionário e_{ss} é dado por

$$e_{ss} = S(0),$$

e, portanto, se

$$S(0) \leq \varepsilon,$$

então

$$e_{ss} \leq \varepsilon.$$

Não convém que M_s seja grande, pois um valor elevado de $|S(j\omega)|$ indica a ocorrência de ressonância. Além disso, conforme as equações 1.35 e 1.36, as margens de ganho e de fase poderiam ser pequenas, dado que elas são limitadas inferiormente por

$$MG \geq \frac{M_s}{M_s - 1}$$

e

$$\text{sen}(MF/2) \geq \frac{1}{2\,M_s},$$

respectivamente. Além disso, em vista da equação 1.37, a margem de módulo também poderia ser pequena, pois

$$MM \geq \frac{1}{M_s}.$$

No caso em que é desejável uma transição mais brusca entre as regiões de baixas e de altas frequências – mais exatamente, de $-20k$ dB/dec para k inteiro, $k > 1$ –, uma sugestão é adotar

$$W_1(s) = \left(\frac{\frac{s}{\sqrt[k]{M_s}} + \omega_b}{s + \omega_b \sqrt[k]{\varepsilon}} \right)^k . \tag{8.63}$$

A frequência ω_b define um limite superior para a região de frequências em que se exige o acompanhamento do sinal de referência, a rejeição de perturbação e a compatibilidade do pré-filtro com a malha fechada.

Note que em ambos os casos, isto é, para as equações 8.62 e 8.63, W_1 é tal que

$$\text{se } s \to 0,\ W_1(s) \to \frac{1}{\varepsilon}$$

e

$$\text{se } s \to \infty,\ W_1(s) \to \frac{1}{M_s}.$$

- **Sugestão para a seleção de W_2** [Zhou and Doyle, 1998]

O ganho de $K(j\omega)S(j\omega)$ deve ser limitado nas frequências em que o erro de medida do sensor é significativo para que este não afete em demasia o sinal de controle. Idealmente, seria desejável que a declividade (*roll off*) de $|K(j\omega)S(j\omega)|$ ocorresse da forma mais acentuada possível nas frequências acima da largura de banda do controlador, para que os erros de medida fossem atenuados ao máximo. No entanto, conforme já dito, a técnica H_∞ aqui apresentada *não* se aplica ao caso em que W_2 é imprópria.

Para W_2, uma sugestão é adotar

$$W_2(s) = \frac{s + \frac{\omega_{bc}}{M_u}}{\varepsilon_1 s + \omega_{bc}}, \tag{8.64}$$

em que tipicamente $0 < \varepsilon_1 \ll 1$. O gráfico da aproximação assintótica de $1/|W_2(j\omega)|$ é ilustrado na Figura 8.12.

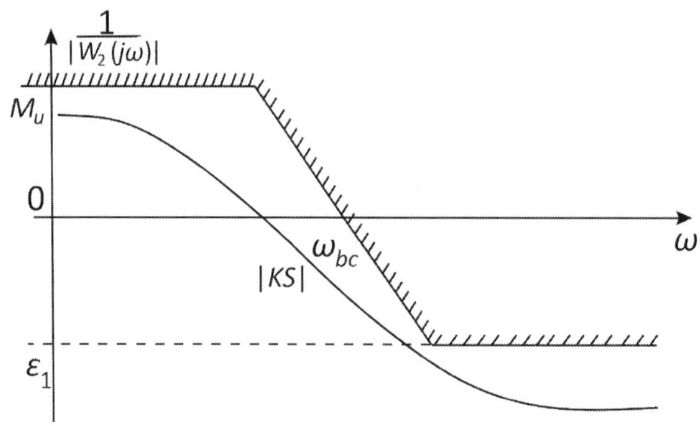

Figura 8.12 – Ilustração da aproximação assintótica de $1/|W_2(j\omega)|$.

Note que ω_{bc} define uma restrição superior para a largura de banda do controlador.

De maneira análoga a W_1, quando se deseja uma transição mais brusca entre as baixas e as altas frequências, pode-se tomar

$$W_2(s) = \left(\frac{s + \frac{\omega_{bc}}{\sqrt[k]{M_u}}}{\sqrt[k]{\varepsilon_1}s + \omega_{bc}} \right)^k, \tag{8.65}$$

para k inteiro, $k > 1$.

Note que, tanto para W_2 dado pela equação 8.64 quanto pela equação 8.65,

$$\text{se } s \to 0,\ W_2(s) \to \frac{1}{M_u}$$

e

$$\text{se } s \to \infty,\ W_2(s) \to \frac{1}{\varepsilon_1}.$$

8.11 Exemplo

Exemplo 8.1 *Considere novamente a planta da Seção 6.1, em que um motor CC aciona uma carga inercial por meio de um sistema de transmissão constituído por um redutor de velocidade e um eixo longo, conforme ilustra a Figura 3.2.*

A função de transferência nominal da planta é

$$G(s) = \frac{0.1333}{s(s+0.3067)}.$$

As especificações de desempenho são as mesmas apresentadas na seção 6.2, a saber,

- *rejeição de perturbação com erro máximo de 1% para $\omega \leq 0.01$ rad/s e*
- *rejeição do erro de medida com erro máximo de 1% para $\omega \geq 10$ rad/s.*

A Figura 8.13 contém os gráficos das barreiras de estabilidade e de desempenho, tanto em baixas como em altas frequências.

A função de ponderação $W_1(s)$, associada à especificação de rejeição de perturbação, foi escolhida na forma sugerida pela equação 8.63 com os seguintes valores para os parâmetros:

$$M_s = 2,$$

$$\omega_b = 0.1,$$

$$\varepsilon = 0.001,$$

$$k = 2.$$

Por sua vez, a função de ponderação $W_3(s)$, associada à robustez da estabilidade e à rejeição do erro de medida, foi escolhida como

$$W_3(s) = 0.12\frac{(8s+1)^2}{1}.$$

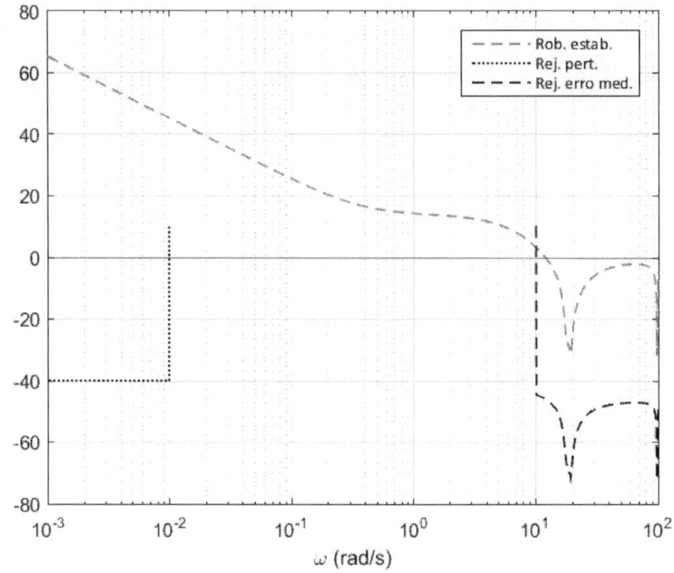

Figura 8.13 – Barreiras de robustez da estabilidade e do desempenho.

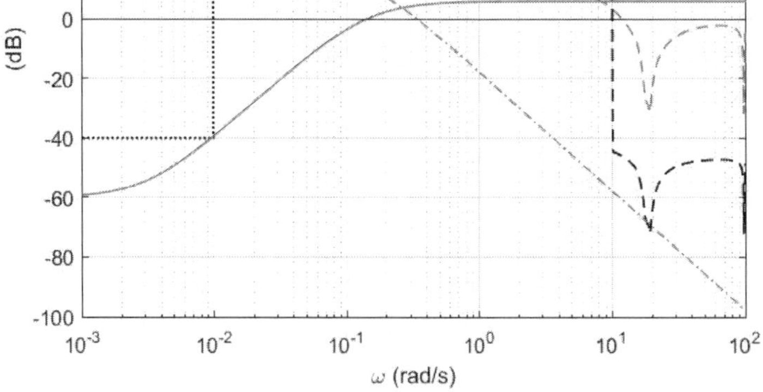

Figura 8.14 – Barreiras de robustez da estabilidade, do desempenho, $1/|W_1|$ e $1/|W_3|$

A limitação do esforço de controle não foi incluída nas especificações deste caso, de maneira que a função $W_2(s)$ *não foi definida.*

Na Figura 8.14, são apresentados os gráficos das funções $1/|W_1|$ e $1/|W_3|$, assim como as barreiras de estabilidade e de desempenho.

A Figura 8.15 mostra que é satisfeita a desigualdade 8.18, a saber,

$$\frac{1}{|W_1(j\omega)|} + \frac{1}{|W_3(j\omega)|} > 1 \qquad (\omega \in \mathbb{R}).$$

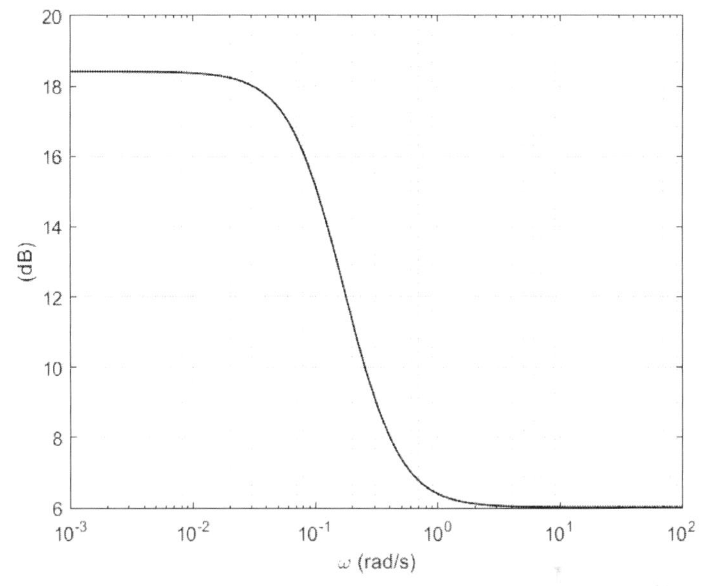

Figura 8.15 – Ilustração da validade da desigualdade $1/|W_1| + 1/|W_3| > 1$.

Note que $W_1(s)G(s)$ é estritamente própria, mas $W_3(s)G(s)$ é própria, o que significa que o 3º elemento de D_{12} é não nulo e, portanto, D_{12} tem posto completo, verificando assim a condição envolvendo W_1, W_2 e W_3.

O projeto foi realizado por meio do Matlab e os resultados são apresentados na Figura 8.16 na forma de diagramas de Bode de ganho.

Note que

$$|S(j\omega)| \leq \frac{1}{|W_1(j\omega)|} \tag{8.66}$$

e

$$|T(j\omega)| \leq \frac{1}{|W_3(j\omega)|}$$

para todas as frequências e, portanto, as restrições de projeto estabelecidas pelas funções de ponderação foram satisfeitas.

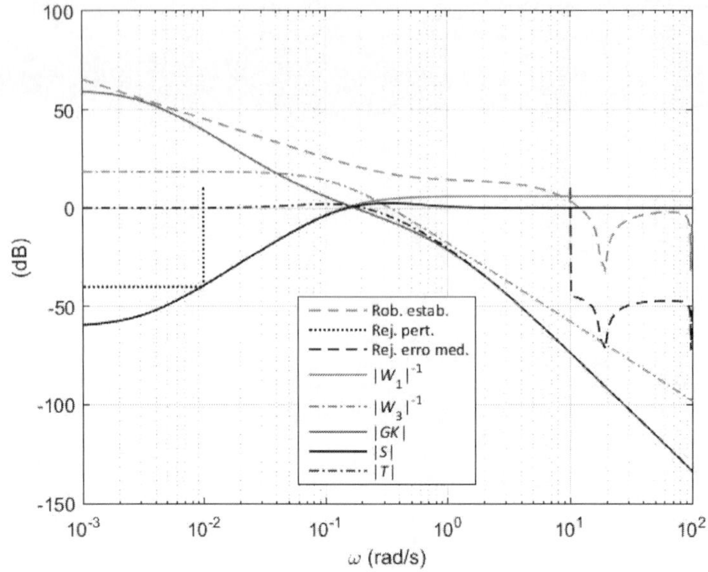

Figura 8.16 – Ilustração dos resultados obtidos para o projeto H_∞.

É oportuno lembrar que, como em baixas frequências a função sensibilidade é tal que

$$|S(j\omega)| \ll 1,$$

então

$$|G(j\omega)K(j\omega)| \simeq \frac{1}{|S(j\omega)|},$$

e, portanto, a condição 8.66 pode ser reescrita aproximadamente como

$$|G(j\omega)K(j\omega)| \geq |W_1(j\omega)|.$$

Na Figura 8.16, observa-se que essa desigualdade se verifica, já que o gráfico do Ganho de Malha $|GK|$ se localiza acima do de $|W_1|$ (que, embora não desenhado na figura, é simétrico do gráfico de $1/|W_1|$ em relação ao eixo das frequências).

Na mesma figura, verifica-se também que, em baixas frequências,

$$|T(j\omega)| \simeq 1 \text{ (0 dB)}$$

e, em altas frequências,

$$|G(j\omega)K(j\omega)| \simeq |T(j\omega)|,$$

conforme esperado.

O controlador obtido $K(s)$ tem função de transferência

$$K(s) = \frac{1.5859\text{e}{+}00s^3 + 5.8021\text{e}{-}01s^2 + 2.8775\text{e}{-}02s}{s^4 + 2.4595\text{e}{+}00s^3 + 1.2516\text{e}{+}00s^2 + 7.8422\text{e}{-}03s}.$$

Como se vê, $K(s)$ é de ordem n, em que

$$\begin{aligned} n &= n_G + n_{W_1} + n_{W_2} + n_{W_3} \\ &= 2 + 2 + 0 + 0 \\ &= 4. \end{aligned}$$

Neste caso, em particular, como $K(s)$ tem um polo e um zero na origem, pode-se simplificá-lo da seguinte forma:

$$K(s) = \frac{1.5859\text{e}{+}00s^2 + 5.8021\text{e}{-}01s + 2.8775\text{e}{-}02}{s^3 + 2.4595\text{e}{+}00s^2 + 1.2516\text{e}{+}00s + 7.8422\text{e}{-}03}.$$

- **Validação**

Da mesma forma que no exemplo 6.1 da seção 6.2, foram realizadas simulações utilizando o modelo "real" do sistema, contendo tanto a dinâmica torcional do eixo, como a incerteza no parâmetro J_L – neste último caso, foram utilizados os valores mínimo, médio e máximo do parâmetro.

Inicialmente considerou-se uma perturbação senoidal de amplitude unitária e frequência igual a ω_d, isto é, 0.01 rad/s. Os resultados se encontram na Figura 8.17. A linha preta representa a saída do sistema nominal enquanto as linhas de cor de cinza correspondem às respostas do sistema "real" para os três valores considerados do parâmetro J_L; a linha pontilhada é o gráfico de 1% da perturbação. Nota-se que, em regime estacionário, as saídas nominal e "reais" são praticamente indistinguíveis e têm amplitudes um pouco superiores a 1% da amplitude da perturbação. Isso se deve ao fato de que, para a frequência de 0.01 rad/s, a sensibilidade é ligeiramente superior ao valor da barreira de robustez da rejeição da perturbação, conforme revela um olhar mais atento da figura 8.16.

Como segunda verificação, foram realizadas simulações do sistema "real" nas mesmas condições anteriores para um erro de medida senoidal de amplitude unitária e frequência de 10 rad/s. Os resultados em regime estacionário apresentados na Figura 8.18 – em cor cinza, os gráficos das saídas do sistema "real" e, em preto, o do sistema nominal – são praticamente indistinguíveis. A linha pontilhada é o gráfico de 1% do erro de medida.

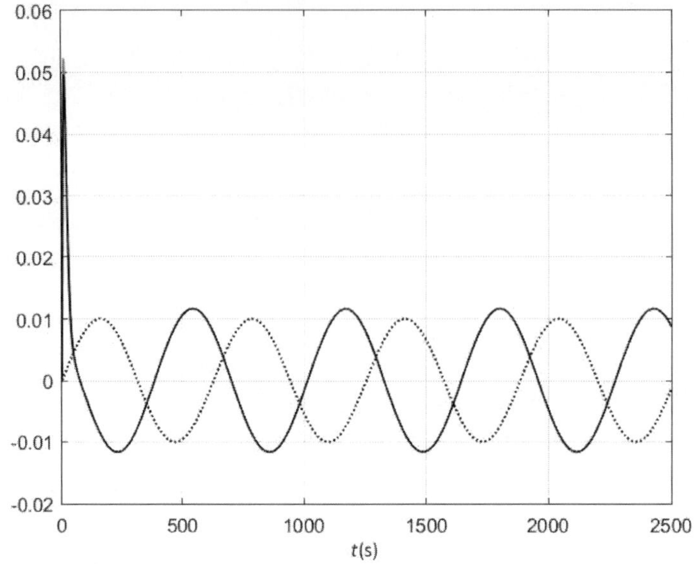

Figura 8.17 – Saídas do sistema para perturbação senoidal.

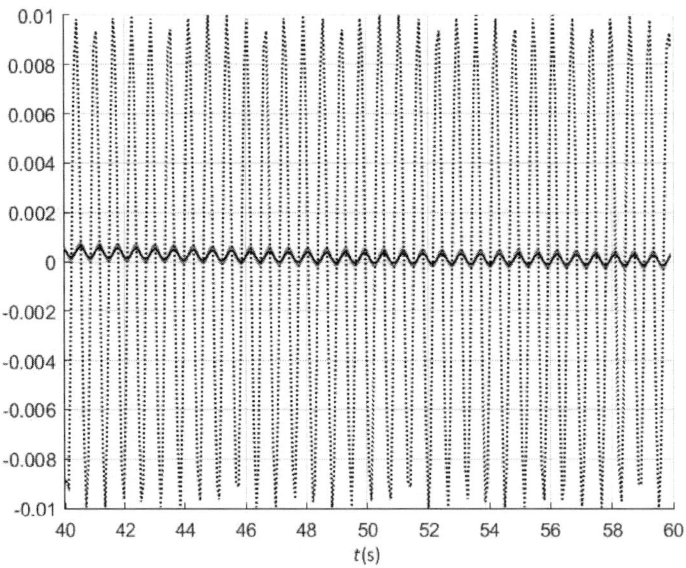

Figura 8.18 – Saídas do sistema para erro de medida senoidal.

Observe na Figura 8.16 que, na frequência de 10 *rad/s, o ganho da sensibilidade complementar resultou da ordem de* 30 *dB abaixo da barreira de robustez da rejeição do erro de medida, o que corresponde a uma atenuação adicional por um fator de aproximadamente 32. Essa é a razão de os resultados excederem a especificação de projeto, como mostram as saídas "reais" com amplitudes bastante inferiores a 1% da amplitude do erro de medida.*

8.12 Conclusão

Logo após uma breve introdução do conceito de norma H_∞, o Capítulo se desenvolveu no sentido de reescrever as condições de projeto robusto utilizando desigualdades envolvendo a norma H_∞.

Em seguida foi estabelecido um novo paradigma para a representação do problema de projeto por meio da planta generalizada. A descrição desta no domínio do tempo utilizando variáveis de estado permite o cálculo numérico da solução do problema de projeto de maneira eficiente.

Um conjunto de sugestões para a escolha das funções de ponderação foi incluído de maneira a orientar o projetista na prática.

Por fim, um exemplo de aplicação foi apresentado para o mesmo sistema eletromecânico constituído por um motor CC que aciona uma carga inercial por meio de uma transmissão que contém um eixo não completamente rígido à torção. A validação por meio de simulações no domínio do tempo foi incluída.

Apêndice A

Modelo "real" do sistema de acionamento

Este apêndice contém o desenvolvimento do modelo matemático "real" do sistema de acionamento de uma carga inercial acoplada a um motor CC por meio de um eixo não rígido à torção.

A.1 Modelo na forma de resposta em frequência

O modelo na forma de resposta em frequência é útil para o cálculo do erro multiplicativo (função l_m), necessária para a realização do projeto.

No Capítulo 3, foi apresentado um esquema do modelo físico do sistema, reproduzido na Figura A.1 para facilidade de referência.

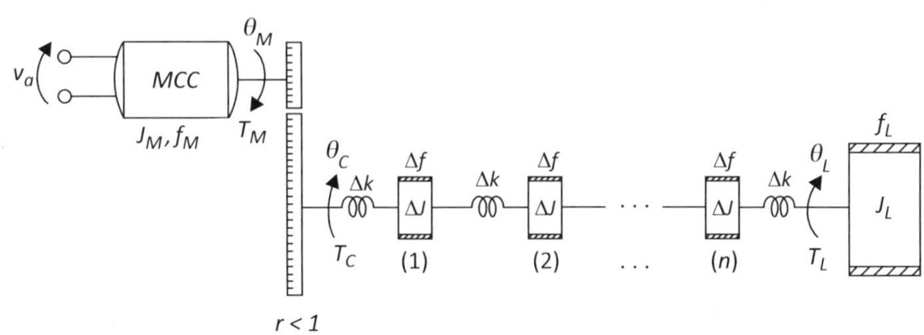

Figura A.1 – Modelo físico do sistema "real".

A modelagem é feita considerando inicialmente os elementos intermediários em que o eixo foi discretizado ($i = 2, \cdots, n-1$). Em seguida, são tratados os elementos das extremidades ($i = 1$ e $i = n$). Então é considerado o conjunto motor+redutor e, por fim, a carga.

- $\underline{2 \leq i \leq n-1}$

A Figura A.2 representa um par de elementos de inércia adjacentes, (i) e ($i+1$), ($2 \leq i \leq n-1$).

θ_i é a posição angular do elemento (i) e T_i é o torque aplicado pelo elemento ($i-1$) sobre o elemento (i).

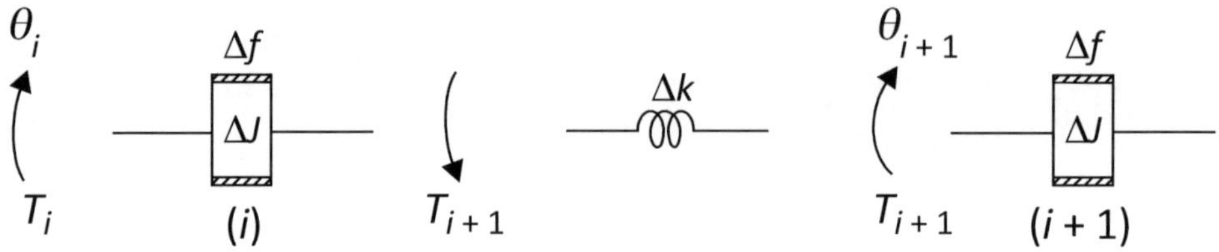

Figura A.2 – Par de elementos de inércia do modelo do sistema "real".

Para $2 \leq i \leq n-1$, pode-se escrever que

$$T_i - T_{i+1} = \Delta J\ddot{\theta}_i + \Delta f\dot{\theta}_i \tag{A.1}$$

e

$$T_{i+1} = \Delta k(\theta_i - \theta_{i+1}), \tag{A.2}$$

resultando então

$$T_i = \Delta J\ddot{\theta}_i + \Delta f\dot{\theta}_i + \Delta k(\theta_i - \theta_{i+1}). \tag{A.3}$$

Mas, da equação A.2 tem-se

$$T_i = \Delta k(\theta_{i-1} - \theta_i),$$

e, portanto, a equação A.3 conduz a

$$\Delta J\ddot{\theta}_i + \Delta f\dot{\theta}_i + \Delta k(-\theta_{i-1} + 2\theta_i - \theta_{i+1}) = 0. \tag{A.4}$$

Aplicando a Transformada de Laplace com condições iniciais nulas e substituindo s por $j\omega$, resulta para a resposta em frequência a seguinte igualdade:

$$-\Delta k\theta_{i-1}(j\omega) + \beta(j\omega)\theta_i(j\omega) - \Delta k\theta_{i+1}(j\omega) = 0, \tag{A.5}$$

em que

$$\beta(j\omega) = (j\omega)^2\Delta J + (j\omega)\Delta f + 2\Delta k. \tag{A.6}$$

- $\underline{i = 1}$

De maneira análoga à obtenção da equação A.6, resulta

$$-r\Delta k\theta_M(j\omega) + \beta(j\omega)\theta_1(j\omega) - \Delta k\theta_2(j\omega) = 0, \tag{A.7}$$

dado que

$$\theta_C = r\theta_M.$$

- $\underline{i = n}$

Da mesma forma,

$$-\Delta k\theta_{n-1}(j\omega) + \beta(j\omega)\theta_n(j\omega) - \Delta k\theta_L(j\omega) = 0. \tag{A.8}$$

- <u>Conjunto motor + redutor</u>

Considerando que

$$T_C = \Delta k(\theta_C - \theta_1)$$

e que as equações eletromecânicas do conjunto motor + redutor conduzem a

$$J_M\ddot{\theta}_M + \left(f_M + \frac{k_Tk_V}{R_a}\right)\dot{\theta}_M + rT_C = \frac{k_T}{R_a}v_a,$$

obtém-se

$$-r\Delta k\theta_1(j\omega) + \alpha(j\omega)\theta_M(j\omega) = \frac{k_T}{R_a}V_a(j\omega), \tag{A.9}$$

em que

$$\alpha(j\omega) = (j\omega)^2J_M + (j\omega)\left(f_M + \frac{k_Tk_V}{R_a}\right) + r^2\Delta k. \tag{A.10}$$

- <u>Carga</u>

Para a carga,

$$T_L = J_L\ddot{\theta}_L + f_L\dot{\theta}_L,$$

sendo que

$$T_L = \Delta k(\theta_n - \theta_L)$$

e, portanto,

$$-\Delta k\theta_n(j\omega) + \gamma(j\omega)\theta_L(j\omega) = 0, \tag{A.11}$$

em que

$$\gamma(j\omega) = (j\omega)^2J_L + (j\omega)f_L + \Delta k. \tag{A.12}$$

• Resumo

Das equações A.5, A.7, A.8, A.9 e A.11, resulta

$$M(j\omega)\begin{bmatrix}\theta_1(j\omega)\\ \theta_2(j\omega)\\ \theta_3(j\omega)\\ \cdot\\ \cdot\\ \cdot\\ \theta_n(j\omega)\\ \theta_L(j\omega)\\ \theta_M(j\omega)\end{bmatrix}=\begin{bmatrix}0\\ 0\\ 0\\ \cdot\\ \cdot\\ \cdot\\ 0\\ 0\\ \frac{k_T}{R_a}V_a(j\omega)\end{bmatrix}, \tag{A.13}$$

em que

$$M(j\omega)=\begin{bmatrix}\beta(j\omega) & -\Delta k & 0 & 0 & 0 & \cdot\cdot\cdot & 0 & 0 & 0 & -r\Delta k\\ -\Delta k & \beta(j\omega) & -\Delta k & 0 & 0 & \cdot\cdot\cdot & 0 & 0 & 0 & 0\\ 0 & -\Delta k & \beta(j\omega) & -\Delta k & 0 & \cdot\cdot\cdot & 0 & 0 & 0 & 0\\ \cdot & \cdot & \cdot & \cdot & \cdot & & \cdot & \cdot & \cdot & \cdot\\ \cdot & \cdot & \cdot & \cdot & \cdot & & \cdot & \cdot & \cdot & \cdot\\ \cdot & \cdot & \cdot & \cdot & \cdot & & \cdot & \cdot & \cdot & \cdot\\ 0 & 0 & 0 & 0 & 0 & \cdot\cdot\cdot & -\Delta k & \beta(j\omega) & -\Delta k & 0\\ 0 & 0 & 0 & 0 & 0 & \cdot\cdot\cdot & 0 & -\Delta k & \gamma(j\omega) & 0\\ -r\Delta k & 0 & 0 & 0 & 0 & \cdot\cdot\cdot & 0 & 0 & 0 & \alpha(j\omega)\end{bmatrix}.$$

Como, para dado valor de ω, o objetivo é calcular o valor de

$$G_R(j\omega)=\frac{\theta_L(j\omega)}{V_a(j\omega)},$$

basta, por exemplo, escolher

$$V_a(j\omega)=1,$$

resolver o sistema de equações lineares A.13 para calcular $\theta_L(j\omega)$ e, então,

$$G_R(j\omega)=\theta_L(j\omega).$$

Fica evidente assim que não foi necessário obter analiticamente a expressão de $G_R(j\omega)$.

A.2 Modelo na forma de estados

O modelo na forma de estados é útil para a simulação temporal do sistema "real".

Do modelo na forma de função de transferência da seção A.1, é simples obter o modelo de estados.

Para isso, basta definir as matrizes P, Q, $R \in \mathbb{R}^{(n+2)\times(n+2)}$ a seguir:

$$P = \begin{bmatrix} \Delta J & 0 & 0 & 0 & 0 & \cdots & 0 & 0 & 0 & 0 \\ 0 & \Delta J & 0 & 0 & 0 & \cdots & 0 & 0 & 0 & 0 \\ 0 & 0 & \Delta J & 0 & 0 & \cdots & 0 & 0 & 0 & 0 \\ \cdot & \cdot & \cdot & \cdot & \cdot & & \cdot & \cdot & \cdot & \cdot \\ \cdot & \cdot & \cdot & \cdot & \cdot & & \cdot & \cdot & \cdot & \cdot \\ \cdot & \cdot & \cdot & \cdot & \cdot & & \cdot & \cdot & \cdot & \cdot \\ 0 & 0 & 0 & 0 & 0 & \cdots & 0 & \Delta J & 0 & 0 \\ 0 & 0 & 0 & 0 & 0 & \cdots & 0 & 0 & J_L & 0 \\ 0 & 0 & 0 & 0 & 0 & \cdots & 0 & 0 & 0 & J_M \end{bmatrix},$$

$$Q = \begin{bmatrix} \Delta f & 0 & 0 & 0 & 0 & \cdots & 0 & 0 & 0 & 0 \\ 0 & \Delta f & 0 & 0 & 0 & \cdots & 0 & 0 & 0 & 0 \\ 0 & 0 & \Delta f & 0 & 0 & \cdots & 0 & 0 & 0 & 0 \\ \cdot & \cdot & \cdot & \cdot & \cdot & & \cdot & \cdot & \cdot & \cdot \\ \cdot & \cdot & \cdot & \cdot & \cdot & & \cdot & \cdot & \cdot & \cdot \\ \cdot & \cdot & \cdot & \cdot & \cdot & & \cdot & \cdot & \cdot & \cdot \\ 0 & 0 & 0 & 0 & 0 & \cdots & 0 & \Delta f & 0 & 0 \\ 0 & 0 & 0 & 0 & 0 & \cdots & 0 & 0 & f_L & 0 \\ 0 & 0 & 0 & 0 & 0 & \cdots & 0 & 0 & 0 & f_M + \frac{k_T k_V}{R_a} \end{bmatrix},$$

$$R = \begin{bmatrix} 0 & -\Delta k & 0 & 0 & 0 & \cdots & 0 & 0 & 0 & -r\Delta k \\ -\Delta k & 2\Delta k & -\Delta k & 0 & 0 & \cdots & 0 & 0 & 0 & 0 \\ 0 & -\Delta k & 2\Delta k & -\Delta k & 0 & \cdots & 0 & 0 & 0 & 0 \\ \cdot & \cdot & \cdot & \cdot & \cdot & & \cdot & \cdot & \cdot & \cdot \\ \cdot & \cdot & \cdot & \cdot & \cdot & & \cdot & \cdot & \cdot & \cdot \\ \cdot & \cdot & \cdot & \cdot & \cdot & & \cdot & \cdot & \cdot & \cdot \\ 0 & 0 & 0 & 0 & 0 & \cdots & -\Delta k & 2\Delta k & -\Delta k & 0 \\ 0 & 0 & 0 & 0 & 0 & \cdots & 0 & -\Delta k & \Delta k & 0 \\ -r\Delta k & 0 & 0 & 0 & 0 & \cdots & 0 & 0 & 0 & r^2\Delta k \end{bmatrix}$$

e os vetores Θ, $U \in \mathbb{R}^{n+2}$:

$$\Theta = [\theta_1 \; \theta_2 \; \theta_3 \; \cdots \; \theta_n \; \theta_L \; \theta_M]^T$$

e

$$U = [0\,0\,0\ \cdots\ 0\,0\,k_T/R_a]^T\,.$$

Então pode-se escrever de imediato o modelo no domínio do tempo na forma

$$P\ddot{\Theta} + Q\dot{\Theta} + R\Theta = UV_a(t).$$

Daí resulta o modelo de estados

$$\dot{x}(t) = Ax(t) + Bu(t) \tag{A.14}$$

$$y(t) = Cx(t), \tag{A.15}$$

em que

$$A = \begin{bmatrix} 0 & I \\ -P^{-1}R & -P^{-1}Q \end{bmatrix},$$

$$B = \begin{bmatrix} 0 \\ P^{-1}U \end{bmatrix},$$

$$C = [0\,0\ \cdots\ 1\,0]$$

e

$$x = \begin{bmatrix} \Theta \\ \dot{\Theta} \end{bmatrix}.$$

Apêndice B

Robustez do desempenho em baixas frequências

Uma forma usual da condição de robustez do desempenho em baixas frequências que aparece na literatura [Skogestad and Postlethwaite, 2005], [Doyle et al., 1992] é

$$\sup_{\omega \in \mathbb{R}} \left\{ |W_1'(j\omega)S(j\omega)| + |W_3'(j\omega)T(j\omega)| \right\} < 1. \tag{B.1}$$

O objetivo deste apêndice é discutir a relação desta forma com as condições vistas nos Capítulos 4 e 5.

Dado que, no caso geral, o desempenho em baixas frequências envolve o acompanhamento de referência, a rejeição de perturbação e a compatibilidade entre a malha fechada e o pré-filtro, a apresentação fica mais simples tratando-os simultaneamente.

Assim, para simplificar a notação, seja Ω_{bf} o conjunto de interesse em baixas frequências[1] e $\delta_{bf}(\omega)$ a função que, para $\omega \in \Omega_{bf}$, representa a restrição de desempenho em baixas frequências e, para $\omega \notin \Omega_{bf}$, é suficientemente grande.

---

[1] No caso mais geral,

$$\Omega_{bf} = \Omega_r \cup \Omega_d \cup \Omega_F.$$

Sejam $W_1'(s)$ e $W_3'(s)$ funções reais, racionais, estáveis e de fase mínima tais que[2]

$$\frac{1}{|W_1'(j\omega)|} \leq \delta_{bf}(\omega) \qquad (\omega \in \mathbb{R}) \tag{B.2}$$

e

$$|W_3'(j\omega)| \geq l_m(\omega) \qquad (\omega \in \mathbb{R}). \tag{B.3}$$

Tendo em vista as equações 5.2, 5.11 e B.2, pode-se escrever a condição de desempenho robusto em baixas frequências como

$$|1 + G_R(j\omega)K(j\omega)| \geq |W_1'(j\omega)| \qquad (\omega \in \mathbb{R}) \tag{B.4}$$

para toda função Δ_m tal que

$$|\Delta_m(j\omega)| \leq |W_3'(j\omega)| \qquad (\omega \in \mathbb{R}),$$

sendo que

$$G_R(j\omega) = [1 + \Delta_m(j\omega)]G(j\omega) \qquad (\omega \in \mathbb{R}).$$

Considere agora a Figura B.1, em que $G_R(j\omega)K(j\omega)$ representa um ponto *qualquer* situado no círculo de centro $G(j\omega)K(j\omega)$ e raio $|W_3'(j\omega)G(j\omega)K(j\omega)|$.

Observando a figura, verifica-se que, para que a condição B.4 valha, é preciso que o ponto $1 + G_R(j\omega)K(j\omega)$ esteja situado fora da circunferência de centro no ponto -1 e raio $|W_1'(j\omega)|$.

Note de imediato que é suficiente que a soma dos raios das circunferências seja *menor* do que a distância do ponto -1 ao ponto $G(j\omega)K(j\omega)$. Ou seja,

$$|W_1'(j\omega)| + |W_3'(j\omega)G(j\omega)K(j\omega)| < |1 + G(j\omega)K(j\omega)| \qquad (\omega \in \mathbb{R}).$$

Dividindo ambos os membros por $|1 + G(j\omega)K(j\omega)|$, tem-se

$$|W_1'(j\omega)S(j\omega)| + |W_3'(j\omega)T(j\omega)| < 1 \qquad (\omega \in \mathbb{R}). \tag{B.5}$$

Ora, esta desigualdade[3] é garantida se

$$\boxed{\sup_{\omega \in \mathbb{R}} \left\{ |W_1'(j\omega)S(j\omega)| + |W_3'(j\omega)T(j\omega)| \right\} < 1.} \tag{B.6}$$

[2]Note que aqui *não* são utilizados os símbolos $W_1(s)$ e $W_3(s)$, já usados anteriormente, porque incluíam em sua definição, respectivamente, os efeitos dos erros de modelagem no desempenho em baixas frequências e a rejeição do erro de medida, o que não ocorre com $W_1'(s)$ e $W_3'(s)$. Essas novas funções podem ser interpretadas da seguinte maneira: i) $W_1'(s)$ representa as especificações em baixas frequências para o sistema *nominal*; 2) $W_3'(s)$ representa a função que define *apenas* a barreira de estabilidade.

[3]Em [Doyle et al., 1992] e [Sidi, 2001], ela aparece como

$$\|\, |W_1'S| + |W_3'T| \,\|_\infty < 1.$$

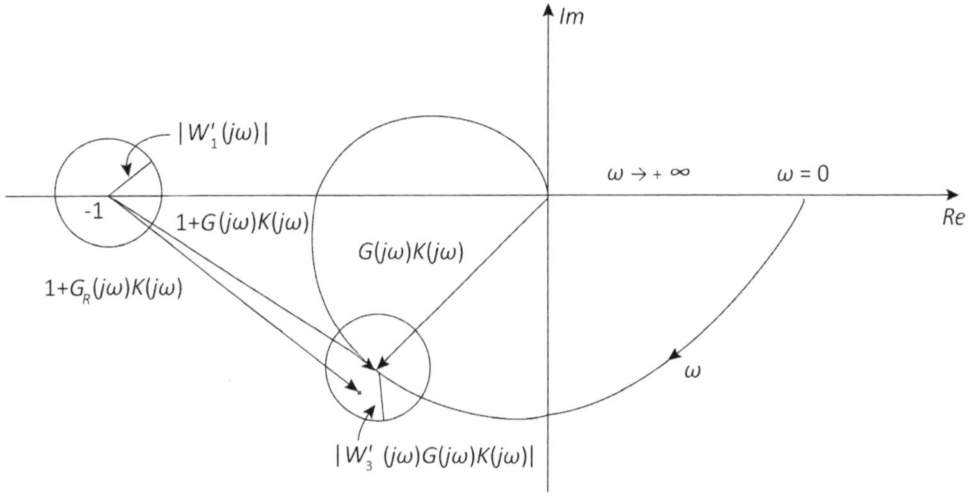

Figura B.1 – Ilustração para a obtenção da condição de robustez do desempenho em baixas frequências.

B.1 Análise em baixas frequências

Uma questão natural neste ponto é indagar qual é a relação entre a condição de robustez do desempenho dada pela desigualdade B.5 e a mesma dada pela condição 8.10 com W_1' definida pela equação B.2.

Para $\omega \in \Omega_{bf}$, tipicamente valem as aproximações

$$T(j\omega) \simeq 1$$

e

$$S(j\omega) \simeq \frac{1}{G(j\omega)K(j\omega)},$$

e, portanto, a desigualdade B.5 pode ser escrita de forma aproximada como

$$|W_1'(j\omega)|\frac{1}{|G(j\omega)K(j\omega)|} + |W_3'(j\omega)| < 1 \quad (\omega \in \mathbb{R}).$$

Assim, se

$$|W_3'(j\omega)| < 1,$$

então

$$|G(j\omega)K(j\omega)| > \frac{|W_1'(j\omega)|}{1 - |W_3'(j\omega)|},$$

que é idêntica a 5.7 quando

$$|W_1'(j\omega)| = \frac{1}{\delta_{bf}(\omega)}$$

e

$$|W_3'(j\omega)| = l_m(\omega).$$

B.2 Análise em altas frequências

É interessante notar que, em altas frequências, nos casos típicos

$$S(j\omega) \simeq 1$$

e $|W_1'(j\omega)|$ é suficientemente pequeno, de maneira que, para um dado ω, a condição B.6 pode ser escrita de forma aproximada como

$$|T(j\omega)| < \frac{1}{|W_3'(j\omega)|}.$$

Esta desigualdade tem exatamente a mesma forma da condição de robustez da estabilidade 4.3 para ω restrito à região de altas frequências. Esse fato era esperado, uma vez que, na Figura B.1, o raio ($|W_1'|$) do círculo de centro no ponto -1 é suficientemente pequeno e, portanto, a desigualdade B.4 impõe que o ponto $1 + G_R(j\omega)K(j\omega)$ não toque o ponto -1. Ora, esse foi precisamente o argumento utilizado para deduzir a condição de robustez da estabilidade na Seção 4.2.

B.3 Condição expressa por meio da sensibilidade mista

Para concluir esta discussão, vejamos como a condição B.6 pode ser expressa na forma da sensibilidade mista. Para isso, é necessário apresentar inicialmente uma propriedade envolvendo as normas 1 e 2 de vetores complexos. Antes, porém, convém lembrar as definições

$$\|x\|_1 = \sum_{i=1}^{n} |x_i|$$

e

$$\|x\|_2 = \sqrt{\sum_{i=1}^{n} |x_i|^2}$$

para $x \in \mathbb{C}^n$, $x = [x_1\ x_2\ \ldots\ x_n]^T$.

Propriedade B.1

Se $x = [x_1\ x_2]^T \in \mathbb{C}^2$, *então*

$$\|x\|_1 \leq \sqrt{2}\,\|x\|_2.$$

Demonstração

Para qualquer $x \in \mathbb{C}^2$,

$$(|x_1| - |x_2|)^2 \geq 0$$

e, portanto,

$$|x_1|^2 + |x_2|^2 \geq 2\,|x_1|\,|x_2|.$$

Logo,

$$2\,|x_1|^2 + 2\,|x_2|^2 \geq |x_1|^2 + |x_2|^2 + 2\,|x_1|\,|x_2|,$$

ou seja,

$$2\,(|x_1|^2 + |x_2|^2) \geq (|x_1| + |x_2|)^2.$$

Daí tem-se

$$\sqrt{2}\,\|x\|_2 \geq \|x\|_1$$

e a demonstração se completa.

Uma consequência imediata dessa propriedade é que, se

$$\|x\|_2 \leq 1,$$

então

$$\|x\|_1 \leq \sqrt{2}.$$

Assim, lembrando que (veja equação 8.2)

$$\left\| \begin{bmatrix} W_1'S \\ W_3'T \end{bmatrix} \right\|_\infty = \sup_{\omega\in\mathbb{R}} \sqrt{|W_1'(j\omega)S(j\omega)|^2 + |W_3'(j\omega)T(j\omega)|^2},$$

a imposição de que

$$\left\| \begin{bmatrix} W_1'S \\ W_3'T \end{bmatrix} \right\|_\infty < 1 \tag{B.7}$$

acarretará que

$$\max_{\omega\in\mathbb{R}} \left\{ |W_1'(j\omega)S(j\omega)| + |W_3'(j\omega)T(j\omega)| \right\} < \sqrt{2},$$

ou seja, a utilização da condição de robustez do desempenho na forma de sensibilidade mista (equação B.7) fará com que a condição B.6 esteja satisfeita com um erro de no máximo 3 dB.

Apêndice C

Robustez da rejeição do erro de medida

O propósito deste apêndice é provar a condição de robustez da rejeição do erro de medida, partindo de uma desigualdade *não* aproximada, diferentemente do que foi feito na Seção 5.3.

Para isso, de início note que essa condição é dada por (veja equação 2.38)

$$\left|\frac{G_R(j\omega)K(j\omega)}{1+G_R(j\omega)K(j\omega)}\right| \leq \delta_n(\omega) \qquad (\omega \in \Omega_n),$$

ou seja,

$$\left|\frac{1}{G_R(j\omega)K(j\omega)}+1\right| \geq \frac{1}{\delta_n(\omega)} \qquad (\omega \in \Omega_n). \tag{C.1}$$

No entanto,

$$\left|\frac{1}{G_R(j\omega)K(j\omega)}+1\right| \geq \left|\frac{1}{G_R(j\omega)K(j\omega)}\right| - 1 > 0,$$

em que a última desigualdade deve-se ao fato de que tipicamente

$$|G_R(j\omega)K(j\omega)| \ll 1 \qquad (\omega \in \Omega_n).$$

Portanto, uma condição suficiente para C.1 é dada por

$$\left|\frac{1}{G_R(j\omega)K(j\omega)}\right| \geq 1 + \frac{1}{\delta_n(\omega)} \qquad (\omega \in \Omega_n),$$

de onde segue de imediato que

$$\boxed{|G_R(j\omega)K(j\omega)| \leq \frac{\delta_n(\omega)}{1+\delta_n(\omega)} \qquad (\omega \in \Omega_n).} \tag{C.2}$$

Note que, no caso usual em que $\delta_n(\omega) \ll 1$, essa condição pode ser aproximada pela equação 5.17, para o caso em que a incerteza de modelagem é representada por meio de *templates*.

Por outro lado, quando se considera a incerteza na forma multiplicativa, tendo em vista que (veja a equação 3.1)

$$G_R(j\omega) = [1 + \Delta_m(j\omega)]G(j\omega),$$

a desigualdade C.2 pode ser reescrita como

$$|1 + \Delta_m(j\omega)|\,|G(j\omega)K(j\omega)| \leq \frac{\delta_n(\omega)}{1 + \delta_n(\omega)} \qquad (\omega \in \Omega_n). \tag{C.3}$$

Mas

$$|1 + \Delta_m(j\omega)| \leq 1 + |\Delta_m(j\omega)| \leq 1 + l_m(\omega) \qquad (\omega \in \mathbb{R}),$$

e, por consequência, uma condição suficiente para C.3 é dada por

$$[1 + l_m(\omega)]|G(j\omega)K(j\omega)| \leq \frac{\delta_n(\omega)}{1 + \delta_n(\omega)} \qquad (\omega \in \Omega_n).$$

Portanto,

$$\boxed{|G(j\omega)K(j\omega)| \leq \frac{\delta_n(\omega)}{[1 + l_m(\omega)][1 + \delta_n(\omega)]} \qquad (\omega \in \Omega_n).} \tag{C.4}$$

Apêndice D

Barreiras exatas no plano de Nichols

Para o caso de incertezas representadas por *templates*, as barreiras de desempenho foram consideradas de forma aproximada nos Capítulos 5 e 7. Aqui são apresentadas suas formas exatas.

D.1 Barreiras de baixas frequências

Considere uma restrição do tipo

$$|1 + GK| \geq \frac{1}{\delta}, \tag{D.1}$$

em que GK é um número complexo e δ é um número positivo, tipicamente muito menor que 1. A questão que se coloca é determinar no plano de Nichols o conjunto de pontos GK que obedecem a essa restrição.

Considerando GK representado na forma polar, isto é,

$$GK = \rho\underline{/\varphi},$$

a equação D.1 pode ser reescrita como

$$|1 + \rho[\cos(\varphi) + j\sin(\varphi)]| \geq \frac{1}{\delta}.$$

Elevando ao quadrado ambos os membros e rearranjando,

$$\rho^2 + 2\cos(\varphi)\rho + \left(1 - \frac{1}{\delta^2}\right) \geq 0.$$

Tem-se assim o problema reduzido à análise do sinal de um polinômio do segundo grau em ρ, o que é trivial. Note que, para $\delta < 1$, esse polinômio tem sempre uma raiz negativa e uma positiva, sendo esta última a que interessa.

Há duas formas simples de aproximações para a desigualdade da equação D.1. A primeira delas, que é util quando

$$|GK| > 1,$$

é a seguinte:

$$|GK| \geq 1 + \frac{1}{\delta}, \tag{D.2}$$

a qual se obtém considerando que vale a desigualdade

$$|1 + GK| \geq |GK| - 1.$$

A segunda aproximação é

$$|GK| \geq \frac{1}{\delta} \tag{D.3}$$

e se aplica, obviamente, quando

$$|GK| \gg 1.$$

Na Figura D.1, são apresentados os gráficos das barreiras exatas (em linha cheia) e de suas formas aproximadas – a primeira em linha pontilhada e a segunda em linha tracejada – para alguns valores de δ. Fixado um valor para δ, o gráfico correspondente não aproximado foi construído discretizando o valor de φ no intervalo $[-2\pi \;\; 0]$ e, para cada valor de φ, calculando a raiz positiva do polinômio de segundo grau mencionado.

Note que, quanto menor o valor de δ, tanto melhores ambas as aproximações, como era esperado. Observe também que a primeira aproximação é a mais conservadora e que a segunda é uma aproximação "média".

D.2 Barreiras de altas frequências

Considere agora uma restrição do tipo

$$\left| \frac{GK}{1 + GK} \right| \leq \delta, \tag{D.4}$$

em que GK é um número complexo e δ é um número positivo, tipicamente muito menor que 1.

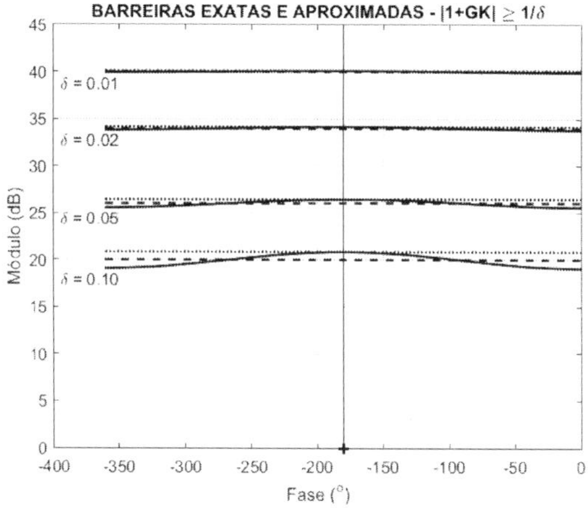

Figura D.1 – Barreiras exatas e aproximadas para $|1 + GK| \geq (1/\delta)$.

Reescrevendo a desigualdade D.4 na forma

$$\left|\frac{1}{GK} + 1\right| \geq \frac{1}{\delta} \tag{D.5}$$

e, assim como na Seção D.1, considerando GK representado na forma polar, isto é,

$$GK = \rho\underline{/\varphi},$$

resulta de imediato que

$$\left|\frac{1}{\rho}[\cos(\varphi) - j\sin(\varphi)] + 1\right| \geq \frac{1}{\delta}.$$

Elevando ao quadrado,

$$\frac{1}{\rho^2} + 2\cos(\varphi)\frac{1}{\rho} + \left(1 - \frac{1}{\delta^2}\right) \geq 0.$$

As aproximações, obtidas a partir da equação D.5 da mesma maneira que na Seção D.1, são as seguintes:

$$|GK| \leq \frac{\delta}{1+\delta}$$

e

$$|GK| \leq \delta.$$

Analogamente à Figura D.1, a Figura D.2 apresenta algumas barreiras para esse caso.

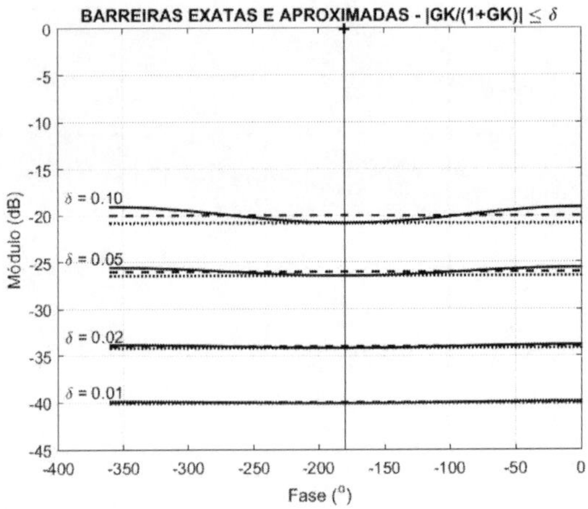

Figura D.2 – Barreiras exatas e aproximadas para $|GK/(1+GK)| \leq \delta$.

Apêndice E

Norma H_∞

Seja $x \in \mathbb{C}^n$ um vetor complexo e seja p um número inteiro e positivo ($p = 1, 2, \ldots$).

Definição E.1 – Norma p de um Vetor Complexo *[Hoffman, 1975]*

Define-se a norma p de x por[1]

$$||x||_p = (|x_1|^p + |x_2|^p + \cdots + |x_n|^p)^{1/p}. \tag{E.1}$$

Definição E.2 – Norma ∞ de um Vetor Complexo

No limite, para $p \to \infty$, tem-se

$$||x||_\infty = \max_{1 \leq i \leq n} \{|x_i|\}. \tag{E.2}$$

No que se segue, $F(s)$ – ou simplesmente F – denota uma função complexa de variável complexa s, isto é,

$$F : \mathbb{C} \to \mathbb{C}.$$

Definição E.3 – Função analítica *[Franklin et al., 2006]*

Suponha que F seja definida e finita na vizinhança de um ponto s_0. F é dita analítica em s_0 se sua derivada existe em s_0 e em todos os pontos da vizinhança deste.

[1] No caso particular em que $p = 2$, tem-se a norma euclideana complexa.

Definição E.4 – Função limitada *[Francis, 1987]*

F é limitada no semiplano direito aberto se

$$\exists\, b \in \mathbb{R}^+ : |F(s)| \leq b \qquad (\forall s : Re(s) > 0).$$

Definição E.5 – Espaço de Hardy

Define-se o espaço de Hardy[2] H_∞ *como o conjunto das funções* F *que são analíticas e limitadas no semiplano direito aberto.*

Definição E.6 – Norma H_∞ de uma função complexa de variável complexa

O valor mínimo do limitante superior b *é a norma* H_∞ *de* F*, denotada por* $||F||_\infty$*, isto é,*

$$||F||_\infty = \sup\{|F(s)| : Re(s) > 0\}. \tag{E.3}$$

Definição E.7 – Espaço RH_∞

Define-se o espaço RH_∞ *como o subconjunto de* H_∞ *constituído pelas funções reais e racionais – isto é, as funções complexas racionais com coeficientes reais.*

Teorema E.1 *[Francis, 1987]*

Seja uma função F *real racional. Então,* $F \in RH_\infty$ *se e apenas se* F *é própria e assintoticamente estável.*

Este teorema diz que RH_∞ é o conjunto das funções reais racionais estáveis e próprias.

Teorema E.2 – Teorema do Módulo Máximo *[Zhou and Doyle, 1998]*

Se F *é definida e contínua em um conjunto fechado e limitado* $S \subset \mathbb{C}$ *e analítica no interior de* S*, então o valor máximo de* $|F|$ *não é atingido no interior de* S*, a menos que* F *seja constante.*

[2] A designação *Espaço de Hardy* é uma referência ao matemático inglês Godfrey Harold Hardy (1877-1947).

Uma consequência deste teorema é que o máximo de F só pode ser atingido na fronteira de S.

Outra consequência é que, se $F \in RH_\infty$ então $||F||_\infty$ é dada por

$$||F||_\infty = \sup\{|F(j\omega)| : \omega \in \mathbb{R}\}. \tag{E.4}$$

Apêndice F

Existência da solução do problema H_∞ sub-ótimo

As condições de existência da solução do problema de controle H_∞ sub-ótimo formulado no Capítulo 8 são apresentadas a seguir [Doyle et al., 1989], [Zhou and Doyle, 1998].

Para isso, considerem-se inicialmente matrizes $A, Q, R \in \mathbb{R}^{n \times n}$, sendo Q e R simétricas.

A equação matricial em $X \in \mathbb{R}^{n \times n}$

$$A^T X + XA + XRX + Q = 0$$

é conhecida como Equação Algébrica de Riccati (EAR).

À EAR associa-se a matriz $H \in \mathbb{R}^{2n \times 2n}$

$$H = \begin{bmatrix} A & R \\ -Q & -A^T \end{bmatrix},$$

denominada *matriz hamiltoniana.*

Uma propriedade da matriz hamiltoniana é que seus autovalores são simétricos em relação ao eixo imaginário.

Supondo que a matriz H não tenha autovalores no eixo imaginário, então resulta que ela tem n autovalores no semiplano esquerdo (Re(s) < 0) e n no semiplano direito (Re(s) > 0).

Seja $\chi_-(H)$ o subespaço espectral invariante n-dimensional correspondente aos autovalores de H situados no semiplano esquerdo. Tomando uma base de $\chi_-(H)$, dispondo os vetores dela em uma matriz e particionando-a, tem-se

$$\chi_-(H) = \text{Im} \begin{bmatrix} X_1 \\ X_2 \end{bmatrix},$$

em que Im denota o espaço gerado pelas colunas da matriz. No caso geral, X_1 e X_2 são matrizes complexas $n \times n$, mas que podem ser escolhidas como reais.

Se X_1 é não-singular, define-se

$$X = X_2 X_1^{-1}.$$

Assim, nesse caso, X é definido unicamente por H e a função que associa X a H é denotada por Ric, isto é,

$$X = Ric(H),$$

sendo seu domínio denotado por $dom(Ric)$.

Considerando agora o problema de controle H_∞ sub-ótimo do Capítulo 8, definem-se as matrizes H_∞ e J_∞ como

$$H_\infty = \begin{bmatrix} A & \frac{1}{\gamma^2} B_1 B_1^T - B_2 B_2^T \\ -C_1^T C_1 & -A^T \end{bmatrix}$$

e

$$J_\infty = \begin{bmatrix} A^T & \frac{1}{\gamma^2} C_1^T C_1 - C_2^T C_2 \\ -B_1 B_1^T & -A \end{bmatrix}.$$

Denotando por $\rho(M)$ o *raio espectral* de uma matriz real quadrada M, as condições de existência da solução do problema de controle H_∞ sub-ótimo são as seguintes [Zhou and Doyle, 1998], [Doyle et al., 1989]:

1. (A, B_1) estabilizável e (C_1, A) detectável,
2. (A, B_2) estabilizável e (C_2, A) detectável,
3. $D_{12}^T [C_1 | D_{12}] = [0 | I]$,
4. $\begin{bmatrix} B_1 \\ \hline D_{21} \end{bmatrix} D_{21}^T = \begin{bmatrix} 0 \\ \hline I \end{bmatrix}$,
5. $H_\infty \in dom(Ric)$ e $X_\infty = Ric(H_\infty) > 0$,
6. $J_\infty \in dom(Ric)$ e $Y_\infty = Ric(H_\infty) > 0$,
7. $\rho(X_\infty Y_\infty) < \gamma^2$.

Observa-se que, na prática, a verificação dessas condições é uma tarefa um tanto intrincada, o que é agravado pelo fato de que as matrizes do modelo de estados envolvidas são as referentes à planta generalizada.

Referências

Borghesani, C., Chait, Y., and Yaniv, O. (2003). *The QFT Frequency Domain Control Design Toolbox - User's Guide*. Terasoft,.Inc., 3rd edition.

Chait, Y., Borghesani, C., and Zheng, Y. (1995). Single-loop QFT design for robust performance in the presence of non-parametric uncertainties. *Journal of Dynamic Systems, Measurement, and Control*, 117(3):420–425.

Chiang, R. Y. and Safonov, M. G. (1992). *Robust Control Toolbox*. The Mathworks Inc., Natick, MA.

Cruz, J. J. (1996). *Controle Robusto Multivariável*. EDUSP, São Paulo, SP.

Doyle, J. C., Francis, B. A., and Tannenbaum, A. R. (1992). *Feddback Control Theory*. MacMillan, New York, NY.

Doyle, J. C., Glover, K., Khargonekar, P. P., and Francis, B. A. (1989). State-space solutions to standard H_2 and H_∞ control problems. *IEEE Transactions on Automatic Control*, 34(8):831–847.

Francis, B. A. (1987). *A Course in H_∞ Control Theory*. Springer-Verlag, Heidelberg.

Franklin, G. F., Powell, J. D., and Naeini, A. E. (2006). *Feedback Control of Dynamic Systems*. Pearson Prentice-Hall, Upper Saddle River, NJ, 5th. edition.

Garcia, C. (2017). *Controle de Processos Industriais - Vol. 1: Estratégias Convencionais*. Blücher, São Paulo.

Hoffman, K. (1975). *Analysis in Euclidean Space*. Prentice-Hall, Englewood Cliffs, NJ.

Horowitz, I. M. (1993). *Quantitative Feedback Design Theory (QFT)*. QFT Publications, Boulder, CO.

Houpis, C. H. and Rasmussen, S. J. (1999). *Quantitative Feedback Theory - Fundamentals and Applications.* Marcel Dekker, New York, Basel.

Kwakernaak, H. (1996). How robust are Hinf-optimal control systems? In *XI Congresso Brasileiro de Automática - Conferências Plenárias*, pages 25–36, São Paulo, SP.

Leonardi, F. and Cruz, J. J. (2002). Controle LQG/LTR multivariável com especificações no domínio do tempo. In *Anais do XIV Congresso Brasileiro de Automática*, pages 2551–2556, Natal, RN.

Levine, W. S., editor (1996). *The Control Handbook IEEE.* CRC Press, Boca Raton, FL.

Maciejowski, J. M. (1989). *Multivariable Feedback Design.* Addison-Wesley, Wokingham.

Sidi, M. (2001). *Design of Robust Control Systems - From Classical To Modern Practical Approaches.* Krieger, Malabar, FL.

Skogestad, S. and Postlethwaite, I. (2005). *Multivariable Feedback Control - Analysis and Design.* Wiley, West Sussex, 2nd. edition.

Zhou, K. and Doyle, J. C. (1998). *Essentials of Robust Control.* Prentice-Hall, Englewood Cliffs, NJ.

Índice remissivo